交通运输行政执法人员培训教材

Jiaotong Yunshu Xingzheng Zhifa Jichu Zhishi
交通运输行政执法基础知识

交通运输部政策法规司　组织编写

人民交通出版社

内容提要

本书为交通运输行政执法人员培训教材之一，全书共分七章，内容包括法律基础知识、交通运输行政执法概述、交通运输行政执法依据及适用、交通运输行政执法的基本原则、交通运输行政执法主体、交通运输行政执法行为和交通运输行政违法与责任。

本书为交通运输行政执法人员培训教材，也可供交通运输行政人员、高等院校相关专业师生教学参考。

图书在版编目(CIP)数据

交通运输行政执法基础知识 / 交通运输部政策法规司组织编写. --北京：人民交通出版社，2012.12

交通运输行政执法人员培训教材

ISBN 978-7-114-09730-0

Ⅰ.①交… Ⅱ.①交… Ⅲ.①交通运输管理－行政执法－中国－技术培训－教材 Ⅳ.①D922.14

中国版本图书馆 CIP 数据核字(2012)第 057138 号

书　　名：	交通运输行政执法人员培训教材 交通运输行政执法基础知识
著 作 者：	交通运输部政策法规司
责任编辑：	沈鸿雁　张征宇　孙　玺
出版发行：	人民交通出版社
地　　址：	(100011) 北京市朝阳区安定门外外馆斜街 3 号
网　　址：	http://www.ccpress.com.cn
销售电话：	(010) 59757973
总 经 销：	人民交通出版社发行部
经　　销：	各地新华书店
印　　刷：	北京鑫正大印刷有限公司
开　　本：	720×960　1/16
印　　张：	16.25
字　　数：	238 千
版　　次：	2012 年 12 月　第 1 版
印　　次：	2019 年 3 月　第 8 次印刷
书　　号：	ISBN 978-7-114-09730-0
定　　价：	35.00 元

(有印刷、装订质量问题的图书由本社负责调换)

《交通运输行政执法人员培训教材》编审委员会

主　任：高宏峰

副主任：何建中

委　员：
柯林春	朱伽林	刘　缙	王昌军	吴秉军
宋晓瑛	戴　飞	严洪波	葛　方	毕忠德
李　伦	沈晓苏	冯健理	汪祝君	王德宝
胡　冰	王兆飞	万　明	高洪涛	霍金花
唐　元	董清云	徐　欣	黄汝生	周文雄
乔　墩	白理成	陈志刚	张长生	彭思义
李永民	杨映祥	刘自山	勾红玉	高江淮
郭洪太	曹德胜	但乃越	姜明宝	

《交通运输行政执法人员培训教材》编写委员会

主　编：何建中

副主编：柯林春　朱伽林

编　委：孙红军　于会清　张立国　齐树平　曹居月
　　　　　王志强　杨　清　邵新怀　赵勇刚　李　冰
　　　　　王元春　胡继祥　晏少鹤　陈炳贤　张建明
　　　　　陈继梦　张　宏　李　敢　王跃明　黄冠城
　　　　　黄永忠　林　森　郑　宁　王　波　方延旭
　　　　　马德芳　徐龙海　姚　军　赵建峰　杜　军
　　　　　甘庆中　王旭武　常　青　马　军　王乔贵
　　　　　陈卫中　王海峰　杨素青　熊雅静　陈　松
　　　　　杨　剑

本册编写人员

吴群琪　陈引社　雷孟林　曹　卓　陈继梦　邵新怀
丁新力

深入开展执法人员培训
改进交通运输行政执法

　　由部政策法规司组织编写的交通运输行政执法人员培训教材正式出版了。这是推动广大交通运输行政执法人员深入学习、提高素质、提升水平的一项基础性工作,很有意义。

　　推进依法行政,队伍素质是基础。在2010年召开的全国依法行政工作会议上,温家宝总理强调:"加强行政执法队伍建设,严格执行执法人员持证上岗和资格管理制度,狠抓执法纪律和职业道德教育,全面提高执法人员素质。"近年来,部制定了一系列规章制度,采取有效措施加强和规范交通运输行政执法,取得了明显成效。交通运输行政执法工作仍存在许多不足,根据调查,全行业现有的40多万行政执法人员中,大部分人员为大专以下学历,大学本科以上学历仅占26%,法律专业人员仅占23%。交通运输行政执法队伍整体素质状况与推进依法行政、建设法治政府的要求相比还有很大差距,执法工作不作为、乱作为的现象仍然存在,很多执法人员未接受过系统的基础法律知识教育,缺乏必要的程序意识、证据意识、时效观念,迫切需要进行有组织的系统化的法制教育培训。

　　为加强执法队伍的建设和管理,提高整体素质和能力,部制定了《交通运输行政执法证件管理规定》,建立了一套严密的关于执法人员培训、考试、发证、考核的管理制度。组织编写行政执法人员培训教材，为全系统开展执法人员培训考试工作提供统一的内容、标准和依据，是落实执法证件管理制度的基础和前提。据此，部政策法规司组织全国交通运输行业内有关科研院所、高等院校、法制部门的专家和一线执法的实践工作者编写了《交通运输行政执法人员培训教材》。这套教材共七本，包括《交通运输行政执法基础知识》、《交通运输行政执法管理与监督》、《交通运输行政处罚自由裁量权行使实务》、《交通运输行政执法程序与文书实务》、《交通运输行政执法证据收集与运用》、《交通运输行政执法典型案例评析》、《交通运输行政执法常用法规汇编》。

这套教材着眼于《全面推进依法行政实施纲要》发布以来新出台的法律法规对行政执法工作的新要求和当前交通运输行政执法实践中存在的突出问题，以基层行政执法人员为对象，以交通运输行政执法应知应会为主要内容，结合典型案例分析，对交通运输行政执法的有关基础知识、规范执法的基本要求、行政处罚自由裁量权、行政执法程序与文书、行政执法证据等进行了比较系统的介绍和阐述。教材既总结了多年来交通运输行政执法实践和培训的经验，又借鉴了有关行政执法部门的工作成果，贴近交通运输行政执法的实际，并有简明的理论分析，体现了理论与实践的统一，内容比较丰富，针对性、实用性强，形式新颖，是各级交通运输主管部门和交通运输行政执法机构对交通运输基层行政执法人员培训的实用教材。

孟子说："徒善不足以为政，徒法不足以自行。"法律条文只是写在纸面上的东西，它自己无法使之贯彻，法律的实施要靠人。如果执法者无视法律的规定，枉法裁判，漠然置之，则法律只能成为一纸空文。交通运输行政执法人员每天的执法言行直接影响交通运输管理秩序和行政相对人的切身利益,没有一支人民满意的交通运输行政执法队伍,就不可能建设人民满意的交通运输部门;不努力改进交通运输行政执法,就不可能树立交通运输部门良好的社会形象。因此,交通运输部门的各级领导干部和广大执法人员应当秉持对法律的敬畏之心,认真学法,规范执法。要以《交通运输行政执法人员培训教材》出版发行为契机,对交通运输行政执法人员实施全覆盖、多手段、高质量的培训,力争用3年左右的时间,将所有交通运输行政执法人员轮训一遍,努力建设一支政治坚定、素质优良、纪律严明、行为规范、廉洁高效的正规化交通运输行政执法队伍,为进一步做好"三个服务",推动交通运输科学发展安全发展营造良好的法治环境!

交通运输部副部长

2012年4月

目录 CONTENTS

第一章　法律基础知识 ··· 1
　第一节　法律基础知识概述 ··· 1
　第二节　宪法基础知识 ·· 14
　　思考题 ·· 29
　　案例分析 ·· 29
　第三节　民法基础知识 ·· 30
　第四节　刑法基础知识 ·· 48
　　思考题 ·· 68
　　案例分析 ·· 68
　第五节　行政法与行政执法基础知识 ······································· 70
　　思考题 ·· 80
　　案例分析 ·· 81

第二章　交通运输行政执法概述 ··· 83
　第一节　交通运输行政执法 ·· 83
　第二节　交通运输行政执法的类别、体系和功能 ···················· 86
　第三节　交通运输行政执法权 ·· 91
　　思考题 ··· 108
　　案例分析 ··· 108

第三章　交通运输行政执法依据及适用 ··································· 109
　第一节　交通运输行政执法依据 ·· 109
　第二节　交通运输行政执法依据的适用 ································· 114
　　思考题 ··· 125

案例分析⋯⋯⋯⋯⋯⋯⋯⋯⋯⋯⋯⋯⋯⋯⋯⋯⋯⋯⋯⋯⋯⋯⋯⋯⋯ 125
第四章　交通运输行政执法的基本原则⋯⋯⋯⋯⋯⋯⋯⋯⋯⋯⋯⋯ 126
　第一节　依法行政原则⋯⋯⋯⋯⋯⋯⋯⋯⋯⋯⋯⋯⋯⋯⋯⋯⋯⋯ 126
　第二节　信赖保护原则⋯⋯⋯⋯⋯⋯⋯⋯⋯⋯⋯⋯⋯⋯⋯⋯⋯⋯ 129
　第三节　其他行政执法原则⋯⋯⋯⋯⋯⋯⋯⋯⋯⋯⋯⋯⋯⋯⋯⋯ 133
　　思考题⋯⋯⋯⋯⋯⋯⋯⋯⋯⋯⋯⋯⋯⋯⋯⋯⋯⋯⋯⋯⋯⋯⋯⋯ 136
　　案例分析⋯⋯⋯⋯⋯⋯⋯⋯⋯⋯⋯⋯⋯⋯⋯⋯⋯⋯⋯⋯⋯⋯⋯ 136
第五章　交通运输行政执法主体⋯⋯⋯⋯⋯⋯⋯⋯⋯⋯⋯⋯⋯⋯⋯ 137
　第一节　交通运输行政执法主体概述⋯⋯⋯⋯⋯⋯⋯⋯⋯⋯⋯⋯ 137
　第二节　交通运输行政执法主体资格⋯⋯⋯⋯⋯⋯⋯⋯⋯⋯⋯⋯ 140
　第三节　职权性交通运输行政执法主体⋯⋯⋯⋯⋯⋯⋯⋯⋯⋯⋯ 144
　第四节　授权及委托下的交通运输行政执法主体⋯⋯⋯⋯⋯⋯⋯ 151
　第五节　交通综合行政执法与联合执法⋯⋯⋯⋯⋯⋯⋯⋯⋯⋯⋯ 166
　第六节　交通运输行政执法人员⋯⋯⋯⋯⋯⋯⋯⋯⋯⋯⋯⋯⋯⋯ 173
　　思考题⋯⋯⋯⋯⋯⋯⋯⋯⋯⋯⋯⋯⋯⋯⋯⋯⋯⋯⋯⋯⋯⋯⋯⋯ 175
　　案例分析⋯⋯⋯⋯⋯⋯⋯⋯⋯⋯⋯⋯⋯⋯⋯⋯⋯⋯⋯⋯⋯⋯⋯ 175
第六章　交通运输行政执法行为⋯⋯⋯⋯⋯⋯⋯⋯⋯⋯⋯⋯⋯⋯⋯ 178
　第一节　交通运输行政执法行为概述⋯⋯⋯⋯⋯⋯⋯⋯⋯⋯⋯⋯ 178
　第二节　交通运输行政许可⋯⋯⋯⋯⋯⋯⋯⋯⋯⋯⋯⋯⋯⋯⋯⋯ 184
　第三节　交通运输行政处罚⋯⋯⋯⋯⋯⋯⋯⋯⋯⋯⋯⋯⋯⋯⋯⋯ 192
　第四节　交通运输行政强制⋯⋯⋯⋯⋯⋯⋯⋯⋯⋯⋯⋯⋯⋯⋯⋯ 200
　第五节　其他主要交通运输行政执法行为⋯⋯⋯⋯⋯⋯⋯⋯⋯⋯ 207
　　思考题⋯⋯⋯⋯⋯⋯⋯⋯⋯⋯⋯⋯⋯⋯⋯⋯⋯⋯⋯⋯⋯⋯⋯⋯ 216
　　案例分析⋯⋯⋯⋯⋯⋯⋯⋯⋯⋯⋯⋯⋯⋯⋯⋯⋯⋯⋯⋯⋯⋯⋯ 216
第七章　交通运输行政违法与责任⋯⋯⋯⋯⋯⋯⋯⋯⋯⋯⋯⋯⋯⋯ 218
　第一节　交通运输行政违法概述⋯⋯⋯⋯⋯⋯⋯⋯⋯⋯⋯⋯⋯⋯ 218
　第二节　交通运输行政违法行为的形态⋯⋯⋯⋯⋯⋯⋯⋯⋯⋯⋯ 222
　第三节　交通运输行政责任⋯⋯⋯⋯⋯⋯⋯⋯⋯⋯⋯⋯⋯⋯⋯⋯ 230

第四节　交通运输行政违法的内部责任追究 …………………… 235
　　思考题 ………………………………………………………… 239
　　案例分析 ……………………………………………………… 239
参考文献 ………………………………………………………… 242

第一章

法律基础知识

第一节 法律基础知识概述

一、法的概念

(一) 法的概念及特征

法是以国家政权意志形式出现的、作为司法机关办案依据的,具有普遍性、明确性和肯定性的,以权利和义务为主要内容的,体现统治阶级意志并最终由社会物质生活条件决定的各种社会规范的总称。法是社会上层建筑的重要组成部分,与上层建筑的其他部分(如国家、政策、道德、宗教等)相比,具有以下一些基本特征:

(1)法是调整人的行为的一种社会规范。人类社会中有各种各样的行为规范。从反映和调整的领域来看,这些规范大体上可以分为两类,一是技术规范,反映和调整人与自然之间的关系,是规定人们如何使用自然力、劳动工具和劳动对象的行为规则。二是社会规范,是调整人与人之间社会关系的行为规则,包括法律规范、道德规范、社会团体规范等。当人们不遵守某一技术规范可能影响到其他人的利益时,技术规范就具有了社会性。这类包含有技术规范内容的法律规范通常被称为法律技术规范,如交通规则、食品卫生法规等。

法律规范具有高度规范性、概括性和可预测性等特点。法律规范的规范性是指法律规范规定了人们在一定情况下可以做什么,应当做什么,不能做什么,从而为人们确立了明确的行为模式和标准。法律规范的概括性是指法律规范提供的行为模式和标准是从各种具体行为中概括出来的一般尺度,而不是针对某一特定场合和特定主体的个别性指令。法律规范的可预测性是指法律规范的内容具有稳定性,可以反复适用,人们根据法律规范的规定,可以预先知晓自己和他人行为的法律后果,以便正确选择自己的行为方式。

(2)法是由国家制定或者认可的。由国家制定或者认可是法产生的两种基本方式,这是法区别于其他社会规范的重要特点之一。所谓"制定",是指在社会生活中原先并没有某种行为规则,立法者根据社会生活发展的需要,通过相应的国家机关按照法定程序制定各种规范性法律文件。"认可"是指社会生活中原来已经实际存在着某种行为规则(如习惯、道德、宗教规范等),国家以一定形式承认并且赋予其法律效力。无论是法律规范的制定还是认可,都与国家权力有着不可分割的联系,并且正是这一特点使得法律规范的效力在形式上具有了普遍性。

(3)法规定人们的权利和义务。法律规范的核心内容是规定人们在法律上的权利和义务,法正是通过规定人们在一定社会关系当中的权利和义务来确认、保护和发展有利于统治阶级的社会关系和社会秩序。一般说来,法律上的权利就是指法律赋予人们的某种行为自由,这种自由受法律保护;而法律上的义务,也就是指法律规定人们必须履行的某种责任。

(4)法的实施由国家强制力作保障。任何社会规范的实现都要有一定的保障机制。法律规范作为一种特殊的社会规范,由国家制定或认可,其实施也由国家强制力来保证。所谓国家强制力是指国家强制人们服从的一种力量,违反了法律规定义务的行为将受到法律的制裁,由专门的国家机关依法定程序追究行为人的法律责任。但同时也要看到,国家机关的强制措施的保障只是法的实现区别于其他行为规范的特点,而不是法律得以实现的必经途径或唯一方式。

(二)法的本质

法的本质是指法的内在矛盾关系,它揭示了各种各样的法的现象背后的动因,即法存在的基础和变化的决定性力量。法的本质问题是法学中的一个根本问题。

(1)法的正式性。法的正式性,又称法的官方性或国家性,是指法是由国家制定或认可的并有国家强制力保障实施的正式的官方确定的行为规范。法的正式性体现在法总是公共权力机关按照一定的权限和程序制定或认可的。现代法律越来越具有严格的形式主义特征。不仅要求法律出自法定的国家立法机关，而且非经法定机关按照程序产生的文件，不具有法的效力。法的正式性还体现在法总是依靠国家强制力机制保证实施的。法的正式性表明法律与国家权力存在密切联系，法律直接形成于国家权力，是国家意志的体现。

(2)法的阶级性是指在阶级对立的社会，法所体现的国家意志实际上是统治阶级的意志。国家是阶级矛盾不可调和的产物，是统治阶级维护其统治的暴力工具，它反映阶级对立时期的阶级关系。法所体现的国家意志实际上只能是统治阶级的意志，国家意志就是法律化的统治阶级意志。统治阶级利用高度统一的国家权力制定法律，并随着法律的实施，将全体社会成员的行为纳入统治阶级所能够接受的范围，对于任何违法行为都可能受到国家有组织的强制力的制裁。因此，统治阶级把自己的共同意志和根本利益通过法律加以确认，要求全体社会成员遵守，最大限度地维护本阶级的利益。

(3)法的社会性。法的社会性是指法的内容是受一定社会因素制约的，最终也是由一定的社会物质生活条件决定的。马克思主义法律理论认为，法是社会的组成部分，也是社会关系的反映;社会关系的核心是经济关系,经济关系的中心是生产力关系。生产力关系是由生产力决定的，而生产力则是不断发展变化的，生产力的不断发展变化最终导致包括法律在内的整个社会的发展变化。因此，国家不是在创造法律，而是在表述法律，是将社会生活中客观存在的包括生产关系、阶级关系、亲属关系等在内的各种社会关系以及相应的社会规范、社会需要上升为国家的法律，并运用国家权威予以保护。法的本质存在于国家与社会的对立统一关系之中。

(三)法的作用

法的作用是指法律对人的行为和社会生活发生的影响。根据法对人的行为和社会生活发挥的作用形式和内容的不同，法的作用可以分为规范作用和社会作用。

(1)法的规范作用:从法是一种社会规范看，法具有规范作用。法的规范作用是指法作为一种特殊社会规范自身所具有的、对人们的行为发生影响的性能。规范作用是法作用于社会的特殊形式。法的规范作用可以分为指引、评价、预测、教育和强制五种。法的这五种规范作用是法律必备的,任何社会的法律都具有。

指引作用。法的指引作用是指法律对人们的行为具有指导作用。法对人的行为的指引有两种形式:一种是个别性指引,即通过一个具体的指示形成对具体的人的具体情况的指引;一种是规范性指引,即通过一般的规则对同类的人或行为的指引。

评价作用。法的评价作用是指法律作为一种行为标准,具有判断、衡量他人行为合法与否的评判作用。

预测作用。法的预测作用是指凭借法律的存在,可以预先估计到人们之间的行为。

教育作用。法的教育作用是指通过法的实施使法律对一般人的行为产生影响。法的教育作用具体表现为警示作用和示范作用。

强制作用。法的强制作用是指法可以通过制裁违法犯罪行为来强制人们遵守法律。法律必须具有一定的权威性,加强法的强制性,有助于提高法律的权威。

(2)法的社会作用

从法的本质和目的看,法具有社会作用。法的社会作用是指法为达到一定的社会目的和政治目的而对一定的社会关系产生的影响。法的社会作用主要涉及三个领域和两个方面。三个领域即社会经济生活、政治生活、思想文化生活领域。两个方面即政治职能作用(阶级统治的职能)和社会职能作用(执行社会公共事物的职能)。

政治职能。法的政治职能是指法在调整政治关系(不同阶级、利益集团之间的统治与被统治、管理与被管理之间的关系),维护政治统治方面的职能。这种职能直接反映出各个国家和社会的法的不同政治目的和阶级性质。

社会职能。法的社会职能是指法在执行社会公共事务中表现出来的职能,其中包括组织和管理经济建设与社会化大生产,推进教育、科学和文化事业的发展,维护社会的正常生产与交换秩序,保护人类生存的环境和条件,等等。

法律的这两方面作用是密切联系,相辅相成的。统治阶级通过法律执行社会公共事务的作用,从而达到维护其阶级统治的目的。法律没有执行社会公共事务的作用,法律的维护统治阶级统治的作用就无法实现,那么,统治阶级的统治就不可能维持和存在。

社会主义法律的作用就在于维护、促进和保障社会主义经济建设和经济体制改革、社会主义民主政治建设和政治体制改革、社会主义精神文明建设、社会主义对外开放和国际间的正常交往。

(四)法律与政策

政策是一定的阶级、政党、国家以及其他社会主体,为实现一定的目的,依据自己的长远目标,结合当前情况或历史条件,所制定的实际行动准则。政策有党的政策、国家政策,也有其他社会组织或集团的政策,本书所称政策为国家政策。

法律与政策主要有如下区别:

(1)创制的程序不同。法律的创制程序较为复杂和严格,制定一部法律往往需要若干年,甚至几十年。政策的制定程序相对简单,制定所需时间也比较短。

(2)保障实施的方式不同。法律主要依靠国家强制力得以实现。一般情况下,政策是通过宣传,依靠人们的自觉行动得以实现。

(3)表现形式不同。法律的表现形式有法律、法规和规章等。政策的表现形式更为繁多,如:决议、意见、规划等。国务院交通运输主管部门负责制定现阶段交通运输发展政策,如《公路水路交通"十一五"发展规划》、《关于加快道路运输发展的若干政策》等。

(4)调整范围不同。法调整具有内在的普遍规律、能够抽象为一定的行为模式、具体化为权利义务的社会关系。政策调整的社会关系更广泛一些,并不要求一定具备法所调整的社会关系的特征。

(5)稳定性不同。法的稳定性较强,尤其是宪法和立法机关制定的法律。政策具有明显的时代特征,具有与时俱进的时代性。如,改革开放以来,为解决"走得了"的问题,国家出台了"国营、集体、个体一起上,各地区、各部门、各行业一起办"的道路运输发展政策,极大地促进了我国道路运输的发展。然而,随着交通运输的发展,道路运输市场出现了"多、小、散、弱"等问题,为解决这些问题,国家又适时地出台了鼓励道路运输企业实行规模化、集约化经营的道路运输发展政策。

对社会关系的调整既需要法律,也离不开政策。行之有效的政策可以转化为法律。

(五)法律与道德

道德是人们关于善与恶、正义与非正义、荣誉与耻辱、公正与偏私等问题的观念和行为规范。由人们内心信念、社会舆论、习俗和一般社会力量来保证其存在和起作用。道德和法律一样,都是建立在一定经济基础之上的社会意识和社会规范,道德具有历史性、阶级性、继承性的特点。一个国家的法与统治阶级的道德在本质上是一致的,它们共同承担着调整和维护有利于统治阶级的社会关系和社会秩序的使命,二者相互依存,关系密切。

法律与道德主要有如下区别:

(1)产生的社会条件不同。道德与人类社会的形成同步,法律是私有制、阶级和国家出现后才有的。

(2)表现形式不同。法律以文字形式表现出来,道德则主要存在于人们的内心之中,表现于人们的言行之上。

(3)体系结构不同。法律是国家意志的统一体现,有严密的逻辑体系,有不同的位阶和效力。道德虽然有共产主义道德、社会主义道德、社会公德、职业道德以及家庭美德之分,但不具有法律那样的严谨的结构体系。

(4)推行的力量不同。法律主要靠国家强制力保障实施;道德则依赖人们的内心信念和社会舆论来维护。

(5)制裁的方式不同。违法犯罪的后果有明确规定,是一种"硬约束";不道德行为的后果,是自我谴责和舆论压力,是一种"软约束"。

在法律实践中,要正确认识法律与道德的关系,既要看到它们的一致性和相互作用,又要看到它们的区别。不能把道德问题与法律问题简单混淆,把本来属于道德的问题当作法律问题来处理,或者把法律问题当作道德问题来对待,从而将违法行为与不道德行为、法律责任与道德责任混为一谈。另一方面,也不能把法律与道德区别绝对化,甚至否认它们之间的必然联系。对于任何一个国家来说,法治和德治,从来都是相辅相成,相互促进的,二者缺一不可。法治以其权威性和强制性手段规范社会成员的行为,其主要社会功能是惩恶;德治以其感召力和劝导力提高社会成员的思想认识和道德觉悟,其主要社会功能是扬善。在建设中国特色社会主义、发展社会主义市场经济的过程中,我们需要把法治与德治有机结合起来,使二者相互联系和渗透、相互促进和补充,完善中国特色的社会主义治国体系,维护国家的长治久安,保证社会主义事业始终稳定、健康地发展。

二、法的渊源

法的渊源,又称法源。在法的本质意义上使用的法的渊源,是指"法形成的力量从何而来",而在形式渊源意义上,法的渊源是指"法的创立方式",即法是由何种国家机关,通过何种方式创立的,表现为何种法律文件的形式[1]。本书所称法的渊源是从形式渊源意义上而言的,是指法的表现形式。我国法的表现形式主要有:宪法、法律、法规、规章、国际条约等。

(一) 宪法

宪法是我国的根本大法,在整个国家法律系统中处于核心地位。由全国人民代表大会制定,具有最高的法律效力。宪法是各项立法的依据,是国家的根本大法,具有最高的法律效力,各项法律都不得与宪法相抵触。

(二) 法律

这里讲的法律特指全国人民代表大会及其常务委员会按照法定职权和法定程序创制的规范性文件。法律是法的重要渊源,地位仅次于宪法,行政法规、地方法规和规章等不得与法律相抵触。

(三) 法规

法规包括行政法规和地方性法规。

---

[1] 中国大百科全书总编辑委员会《法学》编辑委员会. 中国大百科全书 法学. 北京:中国大百科全书出版社,1984年,第86页.

行政法规,是指由最高国家行政机关——国务院为执行法律及履行宪法规定的行政管理职权而制定的规范性法律文件。行政法规的效力层级仅次于法律,是宪法、法律之外的、效力最高的法的渊源,地方法规、规章等不得与行政法规相抵触。

地方性法规,是指省、自治区、直辖市以及省会市、国务院批准的较大的市以及经济特区市的人民代表大会及其常务委员会在不同宪法、法律、行政法规相抵触的前提下,根据本行政区域的具体情况和实际需要所制定的规范性法律文件的总称。地方性法规的适用范围限于本行政区域,效力低于宪法、法律、行政法规。地方性法规有两个效力层级,一是省、自治区、直辖市人民代表大会及其常务委员会制定的地方性法规;二是较大市(包括省会市、国务院批准的较大市、经济特区所在市)人民代表大会及其常务委员会制定的地方性法规。根据《中华人民共和国立法法》第六十三条的规定,较大市的地方性法规不得与本省、自治区的地方性法规相抵触。

(四)行政规章

行政规章包括部门规章和地方规章。

部门规章,是指国务院各部委、中国人民银行、审计署和具有行政管理职能的直属机构,根据法律和国务院的行政法规、决定、命令,在本部门的权限范围内制定的规范性文件。地方规章是指省、自治区、直辖市和较大的市的人民政府根据法律、行政法规和本省、自治区、直辖市的地方性法规制定的规范性文件。规章的效力低于法律和行政法规;地方规章的效力低于同级地方法规的效力。

(五)自治条例、单行条例

自治条例是民族自治地方的人民代表大会,依照当地民族的政治、经济和文化的特点制定的全面调整本自治地方事务的综合性规范性文件。单行条例是民族自治地方的人民代表大会,依照当地民族的政治、经济、文化的特点制定的调整本自治地方某方面事务的单项规范性文件。自治区的自治条例和单行条例,报全国人民代表大会常务委员会批准后生效;自治州、自治县的自治条例和单行条例,报省或自治区的人民代表大会常务委员会批准后生效,并报全国人民代表大会常务委员会备案。

(六)国际条约和行政协定

国际条约是指规定两个以上国家之间在政治、经济、贸易、法律、文化、军事等方面的权利义务的各种协议。行政协定指两个以上国家的政府之间签订的有关政治、经济、贸易、法律、文化和军事等方面的协议。国际条约和行政协定并不必然成为一个国家的法的渊源,除非经过该国的批准。当一个国家批准了某条约,而又对该条约的某些条款予以保留,该被保留的条款不能成为该国的法的渊源。

三、法律规范

(一)法律规范的含义

法律规范是由国家制定或认可、反映掌握国家政权的阶级的意志,具有普遍约束力,以国家强制力保证实施的行为规则,是组成法律的最小单位。法律规范属于社会规范的范畴,是一种特殊的社会规范。社会规范是调整人与人之间关系的准则,包括政治规范、法律规范、道德规范、宗教规范、礼仪习惯等。法律是由法律规范构成的,而不是由法律条文构成的。一个法律规范可能由几个法律条文组成,也可能分散在不同的法律文件之中。

(二)法律规范的构成

法律规范由行为模式和法律后果两部分构成。

1. 行为模式

行为模式是指明行为的方向和标准,包括授权性模式、义务性模式和禁止性模式三种。

规定"可以"怎样做的法律规范是授权性模式。如,《中华人民共和国公路法》(以下简称《公路法》)第二十一条规定,筹集公路建设资金,除各级人民政府的财政拨款,包括依法征税筹集的公路建设专项资金转为的财政拨款外,可以依法向国内外金融机构或外国政府贷款。

义务性模式一般由"应当"、"必须"等语词引领,如,《公路法》第四十九条规定,在公路上行驶的车辆的轴载质量应当符合公路工程技术标准。

禁止性模式一般由"不得"、"禁止"等语词引领,如,《公路法》第五十二条规定,任何单位和个人不得损坏、擅自移动、涂改公路附属设施。

2.法律后果

法律后果,是指违反行为模式所应承担的行政法律责任。如,对违反《公路法》第五十二条的规定,《公路法》第七十六条规定,交通主管部门可责令停止违法行为,处3万元以下罚款。第七十六条的这一规定,就是有关法律后果的规定。

四、法的分类

(一)法的一般分类

(1)国内法与国际法。按照法的创制与适用主体的不同,法分为国内法与国际法。国内法是指由特定的国家机关创制并适用于该国主权管辖范围内的法。国际法是指在国际交往中,由不同的主权国家通过协议制定或公认的、适用于国家之间的法。

(2)根本法与普通法。按照法的效力、内容和制定程序的不同,法分为根本法与普通法。根本法即宪法,它规定了国家基本的政治制度和社会制度、公民的基本权利和义务、国家机关的设置、职权等内容,是一个国家中具有根本法律地位的法律规范。普通法是指宪法以外的其他法,它规定国家的某项制度或调整某一方面的社会关系。

(3)一般法与特别法。按照法的效力范围的不同,法分为一般法与特别法。一般法是指一国范围内,对一般的人和事有效的法。特别法是指在一国的特定地区、特定期间或对特定事件、特定人有效的法。在同一领域,法律适用遵循特别法优于一般法的原则。

(4)实体法与程序法。按照法规定的具体内容不同,法分为实体法与程序法。实体法是指规定主要权利义务的法。程序法是指为保障权利和义务实现的法。

(5)成文法与不成文法。按照法的创制和表达形式的不同,法分为成文法和不成文法。成文法是指以文字形式表现的法,又称制定法。不成文法是指不以文字形式表现的法,主要为习惯法。

(二)法律部门

法律部门,也称部门法,是指根据一定的标准和原则划分的调整同一类社会关系的法律规范的总称。由此可见,法律体系、法律部门和法律规范三者之间是层次从属的关系。

我国现行法律体系的基本框架包括以下几点。

1. 宪法

作为部门法的宪法,是规定国家和社会的根本制度,公民的基本权利和义务,国家机关的地位、组织和活动原则等重大社会关系的同类法律规范的总称。作为部门法的宪法,主要包括以下法律文件:

1982年12月4日五届全国人大第五次会议通过的《中华人民共和国宪法》、《中华人民共和国全国人民代表大会组织法》、《中华人民共和国国务院组织法》、《中华人民共和国人民法院组织法》、《中华人民共和国人民检察院组织法》、《中华人民共和国地方各级人民代表大会和地方各级人民政府组织法》、选举法、国籍法、特别行政区基本法、民族区域自治法、公民基本权利法、法官法、检察官法、立法法和授权法、国旗法、国徽法、戒严法等。

2. 行政法

行政法是调整行政关系的法律规范的总称,有一般行政法和特别行政法。

一般行政法,如行政组织法、公务员法、行政许可法、行政处罚法、行政程序法、行政复议法、行政诉讼法等。

特别行政法,如国家安全法、治安管理处罚法、土地管理法、铁路法、公路法、邮政法、民用航空法、海关法、道路交通安全法、教育法等。

3. 民法

民法是指调整平等主体的公民之间、法人之间、公民和法人之间的财产关系和人身关系的法律规范的总称。

目前,我国民事方面的法律文件主要包括:民法通则、物权法、侵权责任法、合同法、知识产权法、婚姻家庭法等。

4. 商法

商法是指调整商事法律关系主体和商事活动的法律规范的总称。目前,我国商事方面的法律文件主要包括:公司法、票据法、担保法、保险法、期货交易法、海商法、破产法、贸易法等。

5. 经济法

经济法是指调整一定范围的经济关系的法律规范的总称。

目前,我国经济方面的法律文件主要包括:预算法、农业法、银行法、市场秩序法、税法等。

6. 自然资源与环境保护法

目前,我国自然资源与环境保护方面的法律文件主要包括:森林法、草原法、渔业法、矿产资源法、水法、煤炭法、水土保持法、环境保护法、大气污染防治法、水污染防治法、海洋环境保护法等。

7. 刑法

刑法是规定犯罪与刑罚的法律。

我国现行刑法是1979年制定的、1997年修订,共452条。

8. 诉讼法

诉讼法是调整有关诉讼活动关系的法律规范的总称。我国现行诉讼法包括:民事诉讼法、刑事诉讼法和行政诉讼法。

五、法律关系

(一)法律关系的概念与特征

法律关系,是指社会关系被法律调整后所形成的权利、义务关系。法律关系是社会关系的一种特殊形态,与一般的社会关系相比,主要有以下三个特征。

(1)法律是法律关系产生的前提。法律关系是法律调整社会关系而出现的一种状态,因此,没有法律的存在,也就不可能形成与之相适应的法律关系。

(2)法律关系是一种权利义务关系。法律关系与其他社会关系的重要区别,就在于它是法律化的社会关系,当事人之间按照法律规定或约定分别享有一定的权利或承担一定的义务,以权利和义务为内容联结人们之间的关系。

(3)法律关系是以国家强制力作为保障手段的社会关系。在法律规范中,一个人可以做什么、不得做什么和必须做什么的行为模式是国家意志,体现了国家对各种行为的态度。当法律关系受到破坏时,就意味着国家意志所授予的权利受到侵犯,意味着国家意志所设定的义务被拒绝履行,因此,一旦一种社会关系被纳入法律调整范围之内,就意味着国家对它的保护。

(二)法律关系的构成

法律关系由主体、客体和内容三个要素构成。

1. 主体

法律关系的主体是法律关系的实际参加者,在具体的法律关系中享有权利和承担义务。自然人、法人、国家机关、企事业单位、社会团体等均可成为法律关系主体。例如,客运合同关系的主体是承运人和旅客;道路运输行政处罚关系的主体是相应的道路运输管理机构和处罚的相对人,即道路运输违法行为人;道路运输行政许可法律关系的主体是相应的道路运输管理机构和申请经营许可的人等。

2. 内容

法律关系的内容是指法律关系主体在具体的法律关系中所享有的权利和承担的义务。如,在运输合同关系中,承运人要求旅客、托运人或收货人支付运费的权利,负责将旅客、货物运达目的地的义务;在行政许可法律关系中,许可机关要求申请人提交申请材料的权利,必须在法定期限内作出或不作出许可决定的义务等。

3. 客体

客体是指权利和义务共同指向的对象。包括:物、人身、行为、精神财富等。如,运输合同关系的客体是运输劳务;买卖法律关系的客体则是买卖的货物;行政许可法律关系的客体是许可行为等。

(三)法律关系的发生、变更与终止

法律关系只有在一定的情况下才能产生、变更和终止,这种引起法律关系产生、变更和终止的情况,法学上称为法律事实。法律事实,是指法律规范所规定的、能够引起法律关系产生、变更和消灭的原因,包括事件和行为。例如,合同关系因订立合同的行为而产生,因履行合同、解除合同、抵消、混同、提存、不可抗力等行为和事件而变更和消灭;因申请许可的行为而在申请人和许可机关之间建立许可法律关系等。

第二节 宪法基础知识

宪法是国家的根本大法,是治国安邦的总章程。主要规定国家性质、国家政权组织形式、国家结构形式等一系列最重要的问题。宪法作为具有最高法律效力的根本法,是其他法律、法规赖以产生、存在和发展的基础和前提条件。现代法治国家最重要的特征就是具有科学有效的宪法,以宪治国。我国现行宪法是1982年颁布的《中华人民共和国宪法》,及其1988年、1993年、1999年和2004年的修正案。

一、宪法的概念与特征

宪法是规定民主制国家的根本制度和根本任务,集中表现各种政治力量对比关系,保障公民基本权利和义务的国家根本法,是一个国家统一的法律体系的核心,是依法治国的前提和出发点。宪法在一国的法律体系中处于最重要的地位,与其他法律一样,它们都是统治阶级意志和利益的体现,都是具有国家强制力的行为规范,都是实现阶级统治的重要工具,它们的内容都取决于社会的物质条件。然而,宪法又有区别于普通法律的基本特征。

(1)内容上,宪法规定国家最根本、最重要的问题。宪法规定国家制度和社会制度,包括一个国家的国体、政体、国家结构形式、经济制度、公民的基本权利和义务,国家机构的组织及其职权等问题。这些规定从整体上反映出一个国家政治、经济、文化和社会生活的基本状况,并且指明了它们的发展方向,因而其所调整和规范的社会关系涉及国家生活的各个方面,具有原则性的指导意义。而普通法律通常只涉及国家和社会生活某一方面的问题,对具体的社会关系予以调整和规范,如民法调整平等主体之间的人身关系和财产关系,劳动法调整劳动关系等。因此,宪法和普通法相比,宪法是母法,普通法是子法。

(2)效力上,宪法具有最高的法律效力。我国宪法在序言中明确规定:"本宪法以法律的形式确认了中国各族人民奋斗的成果,规定了国家的根本制度和根本任务,是国家的根本法,具有最高的法律效力。"宪法具有最高的法律效力,主要体现在两个方面：①宪法是制定普通法律的立法基础和依据。我国宪法第五条第二款规定："一切法律、行政法规和地方性法规都不得同宪法相抵触。"②宪法是全体公民、国家机关和社会组织的最高行为准则。我国宪法序言中规定："全国各族人民、一切国家机关和武装力量、各政党和各社会团体、各企事业组织，都必须以宪法为根本的活动准则，并且负有维护宪法尊严、保证宪法实施的职责。"同时，我国宪法第五条第三款也规定："任何组织和个人不得有超越宪法和法律的特权。"

（3）创制上，宪法具有更为严格的程序。宪法规定国家最根本、最重要的问题，具有最高的法律效力，因此，宪法的创制需要经过特殊的过程。宪法的创制包括宪法的制定、宪法的修改和宪法的解释三种活动。从宪法的制定看，宪法的制定者是一个国家统治阶级的全体，任何国家机关和个人都无权制定宪法。宪法的制定通常为，一个国家所有符合立宪条件的公民进行讨论，提出立宪建议，起草宪法草稿，向全体公民征求意见并修改，然后通过特殊的程序予以通过或经全民公决后予以生效。从宪法的修改看，修改宪法较修改一般法律的程序更为严格，宪法的修改建议必须由特定的立法机关或一定数量的立法机关成员提出，并且要由2/3以上或3/4以上的多数表决通过，才能颁布实施。我国宪法第六十四条规定："宪法的修改，由全国人民代表大会常务委员会或者1/5以上的全国人民代表提议，并由全国人民代表大会以全体代表的2/3以上的多数通过。"从宪法的解释看，解释宪法的主体必须是宪法所授权的，并且在宪法的授权范围内进行解释和说明。我国宪法中规定，全国人民代表大会常务委员会行使解释宪法和监督宪法实施的职权。

二、我国宪法的产生与发展

（一）新中国宪法的产生

新中国成立以后，我国先后颁布过四部宪法。1954年颁布的宪法，是我国第一部社会主义类型的宪法。它以《共同纲领》为基础，同时又是《共同纲领》的发展。它肯定了《共同纲领》确立的国家政治制度与社会制度，确定了国家机构的组成，对公民基本权利和义务等作了比较完善的规定，是一部很好的社会主义类型的宪法。1975年宪法是在"四人帮"篡夺了党和国家的部分最高领导权的条件下制定的,因此,在宪法的指导思想和内容上都带有极"左"的色彩,是一部内容很不完善并有许多错误的宪法。

1978年宪法是在粉碎"四人帮"之后制定的。它在纠正"左"的错误的同时,部分地恢复了被1975年宪法所作的错误删除和1954年宪法所确认的正确条款,使社会主义民主和法制有所恢复。但是这部宪法在指导思想上仍然坚持以"阶级斗争为纲",因而在内容和用语上仍未摆脱极"左"的影响。该宪法虽经1979年和1980年两次局部修改,但从总体上仍不能适应新时期的需要。1982年宪法即现行宪法,是在党的十一届三中全会以后制定的。它继承和发展了1954年宪法确定的基本原则和基本制度,认真总结了我国社会主义革命和建设的经验,并注意吸取了国际经验,是一部符合中国国情、具有中国特色的社会主义宪法。该宪法包括:总纲,公民基本权利和义务,国家机构和国旗、国徽、国歌、首都,共四章一百三十八条。

(二)我国现行宪法的发展

现行宪法颁布实施以后,对于促进我国的政治体制改革,推动我国社会主义现代化建设和改革开放事业的进行,建立健全社会主义民主法制等都发挥了重要作用。但是由于现行宪法是在改革开放初期颁布的,随着政治经济体制改革的不断发展变化,其中有些规定已不能适应时代发展的要求。因此,对现行宪法的个别条款进行修改也就势在必行。

1988年第七届全国人大第一次会议对现行宪法进行了第一次修正。该修正案主要有两个方面的内容:一是在第十一条增加规定:"国家允许私营经济在法律规定的范围内存在和发展。私营经济是社会主义公有制经济的补充。国家保护私营经济的合法权利和利益,对私营经济实行引导、监督和管理。"二是删去第十条第四款中不得出租土地的规定,增加规定:"土地的使用权可以依照法律的规定转让。"

1993年第八届全国人大第一次会议对现行宪法进行了第二次修正。这一修正案以党的十四大精神为指导,突出了建设有中国特色社会主义理论和党的基本路线,根据十多年来我国社会主义现代化建设和改革开放的新经验,着重对经济制度的规定作了修改和补充。主要包括以下几个方面：第一，明确把"我国正处于社会主义初级阶段"、"建设有中国特色社会主义"、"坚持改革开放"写进宪法，使党的基本路线在宪法中得到集中、完整的表述。第二，增加了"中国共产党领导的多党合作和政治协商制度将长期存在和发展"的规定。第三，把家庭联产承包责任制作为集体经济组织的基本形式确定下来。第四，将社会主义市场经济确定为国家的基本经济体制，并对相关内容作了修改。第五，把县级人大代表的任期由3年改为5年。

1999年第九届全国人大第二次会议对现行宪法进行了第三次修正。主要内容包括：第一，明确把"我国长期处于社会主义初级阶段"、"沿着建设中国特色社会主义的道路"、"在邓小平理论指导下"、"发展社会主义市场经济"写进宪法。第二，明确规定"中华人民共和国实行依法治国，建设社会主义法治国家"。第三，规定"国家在社会主义初级阶段，坚持公有制为主体、多种所有制经济共同发展的基本经济制度，坚持按劳分配为主体、多种分配方式并存的分配制度"。第四，规定"农村集体经济组织实行家庭承包经营为基础、统分结合的双层经营体制"。第五，将国家对个体经济和私营经济的基本政策合并修改为"在法律规定范围内的个体经济、私营经济等非公有制经济，是社会主义市场经济的重要组成部分"。第六，将镇压"反革命的活动"修改为镇压"危害国家安全的活动"。

2004年第十届全国人大第二次会议对现行宪法进行了第四次修正。主要内容包括：第一，明确"三个代表"的重要思想在国家政治和社会生活中的指导地位，增加物质文明、政治文明和精神文明协调发展的内容，在统一战线的表述中增加社会主义事业的建设者。第二，完善土地征用制度。规定"国家为了公共利益的需要，可以依法对土地实行征收或者征用并予以补偿"的制度；进一步明确国家对发展非公有制经济的方针；完善私有财产制度，规定："公民合法的私有财产不受侵犯""国家依法保护公民的私有财产所有权和继承权。""国家为了公共利益的需要，可以依法对公民财产实行征收或者征用并予以补偿"。第三，增加建立健全社会保障制度的规定；明确"国家建立健全同经济发展相适应的社会保障制度"；增加尊重和保障人权的规定。第四，完善全国人民代表大会的组成，在代表组成里增加了特别行政区的代表；规定国家主席的职权为"代表中华人民共和国进行国事活动,接见外国使节;根据全国人民代表大会常务委员会的决定,派遣和召回驻外全权代表,批准和废除同外国缔结的条约和重要协定";将地方各级人大代表的任期改为5年。第五,赋予国歌以宪法地位,将第四章名改为"国旗、国歌、国徽和首都"。增加规定"中华人民共和国国歌为《义勇军进行曲》"。

我国现行宪法颁布实施以来的四次修正,如实地反映了我国改革开放和现代化建设的现实状况,体现了在新的历史时期我国社会主义建设对宪政制度提出的新要求,总结了有中国特色社会主义建设的新经验,这样,不仅巩固了我国改革和发展的成果,而且从政治、经济、思想等方面为今后的改革和发展提供了法律依据,具有十分重要的意义。随着社会历史时期的不断向前推进,社会历史条件的不断变化发展,特别是随着社会主义事业的不断向前推进,宪法还要随着实践不断地发展和完善。

三、我国的国家制度

(一) 国体

国家性质也称国体,是国家的阶级本质,是社会各阶级在国家生活中的地位和作用。根据我国宪法第一条第一款的规定,我国的国体是:工人阶级领导的、以工农联盟为基础的人民民主专政的社会主义国家。正确理解我国的国体,可从以下几个方面入手:

第一,工人阶级是我国的领导阶级,工农联盟是我国的政权基础。工农联盟是工人阶级和农民阶级的联盟,是我国的政权基础。工农联盟代表了我国人口的绝大多数,不但构成了人民民主专政的坚实基础,也表明了人民民主专政政权充分的民主性和广泛的代表性。

第二,人民民主专政是无产阶级专政在我国的一种实现形式。人民民主专政是中国共产党领导中国各族人民在长期的革命斗争中的一个伟大创造,是对马克思主义的重大发展。人民民主专政和无产阶级专政两者在本质上是一致的。

第三,人民民主专政是对人民民主和对敌人专政的结合。对人民民主和对敌人专政,两者相辅相成,缺一不可。没有统治阶级内部的民主,就不可能对被统治阶级实行强有力的专政;不对被统治阶级实行专政,统治阶级内部的民主就难以得到保障。在现阶段国家的主要任务是集中精力进行经济建设,在解决社会主义现代化建设过程中出现的争议和纠纷时,应当主要地、更多地采用民主的方式。民主与专政两个方面不可分割。只有对极少数敌对势力、敌对分子实行专政,才能保障绝大多数人的自由和权利;只有对人民内部充分实行民主,才能调动广大人民群众的积极性和主动性,加快社会主义现代化建设的进程。

第四,共产党领导下的多党合作和爱国统一战线是我国人民民主专政的主要特色。爱国统一战线是由中国共产党领导的,有各民主党派和人民团体参加的,包括全体社会主义劳动者、拥护社会主义的爱国者和祖国统一的广泛的政治联盟。爱国统一战线的组织形式是中国人民政治协商会议。

(二)政体

国家政权的组织形式,即政体,是指掌握国家政权的阶级为了行使国家权力,依据一定的原则和方式而确立的旨在反对敌人、保护自己、治理社会的国家政权体制,或者说是表现国家权力的政治体制。

我国的政体是人民代表大会制度。国家的一切权力属于人民,这是人民代表大会制度的核心和实质;人民通过民主选举产生各级人民代表,组成全国及地方各级人民代表大会,作为人民行使国家权力的机关;国家权力机关系统处于最高的地位,行政、审判和检察机关均由人大产生,对人大负责,受人大监督;各级人大代表对人民负责,受人民监督,人民有权监督和罢免由他们选举的人民代表;实行民主集中制的组织原则。

人民代表大会制度是我国实现社会主义民主的基本形式,是我国的根本政治制度。它在我国革命建设和发展实践中具有极大的优越性。这些优越性具体体现在:保障了人民当家作主;保证了国家机关协调高效运转;有利于维护国家统一和民族团结等方面。

(三)国家结构形式

国家结构形式,是指特定国家的统治阶级根据一定原则采取的调整国家整体与部分、中央与地方相互关系的形式。国家结构形式所要解决的问题,是统治阶级对国家的领土如何划分,如何规范国家整体与部分、中央和地方之间权限的问题。

现代国家的国家结构形式主要有两大类:单一制和复合制。

单一制国家,是指由若干行政区域单位组成的单一主权的国家,其特点是:从法律体系看,一国只有一部宪法,法律统一由中央制定;从国家机构组成看,国家只有一个最高立法机关,一个中央政府,一套司法系统;从中央与地方的权力划分看,地方接受中央的统一领导,地方政府的权力由中央政府授予;从对外关系看,国家是一个独立的主体,公民具有统一的国籍。绝大多数国家属于单一制国家,我国也是单一制国家。

复合制国家,是指由两个以上成员国组成的联盟国家或国家联盟。复合制国家主要有联邦和邦联两种形式。

联邦制国家,如美国、加拿大、俄罗斯等国家,其特点是:从法律体系看,除有联邦宪法外,各组成单位也有各自的宪法;从国家机构组成看,既设有联邦立法、司法、行政系统,又设有各组成单位的立法、司法、行政系统;从联邦与各组成单位的职权划分情况看,职权划分由宪法具体规定,但军事权力由联邦行使;从对外关系看,有些国家还允许组成单位享有一定的外交权,公民拥有联邦和组成单位两个国籍。

邦联是几个独立的国家为了一定的目的而结成的比较松散的国家联合,如1781~1787年的美国、1815~1866年的德意志联盟等。邦联不是完全意义上的国家,不是国家主体;邦联没有统一的宪法,没有最高立法机关,也没有统一的军队、赋税、预算、国籍等;邦联的各成员国保留有自己的主权;邦联议会或成员国首脑会议是协商机关,其决议必须经各成员国认可方有约束力;各成员国有权自由退出邦联。

(四)民族区域自治制度和特别行政区制度

1. 民族区域自治

我国是统一的多民族国家,为在单一制下实现民族平等、团结和互助,国家采用民族区域自治制度作为解决民族问题和处理民族关系的基本政治制度。民族区域自治制度,是指在国家统一领导下,各少数民族聚居的地方实行区域自治,设立自治机关,行使自治权的制度。民族区域自治制度是我国的基本政治制度之一,是建设中国特色社会主义政治的重要内容。民族区域自治制度就是在统一的祖国大家庭里,在国家的统一领导下,以少数民族聚居的地区为基础,设立相应的自治机关,行使自治权,自主地管理本民族、本地区的内部事务,行使当家做主的权利。

中国的民族区域自治制度有两个显著特点:一是中国的民族区域自治,是在国家统一领导下的自治,各民族自治地方都是中国不可分离的一部分,各民族自治机关都是中央政府领导下的一级地方政权,都必须服从中央统一领导。二是中国的民族区域自治,不只是单纯的民族自治或地方自治,而是民族因素与区域因素的结合,是政治因素和经济因素的结合。

民族自治地方分为自治区、自治州、自治县三级。根据宪法的规定,自治区的建制由全国人大批准,自治州、自治县的建制由国务院批准。除外,凡是相当于乡的少数民族聚居的地方,应当建立民族乡,但它不属于民族自治地方,不享有宪法和有关法律规定的自治权。

自治地方根据《中华人民共和国民族区域自治法》行使各种自治权利。民族自治地方的人民代表大会有权依照当地民族的政治、经济和文化特点,制定自治条例和单行条例;上级国家机关的决议、决定、命令和指示,有不适合自治地方实际情况的,自治机关报经该上级国家机关批准,可以变通执行或者停止执行;自治机关在执行职务时,可使用当地通用的一种或者几种语言文字;自行培养各级干部、科学技术和经营管理等专业人才;企业、事业单位要优先招收少数民族人员;经国务院批准,可以组织本地方维护社会治安的公安部队;自主安排和管理地方性的经济建设事业;制定本地方的经济建设方针、政策和计划;合理调整生产关系,改革经济管理体制;对可以由本地方开发的自然资源,优先合理开发使用;自主安排本地方基本建设项目,管理隶属于本地方的企业、事业单位;经国务院批准,可以开辟对外贸易口岸,开放边境贸易,在外汇留成等方面享受国家优待;自主安排地方财政收支,确定各项开支标准;实行减税或免税;决定本地方教育规则、学校设置、办学形式、教学内容、教学用语和招生办法;自主发展民族教育和民族文化事业,发展现代医药和民族传统医药,开展民族体育活动等。

2. 特别行政区制度

《中华人民共和国宪法》规定,国家在必要时得设立特别行政区。在特别行政区内实行的制度按照具体情况由全国人民代表大会以法律规定(《宪法》第三十一条)。特别行政区是指在我国版图内,根据我国宪法和法律规定设立的,具有特殊的法律地位,实行特别的政治、经济制度的行政区域。尽管特别行政区与一般行政区一样,都是中华人民共和国不可分离的一部分,都是中华人民共和国的地方行政区域单位,但特别行政区相对于一般行政区而言有其自身的特殊性。主要表现在:

第一,特别行政区享有高度的自治权。自治权包括:(1)行政管理权。除国防、外交以及其他根据特别行政区基本法应当由中央人民政府处理的行政事务外,特别行政区有权依照特别行政区基本法的规定,自行处理有关经济、财政、金融、贸易、工商业、土地、教育、文化等方面的行政事务。(2)立法权。特别行政区享有立法权。特别行政区立法会制定的法律须报全国人大常委会备案,但备案并不影响法律的生效。(3)独立的司法权和终审权。特别行政区法院独立进行审判,不受任何干涉,特别行政区的终审法院为最高审级,该终审法院的判决为最终判决。(4)自行处理有关对外事务的权力。中央人民政府可授权特别行政区依照特别行政区基本法自行处理有关对外事务。如:签发护照和其他旅行证件,实行出入境管制,对国际协议是否适用于特别行政区发表意见,参与和香港、澳门有关的外交谈判。

第二,特别行政区保持原有资本主义制度和生活方式50年不变。《香港特别行政区基本法》和《澳门特别行政区基本法》都规定,在特别行政区不实行社会主义制度和政策,保持原有的资本主义制度和生活方式50年不变。这一规定充分体现了"一国两制"的基本方针。

第三,特别行政区的行政机关和立法机关成员由该区永久性居民依照特别行政区基本法的有关规定组成。永久性居民是指在特别行政区享有居留权和有资格依照特别行政区法律取得载明其居留权和永久性居民身份证的居民。

第四,特别行政区原有的法律基本不变。特别行政区的原有法律除属于殖民统治或带有殖民色彩,以及除同特别行政区基本法相抵触或经特别行政区立法机关作出修改者外,原有法律予以保留。

特别行政区是中华人民共和国享有高度自治权的地方行政区域,直辖于中央人民政府。因此,中央与特别行政区的关系,是一个主权国家内中央与地方的关系,它的核心在于中央与特别行政区的权力划分和行使。特别行政区的高度自治权已于前述。中央对特别行政区行使的权力主要有:中央人民政府负责管理与特别行政区有关的外交事务,中央人民政府负责管理特别行政区的防务,中央人民政府任命特别行政区行政长官和行政机关的主要官员,全国人大常委会有权决定特别行政区进入紧急状态,全国人大常委会享有对特别行政区基本法的解释权,全国人大对特别行政区基本法享有修改权,等等。

四、公民的基本权利和义务

公民是指具有一国国籍,并依据该国宪法和法律享有权利和承担义务的人。公民的基本权利和义务,是指由宪法规定的公民应当享有和履行的基本的、必不可少的权利和义务。

(一)公民的基本权利

权利,是指国家通过宪法和法律保障的,公民实现某种愿望或获得某种利益的可能性。公民的基本权利是宪法规定的公民最主要的权利,资产阶级把公民的基本权利称作人权。

根据我国宪法的规定,公民的基本权利包括以下内容。

1. 公民参与政治方面的权利

平等权,是指公民在法律面前一律平等。公民不分"高低贵贱",都平等地享有宪法和法律规定的权利,平等地履行宪法和法律规定的义务;任何人的合法权益都平等地受到法律的保护;不允许任何人享有法律以外的特权。

选举权和被选举权。我国宪法规定,除依法被剥夺政治权利的人外,年满18周岁的公民都享有选举权和被选举权。

政治自由权。我国宪法规定,中华人民共和国公民有言论、出版、集会、结社、游行、示威的自由。

2. 公民的人身自由和宗教信仰自由

公民的人身自由,是指公民的人身(包括肉体和精神)不受非法限制、搜查、拘留和逮捕。

公民的人格尊严不受侵犯,禁止用任何方法对公民进行侮辱、诽谤和诬告陷害。公民的人格权主要包括:姓名权、荣誉权、名誉权、肖像权、人身权等权利。

住宅不受侵犯。中华人民共和国公民的住宅不受侵犯。禁止非法搜查或者非法侵入公民的住宅。任何机关、团体或者个人,非经法律许可,不得随意侵入、搜查或者查封公民的住宅。根据我国刑法的规定,非法搜查他人住宅,或者非法侵入他人住宅的,处3年以下有期徒刑或者拘役。

通信自由和通信秘密受法律保护。我国宪法规定,中华人民共和国公民的通信自由和通信秘密受法律保护。除国家安全或者追查刑事犯罪的需要,由公安机关或者检察机关依照法律规定的程序对通信进行检查外,任何组织或者个人不得以任何理由侵犯公民的通信自由和通信秘密。

宗教信仰自由。我国宪法规定,中华人民共和国公民有宗教信仰自由。宗教信仰自由的基本含义是:每个公民都有按照自己的意愿信仰或不信仰宗教的自由;有信仰这种宗教的自由,也有信仰那种宗教的自由。

3. 公民的社会经济、教育和文化方面的权利

公民的社会经济、教育和文化方面的权利主要包括:

公民的劳动权。劳动权,是指有劳动能力的公民有获得劳动并按照劳动的数量和质量取得报酬的权利。

劳动者的休息权。休息权是指劳动者在享受劳动权的过程中,有为保护身体健康,提高劳动效率,依法享有的休息和休养的权利,是劳动权的必要补充。

获得物质帮助权。我国宪法规定,中华人民共和国公民在年老、疾病或者丧失劳动能力的情况下,有从国家和社会获得物质帮助的权利。

受教育权。受教育既是公民的权利,也是公民的义务,是指公民有在各类学校和机构学习科学文化知识的权利。

进行科学研究、文学艺术创作和其他文化活动的自由。

4. 特定人的权利

特定人的权利主要包括:保障妇女的权利;保障退休人员和列军属的权利;保障婚姻、家庭、母亲、儿童和老人的权利;保护关怀青少年和儿童的成长;保护

华侨的正当权利。

(二)公民的基本义务

义务,是指宪法和法律规定的公民必须履行的某种责任。公民的基本义务,是指宪法规定的公民的主要义务。根据我国宪法的规定,公民的基本义务包括以下内容:

(1)维护国家统一和各民族团结的义务。

(2)遵守宪法和法律、保守国家秘密、爱护公共财物、遵守劳动纪律、遵守公共秩序、尊重社会公德的义务。

(3)维护祖国的安全、荣誉和利益的义务。

(4)保护祖国、依法服兵役和参加民兵组织的义务。

(5)依照法律纳税的义务。

(6)其他方面的义务,如,夫妻双方实行计划生育的义务、父母有抚养未成年子女的义务、成年子女有赡养扶助父母的义务等。

五、我国的国家机构

(一)国家机构的概念

国家机构是指统治阶级为了行使国家权力而建立起来的国家机关的总和。国家机构不同于一般的组织。国家机构具有阶级性,代表在经济上占统治地位的阶级的利益;国家机构以国家的名义进行活动,行使国家立法权、行政权和司法权;国家机构是由统治阶级中最优秀的成员组成的严密组织体系。

国家机构按照宪法所确立的机关和赋予的职权不同,在西方,国家机构分为立法机关、行政机关和司法机关;社会主义国家分为权力机关、行政机关和司法机关。以行使职权的区域范围划分为中央国家机构和地方国家机构。根据我国宪法规定的国家机构的职能,国家机构分为国家权力机关、国家元首、国家行政机关、国家军事机关、国家审判机关和检察机关。按国家机关的不同等级分为中央国家机构和地方国家机构。中央国家机构包括全国人民代表大会及其常务委员会、国家主席、国务院、中央军事委员会、最高人民法院和最高人民检察院;地方国家机构包括地方各级人民代表大会及其常务委员会、地方各级人民政府、地方各级人民法院、地方各级人民检察院,以及民族自治地方的自治机关和特别行政区的国家机关。

(二)中央国家机关

1. 全国人民代表大会及其常务委员会

全国人民代表大会是全国人民行使国家权力的最高机关,又是行使国家立法权的机关。全国人民代表大会常务委员会是全国人民代表大会的常设机关,也是行使国家立法权的机关。全国人民代表大会每届任期5年。

全国人民代表大会主要有六个方面的职权:

(1)修改宪法、监督宪法实施的权力。

(2)制定和修改基本法律的权力。基本法律,如刑法、民法、诉讼法、国家机关组织法、选举法、民族区域自治法等。

(3)选举、决定和罢免国家领导人的权力。如:选举人大委员长、副委员长、秘书长和委员,选举国家主席、副主席,中央军事委员会主席,最高人民法院院长,最高人民检察院检察长;有权根据国家主席的提名决定国务院总理的人选;有权根据国务院总理的提名决定国务院副总理、国务委员、各部部长、各委员会主任、审计长和秘书长的人选;根据中央军事委员会主席的提名决定中央军事委员会副主席和委员的人选。

(4)决定国家重大问题的权力。如:审查和批准国民经济和社会发展计划以及计划执行情况的报告;审查和批准国家预算和预算执行情况的报告;批准省、自治区和直辖市的划分;决定特别行政区的设立及其制度;决定战争与和平的问题等。

(5)最高监督权。全国人民代表大会有权监督由其产生的其他国家机关的工作。

(6)其他权力。

全国人民代表大会设各专门委员会,也可根据情况设临时委员会。全国人民代表大会设立的各专门委员会,如,民族委员会、法律委员会、内务司法委员会、外事委员会、财政经济委员会、华侨委员会、环境与资源保护委员会、教育科学文化卫生委员会等。

2. 中华人民共和国主席

中华人民共和国主席是中华人民共和国国家机构的重要组成部分,属于我国最高国家权力机关的范畴。中华人民共和国主席对外代表国家,由全国人民代表大会选举产生,任期5年,同全国人民代表大会常务委员会结合行使国家元首的职权。

根据宪法的有关规定,国主席主要行使四个方面的职权:

(1)公布法律,发布命令。法律由全国人民代表大会或其常委会通过后,由国家主席颁布施行。根据全国人民代表大会常委会的决定,发布特赦令、戒严令、动员令、宣布战争状态等。

(2)任免国务院的组成人员和驻外全权代表。国务院总理、副总理、国务委员、各部部长、各委员会主任、审计长、秘书长,经全国人民代表大会常委会正式确定人选后,由国家主席宣布其任职或免职。根据全国人民代表大会常委会的决定,派出或召回驻外大使。

(3)外交权。国家主席代表国家接受外国使节,根据全国人民代表大会常委会的决定,宣布批准或废除条约和重要协定。

(4)荣典权。指国家主席根据全国人民代表大会常委会的决定,代表国家向那些对国家有重大功勋的人授予荣誉奖章和光荣称号的权力。国家副主席没有独立的职权。

3. 国务院

中华人民共和国国务院,即中央人民政府,是最高国家权力机关的执行机关,是最高国家行政机关。国务院由最高国家权力机关组织产生,统一领导地方各级人民政府的工作,统一领导和管理国务院各部、委员会的工作。

国务院由总理,副总理若干人,国务委员若干人,各部部长、各委员会主任、审计长、秘书长组成,实行总理负责制,任期5年,总理、副总理、国务委员连续任职不得超过两届。

国务院主要有以下几个方面的职权:行政法规的制定和发布权;行政措施的规定权;提出议案权;对所属部、委和地方各级行政机关的领导权和管理权;对国防、民政、文教、经济等各项工作的领导和管理权;行政人员的任免、奖惩权;全国人民代表大会及其常委会授予的其他职权。

4. 中央军事委员会

中央军事委员会是全国武装力量的最高领导机关。中央军事委员会实行主席负责制。中央军事委员会主席对全国人民代表大会和全国人民代表大会常务委员会负责。

5. 最高人民法院和最高人民检察院

最高人民法院是我国的最高审判机关,监督地方各级人民法院和专门人民法院的审判工作,对全国人民代表大会及其常务委员会负责。最高人民检察院是我国的最高检察机关,领导地方各级人民检察院和专门人民检察院的工作,对全国人民代表大会和其常务委员会负责。

(三) 地方国家机关

我国的地方国家机关是指依照宪法和法律的规定,在地方各级行政区域所设立的国家权力机关、行政机关、审判机关和检察机关的总称。这里主要介绍:地方各级人民代表大会和地方各级国家行政机关、民族自治地方的自治机关、特别行政区的国家机关。

地方各级人大是地方国家权力机关,主要行使地方性法规的制定权、人事组织权、重大事务决定权及监督权。县以上地方各级人大常委会是其本级人大的常设机关,是地方国家权力机关的组成部分,它行使的职权与其同级人大比较相近。地方各级人民政府是地方各级国家权力机关的执行机关,是地方各级国家行政机关,一般实行行政首长负责制,主要行使地方政府规章制定权或者其他行政规范性文件的制定权、监督权、管理权与执行权。

民族区域自治机关是自治区、自治州、自治县的人民代表大会和人民政府,民族自治地方的同级人民法院和人民检察院不是自治机关。民族自治地方在人事管理权、财政自主权、行政管理权、经济决策权等方面均具有较大的独立自主性。

特别行政区是指香港特别行政区与澳门特别行政区。特别行政区要有高度的自治权,包括独立的立法权、行政权和终审权等司法权,中央政府仅在国防与外交等方面对特别行政区行使主权。特别行政区实行行政主导的政治体制。

思考题

1. 为什么说宪法是根本法？
2. 国家形式与国家性质的关系是什么？
3. 我国公民有哪些基本权利，结合交通运输行政执法谈谈公民基本权利的保护？
4. 何谓基本义务？应当如何理解基本权利与基本义务之间的关系？
5. 怎样理解全国人大是最高国家权利机关？
6. 什么是民族自治地方的自治机关？它享有哪些自治权？

案例分析

齐某、陈某均系山东省滕州市八中1990届初中毕业生。陈某在1990年中专预考时成绩不合格，失去了升学考试资格。齐某则通过了预选考试，并在中专统考中获得441分，超过了委培录取的分数线。随后，山东省济宁市商业学校发出录取齐某为该校1990级财会专业委培生的通知书。但齐某的录取通知书被陈某领走，并以齐某的名义到济宁市商业学校报到就读。1993年毕业后，陈某继续以齐某的名义到中国银行滕州市支行工作。1999年1月29日，齐某在得知陈某冒用自己的姓名上学并就业的情况后，以陈某及其父、滕州八中、济宁商校、滕州市教委为被告，向枣庄市中级人民法院提起民事诉讼，要求被告停止侵害，并赔偿经济损失和精神损失。

1999年5月，枣庄市中院作出一审判决。法院认为，陈某冒用齐某姓名上学的行为，构成对齐某姓名权的侵害，判决陈某停止侵害，陈某等被告向齐某赔礼道歉并赔偿精神损失费35 000元，但驳回齐某其他诉讼请求。齐某不服，认为被告的共同侵权剥夺了其受教育的权利并造成相关利益损失，原审判决否认其受教育权被侵犯，是错误的。遂向山东省高院提起上诉，请求法院判令陈某等赔偿各种损失56万元。二审期间，山东省高院认为该案存在适用法律方面的疑难问题，于1999年以[1999]鲁民终字第258号请示，报请最高人民法院作出司法解释。2001年8月13日，最高人民法院法释[2001]25号《关于以侵犯姓名权的手段侵犯宪法保护的公民受教育的基本权利是否应承担民事责任的批复》明确指出:根据本案事实,陈某等以侵犯姓名权的手段,侵犯了齐某依据宪法规定所享有的受教育的基本权利,并造成了具体的损害后果,应承担相应的民事责任。

2001年8月23日,山东省高院依据宪法第46条、最高人民法院批复和民事诉讼法有关条款,终审判决此案:(1)责令陈某停止对齐某姓名权的侵害;(2)陈某等四被告向齐某赔礼道歉;(3)齐某因受教育权被侵犯造成的直接经济损失7 000元和间接经济损失41 045元,由陈某、陈某父亲赔偿,其余被告承担连带赔偿责任;(4)陈某等被告赔偿齐某精神损害赔偿费50 000元。

问题

请运用宪法知识,对本案以及法院的判决进行分析。

第三节 民法基础知识

一、民法的概念及调整对象

(一)民法的概念

民法,是指调整平等主体的公民之间、法人之间、公民和法人相互之间的财产关系和人身关系的法律规范的总称。民法的主要内容包括:民事主体制度、物权制度、债权制度、继承权制度等。

(二)民法的调整对象

民法调整平等主体的公民(自然人)之间、法人之间、公民和法人相互之间的财产关系和人身关系。

1. 人身关系

人身关系是指基于民事主体的人格和身份发生的社会关系,包括人格关系和身份关系。人格是作为人所必不可少的利益要素,包括生命、身体、健康、肖像、姓名、名誉、隐私等利益要素。其中生命、身体、健康、肖像为物质性人格要素;姓名、名誉、隐私为精神性人格要素。身份则是人在家庭或团体等社会生活过程中所处的地位或所拥有的名分,如互为夫妻身份与父母与子女间的身份。人身关系是主体之间以人格要素和身份要素为客体而发生的以人身利益为内容而形成的相互关系,包括人格关系和身份关系。人格关系是以各种人格利益为内容而形成的相互关系,如这种人格权的拥有与保护关系;身份关系则是以主体的身份利益为内容而发生的相互关系,如亲属关系、团体成员关系等。人身关系是基于主体的人身而发生的利益关系,具有与主体的人身不可分离性。

2. 财产关系

财产关系是以财产为客体,具有一定经济内容的社会关系,是人们因物质财富和无形财富的归属和流转,在生产、分配、交换和消费过程中而发生的经济关系。民法所调整的财产关系是在经济生活中形成的民事主体之间以财产利益为目的的社会关系。

民法只调整平等的民事主体之间的财产关系。包括财产归属关系与财产流转关系。财产归属关系又称为财产支配关系或静态的财产关系,是指因占用、使用、收益、处分财产而发生的财产关系,如所有权关系等;财产流转关系,即动态财产关系,是指因移转财产而发生的财产关系,如买卖关系、租赁关系、运输关系等。

二、民法的基本原则

民法的基本原则是民事立法、司法以及民事活动应当遵循的基本准则,它反映民事生活的根本属性。我国民法规定了以下五项基本原则:

(1)平等原则。平等原则是指民事主体在民事法律关系中平等地享有权利,其权利平等地受到法律保护。民法的平等原则是宪法关于公民在法律面前一律平等精神在民法上的体现。当事人的民事地位平等是民法的首要原则。民法通则第三条规定:"当事人在民事活动中地位平等"。

(2)自愿原则。自愿原则是指在民事活动中当事人的意思自治,即当事人根据自己的意愿或判断从事民事活动,国家充分尊重当事人的选择,以不违背国家法律和侵犯社会公共利益为其限度。民事权利与义务的设立、变更或终止都必须出于当事人的真实意愿。当事人享有意志独立和行为自主的决策权,不允

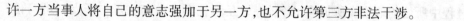

许一方当事人将自己的意志强加于另一方,也不允许第三方非法干涉。

(3)公平原则。公平原则是指民事主体在进行民事活动时,相互之间应该公平合理,不得有损于对方。公平原则强调在民事活动中以利益均衡作为价值判断标准,当民事主体发生利益冲突时,以权利和义务是否均衡来平衡双方利益。它的基本含义是:第一,要求人们对利益或损害的分配在主观心理上应持公平的态度;第二,要求民事行为的结果不能显失公平,若显失公平,就应以公平为尺度,协调当事人之间的利益关系;第三,要求民事案件的处理结果,应当符合公平、正义的要求。

(4)等价有偿和诚实信用原则。等价有偿原则是指民事主体在进行民事活动时,互相实现经济利益,在要求取得他人的财产或得到他人的服务时,应当向对方支付相应的价款或酬金;造成他人权益损害时,也应当等价进行赔偿。诚实信用原则是指民事主体在民事活动中要诚实待人,讲究信誉。这一原则要求:当事人在民事活动中要实事求是,不损害国家、社会、集体和他人的利益;自觉履行义务、承担责任。这一原则是道德观念法律化的具体体现。

(5)禁止权利滥用原则。民事主体必须正确行使民事权利,若行使权利损害他人利益或社会公共利益时则构成滥用。各项民事活动都必须遵守国家的法律和政策;尊重社会公德,不得损害社会公共利益;不得扰乱社会经济秩序。

三、民事法律关系

民事法律关系是由民法规范调整的、以权利义务为内容的社会关系,它包括财产关系和人身关系。生活事实层面的社会关系经由民法规范调整后,被赋予权利义务内容,形成民事法律关系。民事法律关系的形成,是社会关系秩序化的实现过程。民事法律关系包括以下三个要素:

(1)民事法律关系主体,简称民事主体,是指民事法律关系中享有民事权利、承担民事义务的人。

(2)民事法律关系客体,即民事主体之间的权利义务所指向的对象,或民事主体得以形成相互关系的利益对象。主要包括物、行为和智力成果。

(3)民事法律关系的内容,是指民事主体之间基于客体所形成的具体联系,即法律确认的民事权利和民事义务。民事权利是指法律规定的民事主体能作出一定行为或能要求他人作出或不作出一定民事行为的能力或资格;民事义务是指民事主体按照法律的规定或按照他人的要求必须作出或不作出一定民事行为的责任。

四、民事法律关系主体

民事法律关系主体主要包括自然人和法人,还包括不具有法人资格的其他组织。另外,在特殊的关系中,国家也可以成为特殊的民事主体自然人。

1. 自然人概述

自然人是指以自然规律出生而取得民事主体资格的人。自然人是同法人相对应的概念,它既包括本国自然人,也包括外国人和无国籍人。根据民法通则的规定,在我国境内的外国人和无国籍人也可以成为我国民事法律关系的主体。

自然人的民事权利能力是指法律确认的自然人享受民事权利和承担民事义务的资格。它是自然人取得民事权利、承担民事义务的前提或者先决条件,所以民事权利能力是法律上的人格或主体资格,其具有平等性和不可转让性的特征。根据民法通则的规定,我国自然人的民事权利能力始于出生、终于死亡。这里所指的死亡,是自然人的自然死亡,即自然人生命的结束。被宣告死亡而未自然死亡的自然人仍具有民事权利能力。

自然人的民事行为能力是指自然人以自己的行为参与民事法律关系,取得民事权利和承担民事义务的能力或资格。自然人的民事行为能力与民事权利能力不同,民事行为能力并不是自然人出生就享有的,它与自然人的意思能力有关,是根据自然人对自己的行为及其可能产生的后果是否具有认识、判断能力,以及审慎地处理自己事务的能力来确定的。民法通则根据年龄、智力和精神健康状况的不同,把自然人的民事行为能力分为以下三类:

①完全民事行为能力人。18周岁以上智力正常的自然人具有完全民事行为能力;16周岁以上不满18周岁智力正常的自然人,以自己的劳动收入为主要生活来源的,视为完全民事行为能力人。

②限制民事行为能力人。限制民事行为能力是只能独立实施与其年龄、智

力相适应的民事法律行为的能力,超出相应年龄、智力状况的行为,须经法定代理人同意或由法定代理人代理,但订立纯获利益合同的行为除外。根据民法通则的规定,10周岁以上的未成年人是限制民事行为能力人,可以进行与他的年龄、智力相适应的民事活动;不能完全辨认自己行为的精神病人是限制民事行为能力人,可以进行与他的精神健康状况相适应的民事活动;其他民事活动由其法定代理人代理。

③无民事行为能力人。不满10周岁的未成年人和完全不能辨认自己行为的精神病人是无民事行为能力人,由其法定代理人或监护人代理进行民事活动。

2. 监护

监护是为保护无民事行为能力人和限制行为能力人的人身、财产及其他合法权益,而由特定的自然人或者组织对其人身、财产及其合法权益进行监督、管理、保护的制度。监护分为法定监护和指定监护。

(1)法定监护

法定监护是由法律直接规定而设置的监护。我国民法规定:未成年人的父母是未成年人的监护人,未成年人的父母已经死亡或者失去监护能力的,按照下列顺序确定其中有监护能力的人担任监护人:①祖父母、外祖父母;②成年的兄、姐;③关系密切的其他亲属、朋友愿意承担监护责任,经未成年人的父母的所在单位或者未成年人住所地居委会、村委会同意的。对于成年的无民事行为能力或者限制行为能力的精神病人,按照下列顺序确定其监护人:①配偶;②父母;③成年子女;④其他近亲属;⑤关系密切的其他亲属、朋友愿意承担监护责任,经精神病人的所在单位或者住所地的居委会、村委会同意的。没有以上监护人的,由未成年的父母所在单位或精神病人的所在单位或未成年人、精神病人住所地的居委会、村委会或者民政部门担任监护人。

(2)指定监护

指定监护是没有法定监护人,或者对担任监护人有争议的,由有关部门或者人民法院指定的监护。

监护人的职责是:①保护被监护人的身体健康,防止其生命健康权遭受不法侵害;②照顾被监护人的生活;③管理和保护被监护人的财产,保证其财产不受非法侵害,除为被监护人的利益,不得处分其财产;④代理被监护人进行民事活动。监护人不履行监护责任或侵害被监护人的合法权益,应当承担民事责任;给被监护人造成财产损失的,应当承担赔偿责任。被监护人造成他人损失的,由监护人承担赔偿责任。监护人尽了监护责任的,可以适当减轻其民事责任。监护人在承担监护责任时,应首先以被监护人的财产赔偿,不足部分由监护人以自己财产适当赔偿,但单位担任监护人的除外。

3. 法人

(1) 法人的概念和特征

法人是具有民事权利能力和民事行为能力,依法独立享有民事权利和承担民事义务的组织。法人具有以下法律特征:①法人是一种社会组织,它是由法律所创造的民事主体,是社会组织在法律上的人格化;②法人具有民事主体资格;③法人的责任独立于其创始人和成员的责任。

(2) 法人成立的条件

法人成立必须具备以下条件:①依法成立。依法成立包括实体合法和程序合法两方面内容;②有必要的财产或者经费;③有自己的名称、组织机构和场所;④能够独立承担民事责任。

(3) 法人的民事权利能力和民事行为能力

法人的民事权利能力是指法人作为民事主体参与民事活动,享有民事权利和承担民事义务的资格。法人的民事权利能力从成立时产生,终止时消灭。法人的民事行为能力是指法人以自己的意思独立进行民事活动,取得民事权利和承担民事义务的资格。法人的民事行为能力以法人的民事权利能力为前提,法人的民事权利能力和民事行为能力是一致的,法人的行为能力不能超过权利能力的范围。

(4) 法人的法定代表人

法人的法定代表人是指依照法律或者法人组织的章程规定,代表法人行使职权的负责人,他是法人机关的一种。法定代表人的行为,即是法人的行为。法定代表人对内是法人的机关,对外代表法人在其职权范围内以法人的名义进行活动。

(5)法人的类型

我国法律规定法人有四种:企业法人、国家机关法人、事业单位法人、社会团体法人。

4. 非法人组织

非法人组织是指不具有法人资格但可以以自己的名义进行民事活动的社会组织。非法人组织也可以成为民事主体。其特征是:具有稳定性的任何组织体;有自己的目的且依法设立;具有相应的民事权利能力和民事行为能力;有能够由自己独立支配的财产和经费;有自己的代表人或管理人。不能完全独立承担民事责任的组织体,当不能清偿到期债务时,应由该非法人组织的出资人或开办单位承担连带责任。非法人组织作为民事主体之一,与自然人、法人一样,具有民事权利能力非法人组织作为民事主体之一,与自然人、法人一样,具有民事权利能力和民事行为能力。非法人组织在我国主要表现为合伙企业。合伙企业是指依照《中华人民共和国合伙企业法》在中国境内设立的由各合伙人订立合伙协议,共同出资、合伙经营、共享收益、共担风险,对合伙债务承担无限连带责任的营利性组织。

合伙由合伙合同和合伙组织两个不可分割的部分构成,前者是对合伙人有约束力的内部关系的体现,后者是全体合伙人作为整体与第三人发生法律关系的外部形式。合伙的法律特征是:具有团体性;合伙协议是合伙形成的基础条件;合伙人共同出资、共同经营、共享收益、共担风险,并对合伙组织承担无限连带责任。

5. 个体工商户和农村承包经营户

个体工商户是指以个人或家庭财产作为资本,依法经核准登记,并在法定范围内从事工商业经营活动的自然人的特殊形式。农村承包经营户是指农村集体经济组织的成员,在法律允许的范围内,按照承包合同的规定从事商品生产和经营活动的一种自然人的特殊形式。

五、代理

一般情况下,法律行为是由行为人自己亲自而为的,如,买卖合同由买方和卖方亲自签订,申请许可由申请人自己亲自申请等。如果由于某种原因,行为人不能亲自从事某些行为,就需要代理人代理。规范代理的法律文件主要有两个:一是《中华人民共和国民法通则》(以下简称《民法通则》);二是《中华人民共和国合同法》(以下简称《合同法》)。

(一)代理的种类

1. 直接代理、披露本人的代理和未披露本人的代理

该种分类的标准是代理人以谁的名义从事代理活动。

(1)直接代理。《民法通则》第六十三条规定的代理是直接代理,指受托人(代理人)在授权范围内,以委托人(被代理人)的名义与第三人实施法律行为,后果由委托人承担的代理。绝大多数代理属于直接代理,如律师代理诉讼等。直接代理最主要的特点有两个:一是代理人是以被代理人的名义从事法律行为;二是代理行为产生的法律后果由被代理人承担。

(2)披露本人的代理。《合同法》第四百零二条规定的代理是披露本人的代理,指受托人(代理人)在授权范围内,以受托人自己的名义与第三人实施法律行为,第三人知道受托人与委托人之间的委托关系,法律后果由委托人承担的代理。披露本人的代理有三个主要特点:一是代理人是以自己的名义从事法律行为;二是代理行为产生的法律后果由被代理人承担;三是第三人知道受托人与委托人之间的委托关系。

(3)未披露本人的代理。《合同法》第四百零三条规定的代理是未披露本人的代理,指受托人(代理人)在授权范围内,以受托人自己的名义与第三人实施法律行为,第三人在订立合同时不知道受托人与委托人之间的委托关系的代理。未披露本人的代理有三个主要特点:一是代理人是以自己的名义从事法律行为;二是第三人在订立合同时不知道受托人与委托人之间的委托关系;三是对法律后果由谁承担,第三人有选择权。

2. 委托代理、法定代理和指定代理

此种分类的标准是代理权取得的依据。基于被代理人的授权而取得代理权的代理是委托代理,某甲委托某乙代理申请交通运输行政许可,就是委托代理;由法律规定而取得代理权的代理是法定代理,如监护人代理被监护人进行行政诉讼,就是法定代理等;由法院或其他有关机关指定而发生的代理是指定代理。

3. 其他分类

其他分类如:本代理与复代理;一般代理与特别代理;无权代理与表见代理等。

(二)代理的适用范围

根据《民法通则》第六十三条的规定,代理的适用范围包括:

(1)代理进行民事法律行为。如代理签订各种民事合同等。在道路运输活动中,客运站代售客票的行为、多数货运代理企业揽货的行为等,都属于代理行为。

(2)代理进行行政行为。如,代理申请道路运输经营许可,代理进行行政复议活动等。

(3)代理进行诉讼活动等。如,代理进行行政诉讼、代理请求行政赔偿等。

六、时效

时效,是指一定的事实状态在法律规定的时间内持续存在就会发生与该事实状态相适应的法律效力。我国法律规定的时效包括诉讼时效和追诉时效。

(一)诉讼时效

诉讼时效,是指权利人在法定期间内不行使权利即丧失人民法院保护其民事权利的时效制度。如,因交通事故,旅客王某有权要求某承运人赔偿人民币10万元,如果王某在法律规定的时间内一直没有要求承运人赔偿,则此后承运人可以不予赔偿。

1.诉讼时效期间及分类

诉讼时效期间,是指权利人向人民法院请求保护其民事权利的法定期间。诉讼时效期间是法定的,不允许当事人通过约定延长或缩短;诉讼时效期间是可变期间,可以中止、中断或延长;诉讼时效期间届满后,当事人的权利不再受法院的保护。

按照诉讼时效期间的长短和适用范围的不同,可把诉讼时效期间分为:一般诉讼时效、特殊诉讼时效和最长诉讼时效。

(1)一般诉讼时效期间

一般诉讼时效期间,是指一般情况下适用的诉讼时效,为 2 年,从权利人知道或应当知道其权利受侵害之日开始计算。

(2)特殊诉讼时效期间

特殊诉讼时效期间,是指法律规定的仅适用于某些特殊民事法律关系的诉讼时效期间。特殊诉讼时效期间包括:短期诉讼时效、长期诉讼时效、最长诉讼时效。

短期诉讼时效期间,是指时效期间不足2年的诉讼时效。根据有关规定,下列诉讼时效期间为1年:身体受伤害要求赔偿的;出售质量不合格的商品未声明的;延付或拒付租金的;寄存财物被丢失或损毁的。短期诉讼时效期间从权利人知道或应当知道其权利受侵害之日开始计算。

长期诉讼时效期间,是指时效期间在2年到20年之间的诉讼时效期间。如《合同法》第一百二十九条规定,国际货物买卖合同争议提起诉讼或仲裁的期限为4年。长期诉讼时效期间也是从权利人知道或应当知道其权利受侵害之日开始计算。

最长诉讼时效期间,是指时效期间为20年的诉讼时效期间。《民法通则》第一百三十七条规定:"从权利被侵害之日起超过二十年的,人民法院不予保护。"

2.诉讼时效的中止、中断和延长

诉讼时效的中止,是指在诉讼时效进行中,因一定的法定事由的发生而使权利人无法行使请求权,暂时停止计算诉讼时效期间。在诉讼时效期间的最后六个月内,因不可抗力或者其他障碍不能行使请求权的,诉讼时效中止。从中止时效的原因消除之日起,诉讼时效期间继续计算。

诉讼时效的中断,是指在诉讼时效进行中,因法定事由的发生致使已经进行的诉讼时效期间全部归于无效,诉讼时效期间重新计算。诉讼时效因提起诉讼、当事人一方提出要求或者同意履行义务而中断。

诉讼时效延长,是指在诉讼时效期间届满以后,权利人基于某种正当理由,向人民法院提起诉讼时,经人民法院调查有正当理由而把法定时效期间予以延长。

(二)追诉时效

追诉时效,是指执法机关追究违法行为人行政责任的时效。根据《中华人民共和国行政处罚法》(以下简称《行政处罚法》)第二十九条的规定,违法行为在2年内未被发现的,不再给予行政处罚。法律另有规定的除外。对行政违法行为的追诉时效期间为2年,从违法行为发生之日起计算;违法行为有连续或继续状态的,从违法行为终了之日起计算。

七、物权法基础知识

有关物权的法主要是2007年10月1日起施行的《中华人民共和国物权法》。该法共247条,5编19章,规定了:物权法的基本原则;物权的设立、变更、转让和消灭;物权的保护;所有权(包括:国家所有权和集体所有权、私人所有权;业主的建筑物区分所有权;相邻关系;共有等);土地承包经营权、建设用地使用权、宅基地使用权、地役权等用益物权;抵押权、质权、留置权等担保物权;占有。

(一)物权的概念和特征

物权,是指权利人依法对特定的物享有直接支配和排他的权利,包括所有权、用益物权和担保物权。

物权的特征如下:

1. 物权以特定物作为客体

民事权利的客体主要包括物、行为、智力成果和人身利益。物权的客体是物,并且该物应该为特定物。债权的客体既可以是特定物,也可以是种类物。

2. 物权具有直接支配性

以权利实现的方式为准,可以将民事权利分为请求权和支配权。请求权是指主体请求他人为一定行为或不为一定行为以实现其利益的权利。支配权是指主体仅凭自己的单方意思可以直接作用于客体实现其利益的权利。物权是支配权,物权人可以按照自己的意志占有、使用、收益、处分,以获取物上利益,而不需要相对人的意志配合和实际行动。

3. 物权具有排他性

所谓排他性,就是排除他人包括国家干涉的效力。在物权存续期间,除物权人有权依法对物直接进行支配外,不特定的任何人都依法负有不得妨害和干涉的义务,否则,则构成侵权行为,物权人有权予以排除或请求国家给予保护。排他性是靠停止侵害请求权、原物返还请求权、排除妨害请求权、消除危险请求权和恢复原状请求权等各种物上请求权实现的。

4.物权是绝对权

绝对权又称为对世权,是以不特定的任何人为义务人的民事权利。债权是相对权,是以特定的人为义务人的民事权利。公路所有权、公路经营权属于物权,作为物权,任何人都负有不得侵害公路所有权和经营权的义务,否则,应承担侵权的责任。

(二)物权的类别

物权的种类和内容,由法律规定。物权分为自物权和他物权两类。

自物权,是指对属于自己所有的物进行支配的权利,所有权是自物权。所有权,是指民事主体对于自己的不动产或者动产,依法享有占有、使用、收益和处分的权利。所有权的内容包括占有、使用、收益和处分四项权能。所有权具有排他性、绝对性等特点。排他性是指一物之上只能有一个所有权。绝对性是指所有权的义务人为不特定的任何人,权利的实现无需义务人协助的权利。

他物权,是指对他人所有的物进行支配的权利,包括用益物权和担保物权两类。用益物权是非所有人对他人的物进行用益的权利,包括:建设用地使用权、宅基地使用权、土地承包经营权、地役权等。担保物权,是指权利人直接支配标的物的交换价值用以担保其债权的实现的他物权,主要包括抵押权、质押权和留置权。

(三)物权的保护

国家、集体、私人的物权和其他权利人的物权受法律保护,任何单位和个人不得侵犯。物权受到侵害的,权利人可以通过和解、调解、仲裁、诉讼等途径解决。物权的保护的方式主要有以下几种:

(1)因物权的归属、内容发生争议的,利害关系人可以请求确认权利。

(2)无权占有不动产或者动产的,权利人可以请求返还原物。

(3)妨害物权或者可能妨害物权的,权利人可以请求排除妨害或者消除危险。

(4)造成不动产或者动产毁损的,权利人可以请求修理、重作、更换或者恢复原状。

(5)侵害物权,造成权利人损害的,权利人可以请求损害赔偿,也可以请求承担其他民事责任。

上述物权保护方式,可以单独适用,也可以根据权利被侵害的情形合并适用。侵害物权,除承担民事责任外,违反行政管理规定的,依法承担行政责任;构成犯罪的,依法追究刑事责任。

八、侵权行为法基础知识

有关侵权行为方面的法主要是2010年7月1日起施行的《中华人民共和国侵权责任法》(以下简称《侵权责任法》)。该法共12章,92条。分别规定了:责任构成和责任方式;不承担责任和减轻责任的情形;关于责任主体的特殊规定;产品责任;机动车交通事故责任;医疗损害责任;环境污染责任;高度危险责任;饲养动物损害责任;物件损害责任。

(一)侵权行为的概念、特征和类别

侵权行为是指行为人侵害他人民事权益,造成他人损害,依法应当承担民事责任的行为。

侵权行为具有以下几个特征:

(1)侵权行为是侵犯他人民事权益的不法行为。

不法行为,既包括法律明确禁止或限制的行为,也包括违背社会善良风俗的行为,如,哄抢、侵占、毁损、伤害等。侵权行为是对他人民事权益的侵犯,即侵权行为的对象为他人的民事权益。

(2)侵权行为是引起损害后果的违法行为。

所谓损害,是指财产上或其他法益上,所受到的不利益。损害是一种利益丧失,无论该利益是否具有财产上或经济上价值,其丧失均属一种损害。侵权责任法的功能之一就是对违法行为引起的损害进行救济。

(3)侵权行为是依法应当承担民事责任的行为。

侵权行为可被划分为以下类别:

(1)一般侵权行为和特殊侵权行为。

一般侵权行为,是指行为人因过错而造成他人损害的行为。一般侵权行为适用过错责任原则,实行"谁主张、谁举证"的归责原则。

特殊侵权行为,是指行为人依法律的特别责任规定,对因与自己有关的行为、物件、动物、事件致人损害承担责任的行为。

(2)积极的侵权行为和消极的侵权行为。

积极的侵权行为,是指违反对他人负有的不作为义务,以作为的方式加害他人的侵权行为。如,擅自挖掘公路的行为等。

消极的侵权行为,是指违反对他人负有的作为义务,以未实施或未正确实施法定义务所要求的行为而致人损害的侵权行为。如,挖掘公路时未按规定设置明显标志,未采取安全防范措施而致人损害的行为;公路两侧的广告牌被风吹落而砸伤行人的行为等。

(二)侵权行为的归责原则

归责原则,是确定行为人民事责任的基本规则和根据。

1.过错责任原则

过错责任原则,是指以行为人主观上的过错作为其承担民事责任的基本条件的归责原则。过错责任原则可分为一般过错责任原则和推定过错责任原则两种。一般过错责任原则和推定过错责任原则的区别表现在举证责任上:过错责任原则下,适用"谁主张、谁举证"的归责原则;推定过错责任原则下,实行举证责任倒置,如果对方不能证明自己无过错,则推定其有过错,就应当承担侵权责任。正如《侵权责任法》第六条规定的,"根据法律规定推定行为人有过错,行为人不能证明自己没有过错的,应当承担侵权责任。"

《侵权责任法》规定的过错推定责任有:

(1)无民事行为能力人在教育机构遭受人身损害的,推定教育机构具有过错(《侵权责任法》第三十八条);

(2)患者因下列情形之一遭受损害的,推定医疗机构具有过错:①违反法律、行政法规、规章以及其他有关诊疗规范的规定;②隐匿或者拒绝提供与纠纷有关的病历资料;③伪造、篡改或者销毁病历资料(《侵权责任法》第五十八条);

(3)动物园饲养的动物致人损害的,推定动物园具有过错(《侵权责任法》第八十一条);

(4)建筑物、构筑物或者其他设施及其搁置物、悬挂物发生脱落、坠落致人损害的,推定其所有人、管理人或者使用人具有过错(注意:建筑物倒塌适用无过错责任《侵权责任法》第八十五条);

(5)堆放的物品倒塌致人损害的,推定堆放人具有过错(《侵权责任法》第八十八条);

(6)林木折断致人损害的,推定林木的所有人或者管理人具有过错(《侵权责任法》第九十条);

(7)道旁施工致人损害的,推定施工人具有过错(《侵权责任法》第九十一条)。

2. 无过错责任原则

无过错责任,是指基于法律的特别规定,加害人对其行为造成的损害不管是否有过错都应当承担民事责任。《侵权责任法》第七条规定:"行为人损害他人民事权益,不论行为人有无过错,法律规定应当承担侵权责任的,依照其规定。"

无过错责任原则的特点在于:第一,归责不考虑加害人和受害人的过错。第二,归责无须推定加害人主观上存在过错。第三,由于免责事由受到了严格的限定,使得损害事实和加害人行为或者物件之间的因果关系成为归责的重要要件。第四,责任的承担完全基于法律的特别规定,不得任意扩大无过错责任的适用范围。无过错责任原则主要适用于:高度危险作业造成的损害赔偿;环境污染造成的损害赔偿;监护人对被监护人造成的他人损害;动物致人损害;产品缺陷致人损害等。

《侵权责任法》规定的无过错责任有:

(1)无民事行为能力人、限制民事行为能力人致人损害的,监护人承担无过错责任(《侵权责任法》第三十二条);

(2)用人单位的工作人员因执行工作任务致人损害的,用人单位承担无过错责任(《侵权责任法》第三十四条);

(3)提供个人劳务一方因劳务致人损害的,接受劳务一方承担无过错责任

(《侵权责任法》第三十五条);

(4)因产品存在缺陷造成他人损害的,生产者承担无过错责任(《侵权责任法》第四十一条);

(5)机动车与行人、非机动车驾驶人之间发生道路交通事故的,机动车一方承担无过错责任(《侵权责任法》第四十八条;《道路交通安全法》第七十六条);

(6)因环境污染致人损害的,污染者承担无过错责任(《侵权责任法》第六十五~六十八条);

(7)高度危险责任中,从事高度危险作业者,高度危险物品的经营者、占有人承担无过错责任(《侵权责任法》第六十九~七十七条);

(8)饲养的动物致人损害的,动物饲养人或者管理人承担无过错责任(但动物园承担过错推定责任)(《侵权责任法》第七十八~八十条;第八十二~八十四条);

(9)建筑物倒塌致人损害的,建设单位与施工单位承担无过错责任(《侵权责任法》第八十六条)。

3.公平责任原则

公平责任原则,又称衡平责任原则,指当事人双方对损害的发生均无过错,法律又无特别规定适用无过错责任原则时,由法院根据公平观念,责令加害人对受害人的财产损害予以适当的补偿,由当事人合理分担损失的一种归责原则。《侵权责任法》第二十四条规定了公平责任原则。即"受害人和行为人对损害的发生都没有过错的,可以根据实际情况,由双方分担损失。"《侵权责任法》第二十三条、第三十三条、第八十七条规定了三种适用公平责任归责的情形。《关于贯彻执行〈中华人民共和国民法通则〉若干问题的意见(试行)》第一百五十六、一百五十七条也规定了两种适用公平责任的情形。

(三)侵权责任的一般构成要件

侵权责任的一般构成要件,是指在一般情况下行为人因侵权而应承担民事责任所必须具备的条件。

1.有违法行为

违法行为分为有作为的违法行为和不作为的违法行为两种。行为人仅对自己的违法行为造成他人的损害承担侵权责任。行为人因职务授权、正当防卫、紧急避险等行为造成他人损害的,不承担侵权责任。

2.有损害事实

损害,是指因一定的行为和事件使他人受法律保护的财产、人身或其他权利遭受的不利益的事实状态。如,财产损害,生产、生活权利的损害;人身损害;精神损害等。

3.违法行为与损害事实之间有因果关系

4.行为人主观上有过错

过错,是指行为人对其行为及损害后果的发生所持的心理状态,包括故意和过失两种。

(四)侵权责任的方式

承担侵权责任的方式主要有:停止侵害;排除妨碍;消除危险;返还财产;恢复原状;赔偿损失;赔礼道歉;消除影响、恢复名誉等。以上方式,可以单独适用,也可以合并适用。

九、合同法基础知识

(一)合同的概念、特征

合同,是指平等主体的自然人、法人、其他组织之间设立、变更、终止民事权利义务关系的协议。根据《合同法》的规定,婚姻、收养、监护等有关身份关系的协议,不适用合同法的规定。《合同法》规定了买卖、赠与、承揽、运输、借款、融资租赁、建设工程、仓储、保管、技术、委托、行纪、居间和供用电、水、热力合同15种有名合同。无名合同适用《合同法》总则和与该无名合同最相类似合同的有关规定。与交通运输有关的合同主要有:运输合同、机动车维修合同(承揽合同的一种)、客运站基本站务服务合同、驾驶员培训合同等。

一般认为,合同具有如下特征:

(1)合同是一种民事法律行为。合同以意思表示为核心要素,法律最终按照当事人意思表示之内容赋予其相应的效果,所以合同行为是一种民事法律行为,而不是事实行为。合同以外的一些行为如侵权行为也能在当事人之间产生权利义务关系,但是由于这些行为不具有意思表示要素,法律后果也不是当事人所期望的后果,因此,不是合同行为。

(2)合同是双方或多方法律行为。只有单方的意思即可以成立的法律行为为单方法律行为,如,立遗嘱的行为、行政处罚行为、行政许可行为、行政强制行为等。必须有双方或多方的意思表示才能成立的法律为双方或者多方的法律行为,合同是典型的双方法律行为。

(3)合同是以设立、变更、终止民事权利义务关系为目的的民事法律行为。合同不同于社交中的约定行为,社交活动中的约定行为的目的不是为了在当事人之间建立法律上的权利义务关系。如,某甲驾驶自有车辆进城进货,邻居某乙希望搭乘"顺车",某甲虽不愿意,但碍于情面仍允许其搭乘。该例中,某甲与某乙虽达成一致,但因双方的目的不是建立法律上的权利义务关系,因而不成立合同,而是社交中的约定行为,理论上称为好意施惠的行为。

(4)合同当事人的地位平等。所谓平等,是指当事人在合同关系中法律地位是平等的,不存在谁服从谁的问题,不允许任何一方将自己的意志强加给对方。

(二)合同的订立

合同的订立,是指当事人为了建立合同关系而通过相互的意思表示形成合意的过程。我国《合同法》第十三条规定:"当事人订立合同,采取要约、承诺方式。"

要约,是指希望和他人订立合同的意思表示。承诺,是指受要约人完全同意要约内容的意思表示。如,在班车客运合同的订立过程中,旅客购买客票的意思表示是要约,承运人或客运站发售客票的行为是承诺;在出租车运输合同的订立过程中,旅客招拦出租车的行为是要约,出租车许可搭乘的行为是承诺。

发出要约一方是要约人,接受要约的一方是受要约人。在要约有效期限内,要约人负有与受要约人订立合同的义务。承诺的法律效力在于一经承诺并送达于要约人,合同便告成立,对双方当事人发生约束力。

订立合同,除法律有特殊规定外,可以采用口头形式、书面形式,也可以采用其他形式。如,运输合同的表现形式主要是:客票、行李票、运单、提单等。

(三) 合同的效力

1. 无效合同

无效合同,是指从订立合同时起就不具有法律约束力的合同。主要包括:内容违反强制性法律规范的合同;因欺诈、胁迫订立的损害国家利益的合同;恶意串通订立的损害国家、集体或者第三人利益的合同;以合法形式掩盖非法目的的合同;损害公共利益的合同。

2. 可变更、撤销的合同

当事人因误解订立的合同,因欺诈、胁迫、乘人之危订立的合同,显失公平的合同属于可变更、撤销的合同。该类合同的效力不稳定,变更、撤销前对当事人有约束力,变更、撤销后自始无效。

3. 效力待定的合同

限制行为能力人订立的与其年龄、智力状况不相适应的合同,无权代理人代订的合同,无处分权的人处分他人的财产订立的合同属于效力待定的合同。该类合同的效力不确定,监护人、被代理人、有处分权的人追认、确定其效力的,是有效合同,反之,是无效合同。

(四) 违约责任

违约责任,是指当事人违反合同义务所应承担的法律后果。承担违约责任的前提是合同有效;承担违约责任的条件是,要有违约行为,有损害后果等。我国合同法规定的承担违约责任的归责原则是严格责任原则(无过失责任原则),例外的是,承运人对旅客自理行包的毁损、灭失承担的则是过错责任。

违约行为可表现为多种形态,如:预期违约、届期违约;根本违约、非根本违约;不履行、不适当履行等。

承担违约责任的形式主要有:支付违约金;继续履行;赔偿损失;丧失或双倍返还定金;采取更换、重作、退货、减少价款或报酬、补充数量、物资处置等补救措施等。

第四节 刑法基础知识

刑法是规定犯罪、刑事责任和刑罚的法律。我国现行刑法是 1979 年实施、

1997年修订的《中华人民共和国刑法》(以下简称《刑法》)。

一、犯罪

(一)犯罪的概念与特征

我国《刑法》第十三条规定:"一切危害国家主权、领土完整和安全,分裂国家、颠覆人民民主专政的政权和推翻社会主义制度,破坏社会秩序和经济秩序,侵犯国有财产或者劳动群众集体所有的财产,侵犯公民私人所有的财产,侵犯公民的人身权利、民主权利和其他权利,以及其他危害社会的行为,依照法律应当受到刑罚处罚的,都是犯罪,但是情节显著轻微危害不大的,不认为是犯罪。"据此可知,犯罪有三个基本特征:

(1)犯罪是危害社会的行为,即具有一定的社会危害性。不具有社会危害性的行为,不可能构成犯罪;某些行为虽然具有社会危害性,但情节显著轻微危害不大的,也不认为是犯罪。如,虽然非法营运行为具有社会危害性,但如果某人仅偶尔从事了一两次非法营运行为,并且未造成人员死亡等严重后果,不能认为是犯罪。

(2)犯罪是触犯刑律的行为,即具有刑事违法性。违法行为有民事违法行为、行政违法行为和刑事违法行为三种,刑事违法行为是对刑事法律规范的违反,具有刑事违法性。

(3)犯罪是应受刑罚处罚的行为,即具有应受刑罚惩罚性。民事违法行为要承担赔偿损失、支付违约金等民事责任。行政违法行为要承担警告、罚款、吊扣证照等行政责任。刑事违法行为,即犯罪要承担的则是刑事责任,具有应受刑罚惩罚性。

(二)犯罪构成要件

犯罪构成,是我国刑法所规定的,决定某一具体行为社会危害性及其程度而为该行为构成犯罪所必需的一切客观和主观要件的总和。犯罪构成的一般要件包括:犯罪客体、犯罪客观方面、犯罪主体、犯罪主观方面。

1.犯罪客体

犯罪客体,是指为我国刑法所保护而为犯罪行为所侵害的社会关系。例如,交通肇事罪侵犯的客体是正常的交通管理秩序；盗窃罪侵犯的客体是他人的所有权；杀人罪侵犯的客体是公民的生命权等。

2. 犯罪客观方面

犯罪客观方面，是指犯罪活动的客观外在表现，包括：危害行为；危害结果；危害行为与危害结果之间的因果关系；犯罪的时间、地点和方法等。例如，交通肇事罪的客观方面表现为违反道路交通管理法规，发生重大交通事故的行为，其结果是致人重伤、死亡或者使公私财产遭受重大损失。

3. 犯罪主体

犯罪主体，是指实施犯罪行为，依法应负刑事责任的人（包括自然人和单位）。

（1）自然人犯罪主体，是指达到刑事责任年龄，具有刑事责任能力，实施犯罪行为的自然人。刑事责任能力，指行为人能够辨认或控制自己行为的能力。例如精神病患者在不能辨认或者不能控制自己行为时造成危害结果的不负刑事责任。我国刑法把刑事责任年龄分为三个阶段：

①不满14周岁的人，不负刑事责任，为完全不负刑事责任年龄。

②已满14周岁不满16周岁的人，犯故意杀人、故意伤害致人重伤或者死亡、强奸、抢劫、贩卖毒品、放火、爆炸、投毒罪的，应当负刑事责任，为相对负刑事责任年龄；

③已满16周岁的人犯罪，应当负刑事责任，为完全负刑事责任年龄。

此外，刑法还规定：已满14周岁不满18周岁的人犯罪，应当从轻或减轻处罚。有的犯罪构成还要求是特殊主体，即具有某种职务或者身份的人。如渎职罪的犯罪主体是国家工作人员等。

（2）单位犯罪主体。

单位犯罪主体是指实施了危害社会的行为，并依法应当承担刑事责任的公司、企业、事业单位、机关、团体等。我国《刑法》第三十条规定："公司、企业、事业单位、机关、团体实施的危害社会的行为，法律规定为单位犯罪的，应当负刑事责任。"从这一规定可以看出，单位犯罪，是指由公司、企业、事业单位、机关、团体实施的依法应当承担刑事责任的危害社会的行为。它是相对于自然人犯罪而

言的概念,单位犯罪有以下两个基本特征:

①单位犯罪的主体包括公司、企业、事业单位、机关、团体。这里的"公司、企业、事业单位",既包括国有、集体所有的公司、企业、事业单位,也包括依法设立的合资经营、合作经营企业和具有法人资格的独资、私营等公司、企业、事业单位。个人为进行违法犯罪活动而设立的公司、企业、事业单位实施犯罪的,或者公司、企业、事业单位,以实施犯罪为主要活动的,不以单位犯罪论处。"机关"是指国家各级权力机关、行政机关、审判机关、检察机关。"团体"主要是指人民团体和社会团体。

②只有法律明文规定单位可以成为犯罪主体的犯罪,才存在单位犯罪及单位承担刑事责任的问题。对于单位犯罪,一般采用双罚制,对单位判处罚金,并对其直接负责的主管人员和其他直接责任人员判处刑罚。刑法分则和其他法律另有规定的除外,依照规定。在我国刑法分则中,少数几种单位犯罪,采用的是单罚制。如强迫职工劳动罪、提供虚假财会报告罪、妨害清算罪等。

4. 犯罪主观方面

犯罪主观方面,是指犯罪主体对自己实施的危害行为引起的危害结果所持的心理态度,包括犯罪故意、过失、目的和动机等。犯罪的故意,是指行为人明知自己的行为会发生危害社会的结果,并且希望或放任这种结果发生的一种心理态度;犯罪的过失,是指行为人应当预见自己的行为可能发生危害社会的结果,因为疏忽大意而没有预见,或者已经预见而轻信能够避免的一种心理态度。刑法明确规定,故意犯罪,应当负刑事责任,过失犯罪,法律有规定的才负刑事责任。行为在客观上虽然造成了损害结果,但是不是出于故意或过失,而是由于不能抗拒或者不能预见的原因所引起的,不是犯罪。犯罪的目的,指犯罪人通过实施犯罪行为,所希望达到的某种结果。犯罪的动机,是指推动犯罪人实施犯罪行为,以达到犯罪目的的内心起因。犯罪的动机一般不影响定罪,但影响量刑。

(三)排除犯罪的事由

排除犯罪的事由是指行为虽然在客观上造成了一定损害结果,表面上符合某些犯罪的客观要件,但实际上没有犯罪的社会危害性,并不符合犯罪构成,依法不成立犯罪的事由。主要包括:正当防卫;紧急避险;自救行为;正当业务行为

（包括医疗行为和竞技行为）；履行职务的行为（包括直接依法实施的职务行为和执行命令的职务行为）；基于权利人承诺或自愿的损害（包括权利人明确承诺的损害、推定权利人承诺的损害以及自损行为）；法令行为。

1. 正当防卫

正当防卫，是指为了使国家、公共利益、本人或他人的人身、财产和其他权利免受正在进行的不法侵害，采取的制止不法侵害而对不法侵害人造成的未明显超过必要限度且未造成重大损害的行为。成立正当防卫须具备以下几个条件：

（1）须针对不法侵害行为。对执行命令等合法行为、正当防卫行为、紧急避险行为、意外事件、过失犯罪、不作为犯罪等行为不能实施正当防卫。

（2）须针对正在进行的不法侵害行为。对正在进行的不法侵害行为可以实施正当防卫，对尚未开始或已结束的不法侵害行为不得实施正当防卫。

（3）须针对不法侵害者本人。正当防卫的对象仅限于不法侵害者本人，不包括第三人，也不包括动物、财产和法人。

（4）须出于正当防卫的目的。正当防卫的目的，即为了使国家、公共利益、本人或他人的人身、财产和其他权利免受正在进行的不法侵害。互殴、决斗、挑拨防卫等行为不成立正当防卫。

（5）正当防卫不能超过必要限度。不能超过必要限度，是指正当防卫应以制止不法侵害为原则，要求防卫行为与不法侵害行为在手段、强度等方面，不存在过于悬殊的差异。防卫超过必要限度的，构成防卫过当，防卫过当不是正当防卫。防卫过当可能会承担一定的刑事责任。

特殊防卫权，是指公民在某些特殊情况下所实施的正当防卫行为，造成不法侵害人伤亡后果的，不负刑事责任的情形。《刑法》第二十条规定：对正在进行行凶、杀人、抢劫、强奸、绑架以及其他严重危及人身安全的暴力犯罪，采取防卫行为，造成侵害人伤亡的，不属于防卫过当，不负刑事责任。

2. 紧急避险

紧急避险，是指为了使国家、公共利益、本人或他人的人身、财产和其他权利免受正在发生的危险，在不得已的情况下，所采取的损害另一较小的合法权益而保全较大合法权益的行为。成立紧急避险须具备以下几个条件：

（1）紧急避险的目的必须是为了使国家、公共利益、本人或他人的人身、财产和其他权利免受正在发生的危险。为保护非法利益，不成立紧急避险。

（2）须有需要避免的危险的存在。需要避免的危险可能来自：违法或犯罪等行为；自然灾害；动物侵袭；人的生理疾患等。

（3）须针对正在发生的危险。对尚未发生的危险，或已经结束的危险，不得实施损害较小合法权益的紧急避险行为。

（4）紧急避险的方式只能是通过损害较小合法权益，保护较大合法权益。通过对不法侵害者的反击而保护合法权益的，是正当防卫。

（5）紧急避险必须是出于"迫不得已"。

（6）紧急避险不能超过必要限度。如，不能为保护财产权而损害人身权；为保护健康权而牺牲生命权等。

（7）职务上、业务上有特别责任的人，如客机上的机组人员、消防人员、警察、医生等。

（四）犯罪形态

犯罪形态，主要指的是故意犯罪中的犯罪形态，包括：犯罪预备、犯罪未遂、犯罪中止和犯罪既遂。

（1）犯罪未遂，是指行为人已经着手实施犯罪，但由于其意志之外的原因而没有得逞的犯罪形态。根据《刑法》第二十三条第二款规定：对于未遂犯，可以比照既遂犯从轻或者减轻处罚。

（2）犯罪预备，是指行为人为了实行犯罪，已实施了准备工具、制造条件的行为，由于意志之外的原因而未能着手实行犯罪的形态。《刑法》第二十二条第二款规定：对于预备犯，可以比照既遂犯从轻、减轻处罚或者免除处罚。

（3）犯罪中止，是指在犯罪过程中，犯罪分子自动放弃犯罪或者自动有效防止犯罪结果发生，而未完成犯罪的形态。《刑法》第二十四条第二款规定：对于中止犯，没有造成损害的，应当免除处罚；造成损害的，应当减轻处罚。

（4）犯罪既遂，是指行为人故意实施的危害行为已经具备了某种犯罪构成的全部要件。对既遂犯应当根据其所犯之罪，直接按照《刑法》总则的一般量刑原则和《刑法》分则规定的条文定罪量刑。

二、刑罚

(一)刑罚的概念和目的

刑罚是惩罚犯罪的一种强制方法。

刑罚的目的在于预防犯罪。预防犯罪具体表现为特殊预防和一般预防两个方面。特殊预防,是指预防特定的犯罪分子重新犯罪。一般预防,是指对不特定的多数人可能实行犯罪的预防。

(二)刑罚的体系和种类

刑罚的体系,是指国家为充分发挥刑罚的功能、实现刑罚的目的,基于《刑法》明文规定而形成的、由一定刑罚种类按其轻重程度而组成的序列。根据《刑法》的规定,我国的刑罚分为主刑与附加刑两大类。

1. 主刑

主刑,是指只能独立适用,不能附加适用的刑罚。主刑只能独立适用,不能附加适用;一个罪只能适用一个主刑,不能同时适用两个以上主刑。我国刑法规定的主刑包括管制、拘役、有期徒刑、无期徒刑和死刑五种。

(1)管制

管制是我国主刑中最轻的一种刑罚方法,属于限制自由刑。它是对犯罪分子不予关押,但限制其一定自由,交由公安机关和群众监督改造的刑罚方法。管制的期限为3个月以上2年以下。数罪并罚时,最高不能超过3年。被判处管制的犯罪分子,减刑以后实际执行的刑期,不能少于原判刑期的1/2。

(2)拘役

拘役是短期剥夺犯罪分子的自由,就近执行并实行劳动改造的刑罚方法。它属于剥夺短期自由刑,是主刑中介于管制与有期徒刑之间的一种轻刑。拘役的期限为1个月以上6个月以下。数罪并罚时,最高不能超过1年。被判处拘役的犯罪分子,减刑以后实际执行的刑期,不能少于原判刑期的1/2。

(3)有期徒刑

有期徒刑是剥夺犯罪分子一定期限人身自由,并强制其进行劳动并接受教育改造的刑罚方法。它属于剥夺自由刑。它是我国刑法中适用范围最广的一种刑罚。有期徒刑的期限为6个月以上15年以下。数罪并罚时,最高不能超过20年。被判为有期徒刑的犯罪分子,减刑以后实际执行的刑期,不能少于原判刑期的1/2。被判处死刑缓期执行的犯罪分子,在死刑缓期执行期间,如果确有重大立功表现,2年期满后,减为15年以上20年以下有期徒刑。

(4) 无期徒刑

无期徒刑是剥夺犯罪分子的终身自由,强制其参加劳动并接受教育改造的刑罚方法。它是仅次于死刑的一种严厉刑罚,属于剥夺自由刑。被判处无期徒刑的犯罪分子,必须剥夺政治权利终身。

(5) 死刑

死刑,也称生命刑,是剥夺犯罪分子生命的刑罚方法。它的特点在于是对犯罪分子的生命予以剥夺而不是对犯罪分子的自由予以剥夺,是最严厉的刑罚方法,又称极刑。死刑只适用于罪刑极其严重的犯罪分子。犯罪的时候不满18周岁的人和审判时怀孕的妇女,不适用死刑。执行死刑前,发现犯罪分子正在怀孕,应当停止执行,并报请核准死刑的上级人民法院依法改判。死刑除依法由最高人民法院判决的以外,都应报请最高人民法院核准。对于应当判处死刑的犯罪分子,如果不是必须立即执行的,可以判处死刑同时宣告缓期2年执行。

2. 附加刑

附加刑,是指既可独立适用,又可附加于主刑适用的刑罚。我国刑法规定的附加刑有罚金、剥夺政治权利、没收财产三种。对犯罪的外国人,可独立适用或附加适用驱逐出境。

(1) 罚金

罚金是人民法院判处犯罪分子向国家缴纳一定金钱的刑罚方法,属于财产刑。罚金在刑法分则中规定得较为广泛。它主要适用于贪财图利或与财产有关的犯罪,这些犯罪大都有非法牟利或非法占有的犯罪目的。除此以外,罚金还适用于少数妨害社会管理秩序的犯罪。

(2) 剥夺政治权利

剥夺政治权利是剥夺犯罪分子参加管理与政治活动权利的刑罚方法,属于资格刑。剥夺政治权利,是指剥夺以下权利:选举权与被选举权,言论、出版、集会、结社、游行、示威自由的权利,担任国家机关职务的权利,担任国有公司、企业、事业单位和人民团体领导职务的权利。剥夺政治权利只对中国公民适用,对外国人不宜适用。独立适用剥夺政治权利或主刑是有期徒刑、拘役,附加剥夺政治权利的,期限为1年以上5年以下。判处管制附加剥夺政治权利的期限与管制的期限相等。判处死刑、无期徒刑的,应当剥夺政治权利终身。死刑缓期执行减为有期徒刑或者无期徒刑减为有期徒刑的时候,应当把附加剥夺政治权利的期限相应地改为3年以上10年以下。在主刑执行期间,当然不享有政治权利。

(3)没收财产

没收财产是将犯罪分子个人所有财产中一部或全部强制无偿地收归国有的刑罚方法,它属于财产刑。它是我国附加刑中较重的一种。它主要适用贪利性犯罪和财产性犯罪。除此以外,没收财产还适用于危害国家安全罪。没收财产是没收犯罪分子个人所有财产的一部或全部。没收全部财产的,应当对犯罪分子及其抚养的家属保留必需的生活费用。在判处没收财产的时候,不得没收属于犯罪分子家属所有或者应有的财产。没收财产以前犯罪分子所负的正当债务,需要以没收的财产偿还时,经债权人请求,应当偿还。

(4)驱逐出境

驱逐出境是强迫犯罪的外国人离开中国国(边)境的刑罚方法。它是一种专门适用于犯罪的外国人的特殊附加刑,既可以独立适用,也可以附加适用。它是我国主权及司法自主权的体现。单独判处驱逐出境的,从判决生效后立即执行;附加判处驱逐出境的,从主刑执行完毕之日起执行。

(三)刑罚的裁量

刑罚的裁量,简称量刑,是指人民法院对于犯罪分子依法裁量决定刑罚的刑事审判活动。量刑应当以犯罪事实为根据,以刑事法律为准绳,考虑一定的情节。量刑情节包括法定情节和酌定情节两类。

1. 法定情节

法定情节,是指刑法明文规定的,在量刑时必须予以考虑的情节,包括从重、从轻、减轻和免除处罚的情节。

从重处罚,是指在法定刑的限度以内,判处相对较重的刑罚。如,法定刑是

3~10年的,判处6年以上的刑罚就是从重处罚。我国刑法规定的应当从重处罚的情节,如,教唆不满18周岁的人犯罪的教唆犯;累犯;索贿等。

从轻处罚,是指在法定刑的限度以内,判处相对较轻的刑罚。如,法定刑是3~10年的,判处6年以下的刑罚就是从轻处罚。我国刑法规定的应当或可以从轻处罚的情节,如,从犯;未遂犯;教唆未遂的未遂犯;犯罪以后自首的;犯罪分子有立功表现的;已满14周岁不满18周岁的人犯罪的等。

减轻处罚,是指判处低于法定最低刑的刑罚。如,法定最低刑为3年,判处1年或2年就是减轻处罚。我国刑法规定的应当或者可以减轻处罚的情节,如,从犯;未遂犯等。

免除处罚,是指对犯罪分子作有罪宣告,但免除其刑罚处罚。我国刑法规定的应当或可以免除处罚的情节,如,没有造成损害的中止犯、从犯等。

2. 酌定情节

酌定情节,是指刑法虽没有明文规定,但根据立法精神和审判实践经验,在量刑时也需要考虑的情节。

常见的酌定情节包括:犯罪动机;犯罪手段;犯罪时间、地点;犯罪对象;犯罪分子的一贯表现;犯罪后的态度等。

三、与交通运输行政执法有关的犯罪

与交通运输行政执法有关的犯罪,是指交通运输行政执法主体在行政执法过程中可能发生的职务犯罪,以及在行政执法过程中发现的构成犯罪的需要移交司法机关处理的交通运输违法行为。从犯罪主体的角度出发,与交通运输行政执法有关的犯罪既包括交通运输行政执法主体的犯罪,又包括行政相对人的犯罪。

(一)交通运输行政执法主体的犯罪

交通运输行政执法主体的犯罪,是指交通运输行政执法主体在行使行政执法权的过程中容易出现的犯罪,属于职务性犯罪。这类犯罪主要包括:滥用职权罪;玩忽职守罪;贪污罪;受贿罪;徇私舞弊不移交刑事案件罪;挪用公款罪等。

1. 贪污罪

贪污罪,是指国家工作人员,利用职务上的便利,侵吞、窃取、骗取或者以其

他手段,非法占有公共财物的行为。

1)贪污罪的构成

(1)贪污罪的主体

贪污罪的主体必须是国家工作人员,是特殊主体。国家工作人员,是指国家机关中从事公务的人员。国有公司、企业、事业单位、人民团体中从事公务的人员和国家机关、国有公司、企业、事业单位委派到非国有公司、企业、事业单位、社会团体从事公务的人员,以及其他依照法律从事公务的人员,以国家工作人员论。受国家机关、国有公司、企业、事业单位、人民团体委托管理、经营国有财产的人员,也可以成为贪污罪的主体。不具有上述特殊身份的人与上述人员勾结,伙同贪污的,以贪污罪的共犯论处。交通运输行政执法人员都是贪污罪的主体。

(2)贪污罪的主观方面

贪污罪的主观方面必须是出于故意,并且具有利用职务上的便利占有公共财物的目的。因过失而使短少的,不构成贪污罪。

(3)贪污罪的客观方面

贪污罪的客观方面表现为利用职务上的便利,侵吞、窃取、骗取或者以其他手段,非法占有公共财物的行为。

(4)贪污罪的客体

贪污罪的客体是复杂客体,既侵犯了国家工作人员公务行为的廉洁性,又侵犯了公共财产的所有权。

2)贪污罪的处罚

对贪污罪的处罚,主要根据贪污的数额大小,也要考虑其他犯罪情节,如给国家和人民利益造成的损失的大小、认罪态度等。

(1)贪污数额在10万元以上的,处10年以上有期徒刑或者无期徒刑,可以并处没收财产;情节特别严重的处死刑,并处没收财产。

(2)贪污数额在5万元以上不满10万元的,处5年以上有期徒刑,可以并处没收财产;情节特别严重的,处无期徒刑,并处没收财产。

(3)贪污数额在5 000元以上不满5万元的,处1年以上7年以下有期徒刑;情节严重的,处7年以上10年以下有期徒刑。贪污数额在5 000元以上不满

1万元,犯罪后有悔改表现、积极退赃的,可以减轻处罚或者免予刑事处罚,由其所在单位或者上级主管部门给予行政处分。

(4)贪污数额不满5 000元,情节较重的,处2年以下有期徒刑或者拘役;情节较轻的,由其所在单位或者上级主管部门酌情给予行政处分。

对多次贪污未经处理的,按照累计贪污数额处罚。

2. 受贿罪

受贿罪,是指国家工作人员利用职务上的便利,索取他人财物,或者非法收受他人财物,为他人谋取利益的行为。

受贿数额在10万元以上的,处10年以上有期徒刑或者无期徒刑,可以并处没收财产;情节特别严重的处死刑,并处没收财产。

受贿数额在5万元以上不满10万元的,处5年以上有期徒刑,可以并处没收财产;情节特别严重的,处无期徒刑,并处没收财产。

受贿数额在5 000元以上不满5万元的,处1年以上7年以下有期徒刑;情节严重的,处7年以上10年以下有期徒刑。受贿数额在5 000元以上不满1万元,犯罪后有悔改表现、积极退赃的,可以减轻处罚或者免予刑事处罚,由其所在单位或者上级主管部门给予行政处分。

受贿数额不满5 000元,情节较重的,处2年以下有期徒刑或者拘役;情节较轻的,由其所在单位或者上级主管部门酌情给予行政处分。

对多次受贿未经处理的,应当按照累计受贿数额处罚。

3. 挪用公款罪

挪用公款罪,是指国家工作人员利用职务上的便利,挪用公款归个人使用,进行非法活动,或者挪用公款数额较大、进行营利活动,或者挪用公款数额较大、超过3个月未还的行为。

1)挪用公款罪的构成

(1)挪用公款罪的主体是国家工作人员。

(2)挪用公款罪的主观方面必须是故意,并且具有非法挪用公款归个人使用的犯罪目的。

(3)挪用公款罪的客观方面表现为,利用职务上的便利,挪用公款归个人使用,进行非法活动,或者挪用公款数额较大、进行营利活动,或者挪用公款数额较大、超过3个月未还的行为。

(4)挪用公款罪的客体是复杂客体,既侵犯了国家工作人员公务行为的廉洁性,又侵犯了公共财产的部分所有权。

2)挪用公款罪的处罚

根据《刑法》第三百八十四条的规定,犯挪用公款罪的,处5年以下有期徒刑或者拘役;情节严重的,处5年以上有期徒刑。挪用公款数额巨大不退还的,处10年以上有期徒刑或者无期徒刑。

挪用用于救灾、抢险、防汛、扶贫、移民、救济款物归个人使用的,从重处罚。

4. 玩忽职守罪

玩忽职守罪,是指国家机关工作人员严重不负责任,不履行或不正确履行职责,致使公共财产、国家和人民利益遭受重大损失的行为,属渎职罪的一种。

1)玩忽职守罪的构成

(1)玩忽职守罪的主体必须是国家机关工作人员。国家机关工作人员,是指在各级各类国家机关中从事公务的人员。

(2)玩忽职守罪的主观方面必须是出于过失,即行为人应当知道不履行或不正确履行职责可能会造成公共财产、国家和人民利益遭受重大损失,由于疏忽大意没有预见到,或虽已预见到但轻信能够避免。

(3)玩忽职守罪的客观方面表现为不履行或不正确履行职责,致使公共财产、国家和人民利益遭受重大损失。

(4)玩忽职守罪的客体是国家机关的正常管理活动。

2)玩忽职守罪的处罚

犯本罪,处3年以下有期徒刑或者拘役;情节特别严重的,处3年以上7年以下有期徒刑。

5. 徇私舞弊不移交刑事案件罪

《刑法》第四百零二条规定,行政执法人员徇私舞弊,对依法应当移交司法机关追究刑事责任的不移交,情节严重的,处3年以下有期徒刑或拘役;造成严重后果的,处3年以上7年以下有期徒刑。

6.滥用职权罪

滥用职权罪,是指国家机关工作人员滥用职权,致使公共财产、国家和人民利益遭受重大损失的行为。

犯本罪的,处3年以下有期徒刑或者拘役;情节特别严重的,处3年以上7年以下有期徒刑。徇私舞弊犯本罪的,处5年以下有期徒刑或者拘役;情节特别严重的,处5年以上10年以下有期徒刑。

(二)相对人的犯罪

相对人的犯罪,是指与交通运输行政执法有关的、相对人在从事交通运输活动的过程中可能出现的犯罪。这类犯罪主要包括:非法经营罪;交通肇事罪;危险物品肇事罪;破坏交通工具罪;过失损坏交通工具罪;破坏交通设施罪;过失损坏交通设施罪;妨害公务罪等。

1.非法经营罪

非法经营罪,是指违反国家规定,故意从事非法经营活动,扰乱市场秩序,情节严重的行为。《刑法》第二百二十五条是有关非法经营罪的法律规定。根据《中华人民共和国道路运输条例》(以下简称《道路运输条例》)第六十四条、六十五条的规定,未取得道路运输经营许可,擅自从事道路运输经营活动,情节严重的,构成非法经营罪。

1)非法经营罪的构成

(1)主体

非法经营罪的主体既可以是自然人,也可以是单位。根据《刑法》第二百三十一条的规定,单位犯非法经营罪的,对单位判处罚金,并对其直接负责的主管人员和其他直接责任人员,依照《刑法》第二百二十五条的规定处罚。

在交通运输行政执法领域,非法经营罪的主体一般是未取得道路运输经营许可的人,已取得道路运输经营许可的人超范围经营的,也可以成为非法经营罪的主体。

非法经营罪不属于特别严重的犯罪,因此,非法经营罪的主体必须年满16周岁,未满16周岁的人从事非法营运行为不构成非法经营罪。已满16周岁,不满18周岁的人从事非法营运行为,构成非法经营罪的,应当从轻或减轻刑罚。

(2)主观方面

从事非法营运行为,构成非法经营罪的主观方面必须是故意,过失不成立非法经营罪。从事非法营运行为,构成非法经营罪的主观方面还必须具有营利目的。

(3)客观方面

从事非法营运行为构成非法经营罪的客观方面,必须是未取得道路运输经营许可,擅自从事道路运输经营,情节严重的行为。未取得道路运输经营许可包括:未取得道路运输经营许可;未取得道路客运班线经营许可;使用失效、伪造、变造、被注销等无效的道路运输许可证件;超越许可事项的情形。道路运输经营包括:道路旅客运输经营;道路货物运输经营;道路运输站(场)经营;机动车维修经营;机动车驾驶员培训。情节严重包括:造成重大人员伤亡、财产损失;累犯;非法营运收入或所得数额较大。根据《最高人民检察院、公安部关于经济犯罪案件追诉标准的规定》,个人非法经营数额在 5 万元以上,或者违法所得数额在 1 万元以上的;单位非法经营数额在 50 万元以上,或者违法所得数额在 10 万元以上的,构成非法经营罪的严重情节,低于此标准的,属于一般的非法营运行为,不构成犯罪。

(4)客体

非法经营罪侵犯的客体,是国家对市场的正常管理和市场交易秩序。作为非法经营罪的一种表现形式,非法营运行为侵犯的是国家对运输市场的管理。依据《道路运输条例》的有关规定,从事道路运输活动,必须取得道路运输经营许可。道路运输经营许可是国家对道路运输市场进行的事前管理,非法营运侵犯的就是国家对道路运输市场的事前管理制度。

2)对非法经营罪的处罚

根据《刑法》第二百二十五条的规定,构成非法经营罪的,处 5 年以下有期徒刑或者拘役,并处或者单处违法所得 1 倍以上 5 倍以下罚金;情节特别严重的,处 5 年以上有期徒刑,并处违法所得 1 倍以上 5 倍以下罚金或者没收财产。

2. 交通肇事罪

交通肇事罪,是指违反道路交通管理法规,发生重大交通事故,致人重伤、死亡或者使公私财产遭受重大损失，依法被追究刑事责任的犯罪行为。

1）交通肇事罪的构成

（1）交通肇事罪的客体

交通肇事罪的客体是交通运输的正常秩序和安全。

（2）交通肇事罪的客观方面

交通肇事罪的客观方面表现为，违反道路交通安全法，因而发生重大事故，致人重伤、死亡或使公私财物遭受重大损失的行为。交通肇事行为可以是作为的行为，也可以是不作为的行为。所谓"发生重大事故"，是指：死亡一人或者重伤三人以上，负事故全部或者主要责任的；死亡三人以上，负事故同等责任的；造成公共财产或者他人财产直接损失，负事故全部或者主要责任，无能力赔偿数额在三十万元以上的。

交通肇事致一人以上重伤，负事故全部或者主要责任，并具有下列情形之一的，以交通肇事罪定罪处罚：酒后、吸食毒品后驾驶机动车辆的；无驾驶资格驾驶机动车辆的；明知是安全装置不全或者安全机件失灵的机动车辆而驾驶的；明知是无牌证或者已报废的机动车辆而驾驶的；严重超载驾驶的；为逃避法律追究逃离事故现场的。

（3）交通肇事罪的主体

交通肇事罪的主体为特殊主体，主要是持有驾驶证件的人员。非正式驾驶员违法驾车造成重大事故的、行人违法行为造成交通工具发生重大事故的，也可构成交通肇事罪的主体。根据有关司法解释的精神，单位负责人或车主强令本单位人员违法驾车造成重大交通事故的，应以交通肇事罪追究其刑事责任。非机动车造成他人伤亡的，如果伤亡事故发生在有交通管制的地方，也应以交通肇事罪论处。

（4）交通肇事罪的主观方面

交通肇事罪的主观方面只能是过失，故意肇事可能构成杀人罪、故意伤害罪、毁坏财物罪或以危险方法危害公共安全罪等。这里讲的过失，是指对"发生重大事故"所持的心理状态。从违反道路交通安全法的角度观察，行为人往往是故意的。

2)交通肇事罪的处罚

《刑法》第一百三十三条对交通肇事罪规定了四个不同的量刑档次：

（1）一般的，处3年以下有期徒刑或者拘役。所谓一般的，是指造成死亡1人或重伤3人以上的；重伤1人以上，情节恶劣后果严重的；造成公私财产直接损失的数额在3～6万元的。

（2）交通肇事后逃逸或有其他恶劣情节的，处3年以上7年以下有期徒刑。其他特别恶劣情节，是指死亡2人以上或者重伤5人以上，负事故全部或者主要责任；死亡6人以上，负事故同等责任；造成公共财产或者他人财产直接损失，负事故全部或主要责任，无能力赔偿数额在60万元以上的。

（3）因逃逸致人死亡的，处7年以上有期徒刑。

（4）行为人在交通肇事后为逃避法律追究，将被害人带离事故现场后隐藏或者遗弃，致使被害人无法得到救助而死亡或者严重残疾的，应当以故意杀人罪或者故意伤害罪定罪处罚。

3. 危险物品肇事罪

危险物品肇事罪，是指违反爆炸性、易燃性、放射性、毒害性、腐蚀性物品的管理规定，在生产、储存、运输、使用中发生重大事故，造成严重后果的行为。《刑法》第一百三十六条是有关危险物品肇事罪的法律规定。根据《危险化学品安全管理条例》第六十五条、第六十六条，《道路运输条例》第六十四条和《道路危险货物运输管理规定》第四十八条的规定，未取得道路危险货物运输经营许可，擅自从事道路危险货物运输经营活动，造成严重后果的，构成危险物品肇事罪。

1）危险物品肇事罪的构成

（1）危险物品肇事罪的主体

危险物品肇事罪的主体既可以是自然人，也可以是单位。危险物品肇事罪不属于特别严重的犯罪，因此，该罪的主体必须年满16周岁，未满16周岁的人犯危险物品肇事罪的，不构成危险物品肇事罪。已满16周岁，不满18周岁的人犯危险物品肇事罪的，应当从轻或减轻刑罚。

（2）危险物品肇事罪的主观方面

危险物品肇事罪的主观方面必须是过失,即行为人应当预见到自己的行为违反了《危险化学品安全管理条例》和《道路运输条例》关于危险货物运输许可规定的行为,可能发生重大事故,但由于疏忽大意没有预见到,或者虽已预见到但轻信能够避免,从而导致了事故的发生。如果行为人对危险事故的发生是故意的,不构成危险物品肇事罪,而应按爆炸罪或投毒罪进行处罚。

(3)危险物品肇事罪的客观方面

危险物品肇事罪的客观方面表现为,行为人从事了违反《危险化学品安全管理条例》和《道路运输条例》关于危险化学品安全管理规定的行为(包括未经许可擅自从事危险化学品运输的行为),并且造成了严重后果。所谓严重后果,是指发生了危险货物泄露、爆炸等事故,致人重伤、死亡或者公私财物的重大损失。

(4)危险物品肇事罪的客体

危险物品肇事罪的客体是国家对危险物品安全管理的制度,包括运输许可制度等。

2)对危险物品肇事罪的处罚

根据《刑法》第一百三十六条的规定,构成危险物品肇事罪的,处3年以下有期徒刑或者拘役;后果特别严重的,处3年以上7年以下有期徒刑。

4. 破坏交通工具罪

破坏交通工具罪,是指故意破坏火车、汽车、电车、船只、航空器,足以使其发生倾覆、毁坏危险或造成严重后果的行为。

1)破坏交通工具罪的构成

(1)主体。破坏交通工具罪的主体是一般主体。

(2)主观方面。破坏交通工具罪的主观方面是故意。从犯罪目的看,破坏交通工具罪旨在破坏,而不是非法占有。此点使该罪区别于盗窃罪,盗窃罪以非法占有公私财物为目的,而不是破坏。

(3)客观方面。破坏交通工具罪的对象必须是正在使用中的法定交通工具,包括正在运行中的交通工具和已交付使用,但停机待用的交通工具。所谓法定的交通工具,是指火车、汽车、电车、船只、航空器,不包括简单的交通工具,如自行车、电动车、摩托车、人力三轮车等。行为人必须在客观上实施了破坏火车、汽车、电车、船只、航空器,足以使其发生倾覆、毁坏危险或造成严重后果的行为。

(4)客体。破坏交通工具罪的客体是交通运输安全。交通运输安全属于公共安全,因此,破坏交通工具罪属于危害公共安全罪的一种。

2)破坏交通工具罪的处罚

根据《刑法》第一百一十六条、第一百一十九条的规定,犯破坏交通工具罪,尚未造成严重后果的,处3年以上10年以下有期徒刑;造成严重后果的,处10年以上有期徒刑、无期徒刑或者死刑。

5.过失损坏交通工具罪

过失损坏交通工具罪,是指过失破坏火车、汽车、电车、船只、航空器,危害交通运输安全,造成严重后果的行为。

过失损坏交通工具罪的主体是一般主体,可以是交通运输工作人员,也可以是非交通运输工作人员;主观方面是过失;客观方面具有损坏交通工具的行为,并造成了严重后果;客体是交通运输安全。

根据《刑法》第一百一十九条第二款的规定,犯过失损坏交通工具罪,处3年以上7年以下有期徒刑;情节较轻的,处3年以下有期徒刑或者拘役。

6.破坏交通设施罪

破坏交通设施罪,是指故意破坏轨道、桥梁、隧道、公路、机场、航道、灯塔、标志或者进行其他破坏活动,足以使火车、汽车、电车、船只、航空器发生倾覆、毁坏危险,足以危害公共安全的行为。

破坏交通设施罪的主体是一般主体,可以是交通运输工作人员,也可以是非交通运输工作人员;主观方面是故意;客观方面实施了破坏轨道、桥梁、隧道、公路、机场、航道、灯塔、标志或者进行其他破坏活动,足以使火车、汽车、电车、船只、航空器发生倾覆、毁坏危险,足以危害公共安全的行为;客体是交通运输安全,破坏的对象是正在使用中的保障交通工具正常行驶的各种交通设施。

依照《刑法》第一百一十七条、第一百一十九条的规定,破坏交通设备尚未造成严重后果的,处三年以上十年以下有期徒刑,造成严重后果的,处十年以上有期徒刑、无期徒刑或者死刑。

7. 过失损坏交通设施罪

过失损坏交通设施罪,是指过失损坏轨道、桥梁、隧道、公路、机场、航道、灯塔、标志等交通设备,危害交通运输安全,造成严重后果的行为。

过失损坏交通设施罪的主体是一般主体,可以是交通运输工作人员,也可以是非交通运输工作人员;主观方面是过失;客观方面实施了损坏交通设施的行为,并造成了严重后果,如,由于车辆超载,导致桥梁垮塌等;客体是交通运输安全,损坏的对象是轨道、桥梁、隧道、公路、机场、航道、灯塔、标志等交通设备。

根据《刑法》第一百一十九条第二款规定,犯过失损坏交通设施罪的,处3年以上7年以下有期徒刑;情节较轻的,处3年以下有期徒刑或者拘役。

8. 妨害公务罪

妨害公务罪,是指以暴力、威胁方法阻碍国家机关工作人员依法执行职务,阻碍全国人民代表大会和地方各级人民代表大会代表依法执行代表职务,在自然灾害和突发事件中,阻碍红十字会工作人员依法履行职责的行为,或者故意阻碍国家安全机关、公安机关依法执行国家安全工作任务,虽未使用暴力、威胁方法,但造成严重后果的行为。

1) 妨害公务罪的构成

(1) 主体。妨害公务罪的主体为一般主体,在交通运输行政执法中,无论是交通运输行政执法的相对人,还是非相对人,都有可能犯本罪。

(2) 主观方面。妨害公务罪的主观方面只能是故意,即明知国家机关工作人员等正在依法执行职务,而予以妨碍。

(3) 客观方面。妨害公务罪的客观方面主要有四种情形,与交通运输行政执法有关的妨害公务罪的客观方面主要表现为,以暴力、威胁方法阻碍国家机关工作人员依法执行职务。所谓"暴力",是指对执法人员的人身进行打击或强制,如捆绑、殴打、轻伤害等。杀害、重伤执法人员的,可能构成故意杀人罪或故意伤害罪。所谓"威胁",是指行为人以给执法人员造成人身、财产、精神方面的严重损害要挟执法人员,使其放弃执行职务。所谓"依法执行职务",是指在法定职权范围内从事公务的活动。执法人员越权行使职权的,不应视为依法执行职务。

(4)客体。妨害公务罪侵害的客体是正常的公务活动,侵害的对象是正在依法执行职务的执法人员等。根据2000年最高人民检察院的相关司法解释,法律、法规授权的,及行政机关依法委托的履行行政执法职能的事业单位的执法人员,应当被视为妨害公务罪侵害的对象。因此,对正在依法执行职务的经授权或委托的交通运输行政执法人员的侵害,可能构成妨害公务罪。

2) 妨害公务罪的处罚

根据《刑法》第二百七十七条的规定,犯妨害公务罪的,处3年以下有期徒刑、拘役、管制或者罚金。

思考题

1. 什么是犯罪?犯罪的构成要件有哪些?
2. 如何理解我国刑法中刑事责任年龄阶段的划分?
3. 什么是犯罪的未遂、既遂和中止?
4. 简述正当防卫和紧急避险?
5. 我国刑罚的种类?
6. 简述玩忽职守罪的犯罪构成?

案例分析

案例一

被告人曹某原系广东省某海关关长。1996年初至1998年7月在担任关长期间,利用职务之便,非法收受走私分子杨某、李某、张某等人贿赂的大量款物,包括人民币205万元,港币22万元,美金1万元以及高档手表、相机等,并为他们多次谋取非法利益。鉴于其犯罪行为特别严重且没有法定从轻、减轻情节,1999年5月12日,湛江市中级人民法院以受贿罪判处被告人曹某死刑,剥夺政治权利终身,并处没收个人全部财产,追缴其赃款上缴国库。1999年5月25日广东省高级人民法院二审裁定维持原判。1999年6月1日,最高人民法院核准广东省高级人民法院对被告人曹某的刑事裁定。在本案中,被告人在担任海关关长期间,利用职务上的便利,多次收受走私分子的财物,数额巨大;同时在其影响下,其所在海关许多干部参与走私、放私犯罪活动,致使国家利益遭受巨大损失。人民法院对其作出的死刑判决,完全正确,符合法律规定。

问题

1. 受贿犯罪的客观表现方式有哪些?
2. 受贿犯罪如何处罚?

案例二

2006年9月,N市经济技术开发区管理委员会为改善开发区环境,成立了综合治理办公室。该办公室下设交警中队、治安中队和市容执法大队。其中交警中队在人员编制未落实之前,采取了从N市公安局交通管理局第七大队暂时抽调交警及招聘辅警的办法。被告人朱某系N市经济技术开发区综合治理办公室招聘的10名辅警之一,负责协助交警做好开发区内的道路交通综合治理工作。2007年6月3日上午,被告人朱某驾驶警车带领4名辅警在本市X区尧新大道由北向南执行交通巡逻任务。9时许发现陆某驾驶一无牌无照的机动三轮车由南向北行驶,遂驾车上前示意陆某停车接受检查。陆某拒不停车并加速沿尧新大道由南向北逃逸。被告人朱某遂驾驶警车追赶,陆某继续加速逃逸并在尧新大道与恒通大道的交叉路口违章左拐弯,由于车速过快,导致其在拐弯后翻车,将站在恒通大道北侧路边的行人周某撞倒致伤,经医院抢救无效于同年6月16日死亡。

问题

请结合刑法知识对本案进行分析。

案例三

G市工商行政管理局于1996年12月在F区沙头联邦工业城美辰电子公司仓库内,查获了朱某涉嫌走私的1 406台电视机及一批电视机零配件,1997年5月委托原G市工商局进行处理,G方面根据有关法规,作出了没收走私的电视机和零配件,并将当事人朱某移交给司法机关处理的决定。当时任经检科副科长的刘某由于接受了朱某的宴请和贿赂,在任职期间没有将朱某涉嫌走私一案移交司法机关处理。

问题

请结合刑法有关知识,对本案进行分析。

第五节 行政法与行政执法基础知识

一、行政法概述

(一)行政法的概念与特征

行政法,是指调整行政主体在行使行政职权过程中所发生的各种社会关系的法律规范的总称。与民法、刑法等法律部门相比较,行政法具有如下特征:

1. 行政法是公法

公法与私法相对应,是大陆法系对法的分类。公法是规范政府及政府与私人之间关系的法,宪法、刑法、行政法属于公法。私法是规范私人利益的法,民商法是私法的典范。行政法是公法的重要组成部分,被誉为动态的宪法。区分公法和私法,对于适用法律规则、确定救济方式等具有重要意义。如,民事纠纷的处理适用民事诉讼法,采用民事救济方式;行政案件则适用行政诉讼法,采用行政救济方式。在交通运输行政执法中,公路管理机构碰到的损害公路的案件,究竟应采用民事救济的方式,还是行政救济的方式加以解决,理论上存在不同的观点。究其原因,主要是人们对这类纠纷应当纳入公法范畴,还是私法范畴有不同理解。

2. 行政法一般没有统一、完整的法典

在世界范围内,各国往往都有统一、完整的刑法典和民法典,我国也有刑法典和民法典(指《中华人民共和国刑法》和《中华人民共和国民法通则》)。但到目前为止,除个别国家外,绝大多数国家尚未出现行政法典,我国也没有行政法典。所以如此,主要是因为行政法所涉及的内容纷繁复杂,技术性、专业性强,变动较快。人们通常所说的行政法实际上是部门法意义上的概念,是包含了行政许可法、处罚法、复议法、诉讼法、税收征管法、道路交通安全法等诸多法律的部门行政法。《中华人民共和国公路法》《中华人民共和国道路运输条例》《中华人民共和国航道管理条例》《中华人民共和国河道管理条例》和《中华人民共和国水路运输管理条例》等交通运输行政法也属于行政法的范畴。

3.行政法内容的广泛性、复杂性和易变性

行政法调整的内容具有广泛性、复杂性和易变性。国家行政既涉及国家管理,又涉及社会管理,既调整政治、经济、科技、文化,又调整公安、民政、军事、外交等。因此,行政法涉及的社会生活领域广泛,内容复杂而具体,技术性、专业性较强,调整的行政关系变动较快。行政法的内容十分广泛,被形容为"从摇篮到坟墓"的法律,从行政组织、行政管理,到行政救济,从文化、教育、民政、卫生,到国防、外交、治安、税收、环境保护,可谓包罗万象。

4.实体性与程序性规范的交叉规定

古代社会的法律系诸法合一,一部法典中实体法与程序法交织在一起。实体法与程序法的分立,是社会法制发展的必然结果。民法、刑法是实体法,民诉法和刑诉法是程序法,他们彼此独立,形成独立的法的部门。与民法、刑法和民诉法和刑诉法的分立不同,行政法则体现为实体性与程序性规范的交叉规定,在一部行政法律中,往往既有实体性规范,又有程序性规范。如,《中华人民共和国道路运输条例》关于从事经营性运输的许可条件的规定就属于实体性规范,而有关许可的受理、审查、决定的步骤的规定则属于程序性规范。还比如,在公认属于程序法的《中华人民共和国行政诉讼法》中也有许多实体性的法律规范,《中华人民共和国行政处罚法》主要是有关行政处罚的程序的法律,也有许多实体性的法律规范。

(二)行政法的基本原则

行政法的基本原则是指反映行政法的本质和基本价值要求,体现行政法各项制度和具体规则的内在联系。基本原则的作用主要是为行政规范的制定、修改和废除提供价值基础和基本方向,指导行政法具体制度和规则的统一适用和解释,并且在行政法制定和适用出现漏洞时进行弥补。行政法的基本原则有:依法行政原则、行政合理原则和行政公开原则。

1.依法行政原则

依法行政是行政活动的基本准则。依法行政原则要求行政主体必须依据法律取得、行使行政权力并对行使行政权力的行为承担法律责任。依法行政原则是近代人们要求政府守法的产物。在封建社会,君主既立法又执法,行政与司法不能分开,权力集中于君主一人之手,遵守法律无从谈起。资产阶级革命后,"主权在民"、"三权分立"的民主思想深入人心,国家权力出现分立,议会成为基本的民意机构,而政府则是执行议会的立法的"执行机构",因此,政府也不应超然于法律之外。而且,为了保护公民的合法权益,也必须推行依法行政原则,保护当事人的合法权益。依法行政原则的具体内容包括:

(1)行政机关应当依照法律授权活动。行政权是国家行政机关执行法律、管理国家行政事务和社会事务的权力。它可以对公民的权利予以赋予和剥夺,对公民的义务予以规定和免除,影响极大。因此,行政权都应来源于法律的授权,行政主体行使权力都应当以法律为依据,非依法取得的权力都应当被推定为无权限,对于可能侵犯公民、法人和其他组织合法权益的权力,凡是法律未授予行政机关的,行政机关不得行使。《宪法》第五条规定,中华人民共和国实行依法治国,建设社会主义法治国家。一切国家机关都必须遵守宪法和法律。

(2)行政机关必须遵守现行有效的法律。行政机关的任何规定和决定都不得与法律相抵触,行政机关不得作出任何不符合现行法律的规定和决定。如果行政机关的规定和决定违法,应当通过法定程序由法定机关予以撤销。行政机关有执行和实施现行法律规定的行政义务。行政机关不执行法律规定的行政义务,是不作为形式的违法,同样构成对依法行政原则的违反。

2. 行政合理原则

行政合理原则是依法行政原则的补充和发展,它要求行政权力的行使应当客观、适度、符合理性。行政合理原则产生的主要原因是因为行政活动的内容错综复杂、千变万化,因此,法律在规范行政关系时不可能预料到一切情况,这就不得不在制定法律的时候留有一定的幅度和范围,以留待行政机关在具体的行政活动中具体把握。行政合理原则是约束和评价行政机关裁量活动合法性的基本原则,目的是防止行政机关对裁量权限的滥用,并且弥补宽泛授权带来的法律漏洞。一般认为行政合理原则的具体要求主要包括以下几个方面:

(1)行政裁量的行使应当基于正当的动机,符合行政目的。每一项行政权力都是立法机关为实现某一公共利益和社会秩序而设立的。例如法律授予交通运输执法机关以检查权、采取强制措施权,其目的是为了公共安全和社会管理,如果执法人员不是出于这一目的而对公民采取强制措施,就属于不合理行使行政权力的行为。

(2)行政裁量的行使应当建立在理性基础上。行政合理的核心含义是行政裁量决定应当具有理性基础,禁止行政决定的武断专横和随意。最低限度的理性是行政决定应当具有一个有正常理智的普通人所能达到的合理与适当,并且能够符合科学公理和社会公德。更高的法律理性要求是:行政裁量决定符合并体现法律对裁量权限的授权目的,不得以形式合法背离立法的实质要求;行政裁量的决定建立于对相关因素的正当考虑之上;行政裁量决定还应当符合行政法上的程序正当和最一般法律正义要求。

3.行政公开原则

行政公开原则在当代行政法中的普遍原则地位,是在行政法实行公众参与行政程序和否定行政秘密的基础上取得的。行政公开原则的功能,是为公众对行政决策的参与和对行政的监督提供条件,并且使行政活动具有可预见性和确定性,防止行政随意和行政专横。行政公开原则已经在我国行政法中占有重要位置。行政公开原则的主要内容,是行政依据的公开和行政决策过程的公开规则,以及关于公众了解行政机关的公共信息和行政机关取得私人信息的规则。

(三)行政法的分类与体系

1.行政法的分类

行政法律规范浩如烟海,对行政法进行科学的分类有助于学习、研究和实施行政法。目前,学术界根据不同的标准对行政法做出了许多分类,不同的分类具有不同的意义。

(1)行政基本法和行政部门法

根据行政法调整的行政关系的范围的大小,可把行政法分为行政基本法和行政部门法。

行政基本法是调整一般行政关系的法,行政组织法、公务员法、行政处罚法等都属于行政基本法。行政基本法适用于所有或多个行政管理部门或领域。如,不管是公安行政,还是税务行政、交通运输行政,都应符合行政处罚法;公务员法既适用于公安部门,也适用于交通等其他部门。行政基本法还为部门行政法的健全和完善提供了动力和条件,促进了部门行政法的发展。如,在交通行政法领域,《行政处罚法》的实施,直接导致了原交通部颁布了《道路运输违法行为处罚规定》,而2004年《道路运输条例》的出台,其直接动因就是《行政许可法》。因此,作为具体行政执法的交通运输行政执法人员,都应把学习行政基本法作为业务学习的一项重要内容。

部门行政法是调整某个部门或领域的行政关系的法,公安行政法、税务行政法、民政行政法、交通运输行政法等法都属于部门行政法。部门行政法往往是行政基本法的具体化,是在某个行政领域里的细化和具体体现。在行政法学体系中,基本行政法是行政法总论研究的问题,部门行政法则是行政法分论研究的问题。

(2)实体行政法与程序行政法

根据行政法的性质,可把行政法分为实体行政法与程序行政法。

实体行政法,是规范行政法律关系当事人实体性权利义务关系的行政法规范的总称。《公路法》中的绝大多数法律规范都属于实体性行政法规范,如,第四十四条第一款规定,任何单位和个人不得擅自占用、挖掘公路。《道路运输条例》中的绝大多数规范也属于实体性行政法规范,如,第三十六条规定,客运经营者、危险货物运输经营者应当分别为旅客或者危险货物投保承运人责任险。

程序行政法,是规范行政法律关系当事人程序性权利义务关系的行政法规范的总称。行政程序是行政权行使所依据的步骤、时限、顺序和方式。《行政处罚法》、《行政许可法》、《行政诉讼法》、《行政强制法》中的大多数法律规范为程序行政法。

(3)行政组织法、行政行为法和行政监督与救济行政法

根据行政法的不同作用,可把行政法分为行政组织法、行政行为法和行政监督与救济行政法。

行政组织法是规范行政机关的设置、编制、职权、职责、活动程序和方法,规范行政机关与公务员在录用、培训、考核、奖惩、职务升降和交流方面的关系的法律规范的总称。国务院组织法、地方人民政府组织法、公务员法都是行政组织法。

行政行为法是有关行政行为的法。行政行为法是行政法的重要组成部分，如，行政许可法、行政处罚法、行政强制法等。行政行为法主要规范行政主体在实施行政行为时与行政相对人之间的权利义务关系。

行政监督与救济行政法是有关监督主体监督行政行为、为公民提供救济的规范。这类法律如：《行政复议法》、《行政诉讼法》和《国家赔偿法》等。

2.行政法体系

行政法体系，是指由构成行政法的若干组成部分组成的有机统一体。一般认为，行政法是由行政组织法、行政行为法和行政监督与救济行政法构成的集合体，其核心是政府与公民的关系。

（1）行政机关组织法包括：国务院组织法、国务院各部门组织法、地方政府组织法。

（2）行政执法包括：行政许可法、行政处罚法、行政强制法、行政程序法、行政收费法等。

（3）行政系统内部监督包括：层级监督和专门监督。层级监督方面的法为行政复议法；专门监督方面的法为审计法和行政监察法。

（4）司法监督方面的法为：行政诉讼法、国家赔偿法和行政补偿法。

以上所列法律中，目前尚未颁布的有：行政机关编制法、行政程序法、行政收费法和行政补偿法。

二、行政行为

（一）行政行为的概念和特征

行政行为是行政法律行为的简称，是行政权运行的外在表现形式，即行政主体代表国家行使行政职权所作出的能够直接或间接产生行政法上法律效果的行为。

行政行为具有以下主要特征：

（1）从主体上看，行政行为是由行政主体作出的；

（2）从性质上看，行政行为是一种职权行为，或者说是一种公务行为，它是行政权运用和行使的外在表现形式，所体现和执行的是国家的意志，行政行为是一种能够直接或间接引起行政法上法律效果的行为。

(二)行政行为的分类

根据不同的标准,可以对行政行为作多种分类,主要有以下几种:

1. 具体行政行为和抽象行政行为

以行政行为的对象是否特定分为具体行政行为和抽象行政行为。具体行政行为是指在行政管理过程中,行政机关针对特定的公民、法人和其他组织实施的单方行为。具体行政行为的特征在于行为对象的特定化和具体化,如颁发许可证、收税、进行行政处罚等。

抽象行政行为是指国家行政机关制定法规、规章和有普遍约束力的决定、命令等行政规则的行为。抽象行政行为的特征在于行为对象的不特定性或普遍性,即行为对象具有抽象性。具体行政行为和抽象行政行为是行政机关进行行政管理活动的两种主要手段。抽象行政行为为具体行政行为的实施提供依据,而具体行政行为的实施使抽象行政行为所规定的行为规范得以贯彻。具体行政行为可以成为行政诉讼的标的,而抽象行政行为在我国不具有可诉性。

2. 羁束行政行为和自由裁量行政行为

以行政行为受法律法规拘束程度的不同分为羁束行政行为和自由裁量行政行为。羁束行政行为是指严格受法律的具体规定约束,行政主体没有自由选择的余地,只能依法而为的行为。如税务机关严格按照法律规定的税种、税率征税的行为。自由裁量行政行为是指法律只规定原则或一定的幅度或范围,行政主体根据原则或在法定的幅度内,根据实际情况和具体需要,可以自主作出的行为。根据我国行政诉讼法的规定,对羁束行政行为,法院只对其合法性进行审查,一般对其是否合理不进行审查;对自由裁量行政行为,法院一般不予审查,只有在此行为显失公正的情况下才予以审查。

3. 内部行政行为和外部行政行为

这是以行政行为所针对的问题是属于对社会上的管理事务还是行政主体内部管理事务为标准分为内部行政行为和外部行政行为。内部行政行为是指行政机关对行政机关内部行政事务管理所实施的行政行为。如上级行政机关对下级行政机关报告的审查等。外部行政行为是指行政主体依管理范围对社会的行政管理事务所实施的行政行为,如行政征收、行政许可、行政处罚等。

4.依职权行政行为和依申请行政行为

以行政行为的主动性程度为标准分为依职权行政行为和依申请行政行为。依职权行政行为是指行政主体不需要相对人的申请和要求,而是依据自己的职权主动实施的行为,如税务部门收税、交通警察对违章驾驶员罚款等。依申请行政行为是指行政主体需要经由相对人的申请和要求才能实施的行政行为,如道路运输管理机构颁发道路运输证、公路部门颁发超限许可证等。

此外,以行政行为有无法定形式要求为标准,分为要式行政行为和非要式行政行为;以行政权作用方式和实施行政行为所形成的法律关系为标准,可分为行政立法行为、行政执法行为、行政司法行为等。

(三)行政行为的效力

行政行为一经合法成立,便对行政主体和相对方产生法律上的效力。效力的内容包括确定力、拘束力和执行力。

1.确定力

行政行为的确定力是指行政行为一经作出,就具有相对稳定的效力,未经法定程序不能随意改变或撤销。一方面,行政行为作出后,相对人不允许擅自改变或任意请求改变该行政行为,而只有服从的义务,如果相对人对该行为不服,可依法请求行政复议或提起行政诉讼要求改变或撤销,但复议或诉讼期间,不停止行政行为的执行。另一方面,行政行为作出后,原作出该行为的行政主体如需改变或撤销此行为,也必须经过法定程序。

2.拘束力

行政行为的拘束力是指行政行为一经作出,对相对人即具有约束的作用,相对人必须服从或按照该行政行为确定的义务履行,否则须承担相应的法律后果。

3.执行力

行政行为的执行力是指行政行为作出后,相对人拒绝履行或不按时履行时,行政主体可依法自己强制执行或者申请人民法院强制执行。

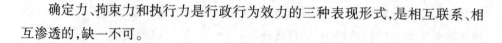

确定力、拘束力和执行力是行政行为效力的三种表现形式,是相互联系、相互渗透的,缺一不可。

三、行政执法

(一)行政执法的概念

行政执法有广义的、较狭义的和狭义的三种。

广义的行政执法,是指国家行政机关对法律的执行和实施。国家权力包括立法权、司法权和行政权三种,广义的行政执法是对立法权和司法权以外的行政权的行使。从外延上看,广义的行政执法包括了全部的行政行为,既包括具体行政行为,也包括行政立法行为和行政司法行为。

较狭义的行政执法,是指行政机关实施的具体行政行为。从外延上看,较狭义的行政执法不包括行政立法行为等抽象性行政行为。而具体行政行为是针对具体的人所作出的影响其权利义务的行政行为,如,行政许可、行政处罚、行政强制、行政征收、行政征用、行政给付、行政确认和行政裁决等行为。

狭义的行政执法,是指行政监督、行政处罚、行政征收和行政强制等具体行政行为。从外延上看,狭义的行政执法不包括行政许可行为。

在没有特别说明的情况下,本书所称行政执法为较狭义的行政执法,是指行政机关及其行政执法人员为了实现国家行政管理目的,依照法定职权和法定程序,执行法律、法规和规章,直接对特定的行政相对人和特定的行政事务采取措施并影响其权利义务的行为。正确理解这一概念,主要应从以下几个方面进行把握。

1. 行政执法的主体

行政执法的主体,即行政执法的实施机关,必须是法定的具有公共行政管理职能的行政机关和法律法规授权的组织。行政执法的主体不同于行政主体,行政主体有外部行政主体与内部行政主体之别,内部行政主体不能采取影响行政相对人权利义务的行为,不能对自己的行为对外独立承担法律责任,因而不是行政执法主体。在交通运输行政执法领域,交通运输行政执法机关的内部机构,一般不是交通运输行政执法的主体。

2. 行政执法的依据

执法不同于执行,执法的依据必须是法律,而执行的依据除法律外,还包括政策、命令、指示等。这里讲的法律是广义的法律,既包括全国人民代表大会及其常委会制定的法律,也包括国务院制定的行政法规,还包括地方权力机关制定的地方性法规、地方人民政府、国务院组成部门制定的规章。

3. 行政执法的性质

行政执法行为属于具体的行政行为,包括:行政许可、行政处罚、行政强制、行政征收、行政征用、行政给付、行政指导、行政契约、行政确认和行政裁决等。作为具体行政行为,行政执法面对特定的、具体的人作出的行政行为会直接影响相对人的权利和义务。作为具体行政行为,行政执法不同于针对不特定的人的行政立法等抽象的行政行为。

4. 行政执法的目的

行政执法的目的,是为了实现国家的公共行政管理职能,从而维护公共利益和社会秩序,为社会和公众提供服务。

(二)行政执法的特征

与行政立法和行政司法相比较,行政执法具有如下特征:

1. 主动性

与行政司法相比较,行政执法具有主动性,要求行政执法机关和人员必须依职权积极、主动进行执法,违法不纠是一种失职行为,或玩忽职守行为。如,根据《公路法》及其配套规定,对超载的车辆,路政执法人员有权卸客或卸货转运。在路政执法过程中,如果执法人员发现有超载的违法行为而不去制止,就是一种失职,造成严重后果的,还要承担刑事责任。行政执法所以具有主动性,是因为行政执法是实现国家行政管理职能的活动。

行政司法是由上级行政机关依法解决行政争议的活动,是事后救济行为,遵循"民不告、官不究"的原则,即行政相对人不提出申请,行政机关不主动采取行动。

行政许可是依申请的行政行为,没有申请人的申请,许可机关不可能采取行政行为,从这一点上看,包括行政许可在内的依申请的行政行为似乎是被动的,是依相对人的申请的执法。但从实现行政执法的目的来看,在申请某种许可的人过少,难于实现相关的行政目的时,行政机关也应考虑主动动员、甚至鼓励相关人员进行申请。

2. 广泛性

行政执法的目的是为了实现国家的公共行政管理职能,而国家公共行政管理所涉及的范围十分广泛,涉及公安、工商、税务、海关、文化、卫生、环保、城建、交通、科技、教育、农业、林业和渔业等诸多领域,因此,行政执法的内容也具有广泛性。可以预见,随着依法治国方略的推进,行政执法的范围将更加广泛。

3. 具体性

如前所述,行政执法是一种具体的行政行为,是针对特定的、具体的人,或者说是针对个案的活动,从这种意义上讲,行政执法是具体的。行政执法的具体性是相对于行政立法而言的,行政立法是一种抽象的行政行为,是针对不特定的任何人制定法律文件的活动,具有普遍的适用性。

4. 强制性

行政执法是行政机关适用法律规范的行为,是执行国家意志的手段,因而具有法律规范的执行力和国家意志的拘束力。行政执法的强制性表现在:在行政执法的过程中,如果发现行政相对人不履行法定的义务,或者违反了法律规范,执法机关就会采取包括行政处罚、行政强制等手段强制其履行法定义务;行政执法的强制性还表现在行政执法机关必须依法行政,不能违反法律规定进行执法。如,是否要作出行政处罚、作出行政处罚的幅度等,都必须符合法律规范,不能"讨价还价",不能"私了"。

思考题

1. 论述行政法基本原则中的行政合法原则。
2. 简述行政法的特征。
3. 简述具体行政行为与抽象行政行为。
4. 结合交通运输行政执法,如何理解行政行为的确定力?

5. 简述行政执法的概念与特征。

案例分析

案例一

李某系道路货运的个体工商户,主要从事服装面料的运输,李某的车辆载质量15吨。某次,李某因实际载重18吨被交通运输行政执法人员某查获。根据《公路安全保护条例》第六十四条"违反本条例的规定,在公路上行驶的车辆,车货总体的外廓尺寸、轴荷或者总质量超过公路、公路桥梁、公路隧道、汽车渡船限定标准的,由公路管理机构责令改正,可以处3万元以下的罚款"。交通运输执法人员另查明,李某该次运输费为4 500元。根据上述有关规定,交通运输行政执法人员责令李某进行卸载,并且执法人员认为其不配合执法调查,同时,李某曾因伤害罪而被判刑3年,一年前刚出狱,因此要重罚,又处以李某20 000元的罚款。

问题

对李某的违法行为进行的行政处罚是否合法适当?是否符合行政法的基本原则?

案例二

某市市政工程公司在对国道206线拓宽改造时,需采伐护路林,因而向某省交通运输厅申请采伐许可证。省交通运输厅经审查后向其颁发了《采伐许可证》。该市政工程公司采伐时,被某林业局执法人员发现,遂以违反《中华人民共和国森林法》为由,对其处以罚款2万元,并要求其恢复植被。某市市政工程公司不服向法院起诉。

问题

林业局的做法是否合法?并阐述理由。

案例三

某市原有甲、乙、丙、丁四家定点屠宰场,营业执照、卫生许可证、屠宰许可证等证照齐全。1997年国务院发布《生猪屠宰管理条例》,该市政府根据其中确认并颁发定点屠宰标志牌的规定发出通告,确定只给甲发放定点标志牌。据此,市工商局将乙、丙、丁三家屠宰场营业执照吊销,卫生局也将其卫生许可证吊销。乙、丙、丁三家屠宰场对此不服,找到市政府,市政府称通告属于抽象行政行为,需遵守执行。三家屠宰场遂提起行政诉讼。

问题

1. 市政府的通告属于何种类型的行政行为?理由是什么?

2. 谁是此案的被告?理由何在?

3. 此案乙、丙、丁是否有权提起行政诉讼?理由是什么?

4. 颁发定点屠宰标志牌属于何种性质的行为,工商局、卫生局能否据此吊销乙、丙、丁的执照和许可证?

第二章
交通运输行政执法概述

第一节 交通运输行政执法

一、交通运输行政执法的概念

交通运输行政执法,是指交通运输行政管理部门依据法律、法规、规章和规范性文件作出具体行政行为的活动,主要包括交通运输行政处罚、行政强制措施、行政许可和行政收费等行为。正确理解这一概念,可从以下几个方面进行把握:

(一)交通运输行政执法主体

交通运输行政执法主体,是指能以自己名义行使交通运输行政执法权,作出影响交通运输行政相对人权利义务的行政行为,并能对外承担行政法律责任的组织。

交通运输行政执法主体有两类:一是各级人民政府依法设置的交通运输行政主管机关,包括:交通运输部、省级交通运输厅和市、县交通运输局。交通运输行政主管机关是各级人民政府的组成部分,是依职权的行政主体。二是法律、法规授权的管理交通运输公共事务的组织,简称授权组织,如,各级道路运输管理机构、海事管理机构等。授权组织的性质多为事业单位,在行政法理论上属于管理公共事务的组织,其地位属于法律、法规授权的行政执法主体,有独立的法律地位,能以自己的名义履行行政职能,并对自己的行为承担法律责任。

值得一提的是,受委托的交通运输行政管理机构,如、港口管理机构、交通工程质量监督机构等,不能等同于交通运输行政执法主体。受委托的交通运输行政管理机构不能以自己的名义行使行政职权,承担法律责任,因此,不是行政主体。原交通部1996年第7号令《交通行政处罚程序规定》第三条规定:"本规定中交通管理部门是指具有行政处罚权的下列部门或者机构:(一)县级以上人民政府的交通主管部门;(二)法律、法规授权的交通管理机构;(三)县级以上人民政府的交通主管部门依法委托的交通管理机构。"按照这一规定,受委托的交通运输行政管理机构属于"交通管理部门",但不能据此认为受委托方就是行政执法主体。在委托执法的关系中,受托方以委托方(如交通主管机关)的名义行使行政职权,委托方是行政执法主体。

另外,交通运输行政执法人员也不是交通运输行政执法主体;交通运输行政执法主体的内设机构、派出机构,如,县级道路运输管理机构派驻乡镇的交通运输管理站等,同样不是交通运输行政执法主体(法律法规授权的除外)。

(二)交通运输行政执法的依据

交通运输行政执法的依据主要是法律、法规和规章,规范性文件也可以成为交通运输行政执法的依据。交通运输行政执法的依据既包括交通运输实体法律规范,也包括交通运输程序性法律规范;既包括专门规范交通运输行政关系的法(如,《公路法》、《道路运输条例》等),也包括非专门规范交通运输行政关系的法(如,《行政处罚法》、《行政许可法》等)。

(三)交通运输行政执法的性质

交通运输行政执法是交通运输行政执法主体依法实施的具体行政行为。具体行政行为,是指行政主体针对特定对象,就特定的事项作出的行政决定。交通运输行政许可、处罚、强制、征收、征用、给付、确认和监督检查等,都属于具体行政行为。交通运输行政执法主体制定规范性文件等的抽象行政行为,不属于本教材的范畴。

(四)交通运输行政执法的目的

交通运输行政执法的目的,是为了实现国家的交通运输行政管理职能,维护交通运输秩序,促进交通运输事业的发展,满足人民群众对交通运输的需求。

第二章
交通运输行政执法概述

二、交通运输行政执法的特点

与工商、税务、环境等部门行政执法相比较,交通运输行政执法具有以下几个特征:

(一)交通运输行政执法机构多元化

现行交通运输行政执法机构呈现出多元化特点,包括:交通运输主管机关、道路运输管理机构、公路管理机构、航运管理机构、航道管理机构、港口管理机构、交通工程质量监督机构、海事管理机构等;从类别上看,交通运输行政执法机构既有行政机关,又有法律、法规授权的组织,还有行政机关委托的组织。

交通运输行政执法机构多元化还表现为机构分设情况较为普遍。如,在道路运输管理方面,机构被分设、导致机构多元化的情况就十分突出。一些地市一级的道路运输管理机构多被分设为管理客货运经营、客货运站场经营的道路运输管理处和管理驾驶员培训、机动车维修的机动车维修管理处。公路管理机构被分设,从而导致机构多元化的情况也很突出,如有的省一级公路管理机构就被分设为省公路局和高速公路管理局。

交通运输行政执法机关多元化容易造成各交通运输行政执法机关之间的权力边界不清、"职能交叉",这是目前交通运输行政执法"软"的重要原因。为改变交通运输多头行政执法的现状,一些地方推行了行政权相对集中的改革,组建了交通运输综合执法的队伍,取得了较好的执法效果。

(二)交通运输行政执法依据效力层级普遍偏低

尽管在交通运输方面国家已经出台了《中华人民共和国公路法》、《中华人民共和国港口法》(以下简称《港口法》)和《中华人民共和国海上交通安全法》(以下简称《海上交通安全法》)等法律,但总体而言,交通运输行政执法依据的效力层级仍普遍偏低,难以满足依法行政对交通运输行政执法的要求。目前,交通运输行政执法的依据主要是行政法规和规章,在一些领域,如出租车运输、城市公交车运输等领域,甚至还没有行政法规层级的交通运输行政执法依据。

(三)交通运输行政执法是实现国家交通运输管理职能的方式

国家事务包括立法、司法和行政。国家的行政事务范围十分广泛,涉及公安、

交通运输行政执法基础知识
JIAOTONG YUNSHU XINGZHENG ZHIFA JICHU ZHISHI

工商、税务、海关、城建、交通、环保、商检、质量、计量、金融、贸易、医药、卫生、文化、教育、科技、体育各个方面;交通运输事务是国家行政事务的重要方面。交通运输行政执法的目的是为了实现国家对交通运输事务管理的职能,从而维护交通运输秩序,促进交通运输事业的发展,满足人民群众对交通运输发展的需求。

第二节　交通运输行政执法的类别、体系和功能

一、交通运输行政执法类别

对事物的分类总要有一定的标准,标准不同,划分出的类别也就不同。

(一)按照交通运输方式所作的分类

交通运输包括五种方式,即铁路运输、公路运输、航空运输、水路运输和管道运输。与五种交通运输方式相对应,交通运输行政执法也可被区分为:铁路运输行政执法;公路交通行政执法;航空运输行政执法;水路交通行政执法和管道运输行政执法。本书主要是为公路交通和水路交通的行政执法人员的学习、培训而编写的,因此,本书所称交通运输行政执法,仅指公路交通行政执法和水路交通行政执法。

公路交通行政执法包括:公路行政执法和道路运输行政执法。其中,公路行政执法还可再细分为一般公路行政执法和高速公路行政执法;道路运输行政执法还可再细分为,出租车运输行政执法、城市公共交通运输行政执法、《道路运输条例》所规定的道路运输行政执法等。

水路交通行政执法包括:航道行政执法、港口行政执法、航运行政执法、海事行政执法等。

(二)按照交通运输行政执法行为的类别所作的分类

1. 羁束性和自由裁量性交通运输行政执法

这种分类的标准是作出交通运输行政执法行为受到的法律规范的拘束程度。

羁束性交通运输行政执法,是指法律规范对交通运输行政执法行为的范围、

条件、标准、形式、程序等有较为详细、具体、明确规定的交通运输行政执法。如，《道路运输条例》及其配套规定对道路货物运输行政许可的条件、程序等，都作出了明确而具体的规定，因此，道路运输管理机构在作出这种许可行为时，就应当严格按照相应的规定，对符合条件的，应当作出许可决定，对不符合条件的，就不能作出许可决定。

自由裁量性交通运输行政执法，是指法律规范对交通运输行政执法行为的范围、条件、标准、形式、程序等没有作出明确而具体的规定，由执法机构根据法律规范规定的目的、原则作出裁断的交通运输行政执法。如，在有两个以上申请人申请客运班线经营许可时，尽管《道路运输条例》及其配套规定对许可条件、程序等作出了明确而具体的规定，但由于客运班线经营许可证的数量是有限的，在有几个申请人都符合条件时，道路运输管理机构即可根据普遍服务、运输供求状况等原则和情况，自由作出许可决定。

区分羁束性和自由裁量性交通运输行政执法的意义在于：交通运输行政执法机关违反羁束性法律规范的，其执法行为构成违法，相对人可以向人民法院提起诉讼；交通运输行政执法机关违反法律授权目的、超越自由裁量范围的执法行为构成违法，但在自由裁量范围内的偏轻偏重甚至畸轻畸重行为，属于不当或严重不当行为，而非违法行为。对于自由裁量行为，如果不是显失公正，人民法院不予受理，或不予进行审查。

2. 依职权和依申请的交通运输行政执法

这种分类的标准是交通运输行政执法机关能否主动做出行政执法行为。

依职权的交通运输行政执法，是指交通运输行政执法机关能够依照法律、法规赋予的职权，主动实施的交通运输行政执法行为。绝大多数交通运输行政执法属于依职权的行政执法，这是由行政的主动性所决定的。如，交通运输行政处罚、交通运输行政监督检查、交通运输行政强制等。

依申请的交通运输行政执法，是指必须有行政相对人的申请，才能实施的交通运输行政执法行为。如，交通运输行政许可行为等。

区分依职权和依申请的交通运输行政执法的意义在于：对于依职权的交通运输行政执法，交通运输行政执法机关漠不关心、不当延误，不依法定职权主动执法，即构成行政不作为。而对于依申请的交通运输行政执法，首先，无行政相对人的申请，执法机关不能主动执法；其次，在行政相对人申请的情况下，行政机关在法定期限内不予答复的,相对人可据此提出行政复议或行政诉讼。

3.单方与双方交通运输行政执法

这种分类的标准是,决定交通运输行政执法行为成立时参与意思表示的当事人的数目。

单方交通运输行政执法,是指依交通运输行政执法机关单方的意思表示,无需征得相对方同意即可成立的交通运输行政执法行为。绝大多数的交通运输行政执法属于单方交通运输行政执法,如,交通运输行政处罚、交通运输行政监督检查、交通运输行政强制等。

双方交通运输行政执法,是指交通运输行政执法机关为实现交通运输行政管理的目的,与相对方协商一致成立的交通运输行政执法行为。双方交通运输行政执法主要是指行政合同,如,在客运班线招投标的过程中,一旦投标人中标,招标人即可与其签订相应的行政合同。

区分单方与双方交通运输行政执法的意义,在于确定交通运输行政执法行为的成立。

4.其他分类

其他分类,如:要式和不要式交通运输行政执法;自为的、授权的和委托的交通运输行政执法;授益的与侵益的交通运输行政执法等。有关其他分类的具体内容,请参照本书的相关章节。

二、交通运输行政执法的功能与作用

(一)实现交通运输行政立法的功能与作用

从立法与执法的关系上看:立法和执法都是法治的基本要素;立法解决有法可依的问题,是执法的基础和前提;执法是立法实现的途径和保障,没有执法,立法的目的就无法实现。因此,交通运输行政执法具有实现交通运输行政立法的功能与作用。

改革开放以后,我国交通运输立法工作取得了很大成绩,基本上解决了交通运输领域有法可依的问题,为在交通运输领域实现依法行政奠定了较为坚实的基础。但也应当看到,要真正实现交通运输从管理到执法的伟大转变,不仅交通运输立法工作尚需努力,更为重要的是,要切实加强交通运输行政执法,切实把文本的交通运输法转化为人们的实际行为规范。

通过交通运输行政执法,实现交通运输行政立法功能与作用的途径主要有

以下几种:

1. 制定行政规范性文件

交通运输行政规范性文件包括:交通运输行政法规、规章和其他具有普遍约束力的规范性文件。其他规范性文件的形式有决议、决定、规定、规程、公告、通告、布告、命令、办法等。

相对法律而言,行政法规和规章属于执行性的,是为执行法律而将法律的原则性条款进行的具体化,因此,制定交通运输行政法规和规章属于广义的交通运输行政执法。法律条款往往比较原则、抽象,为明确法律条款,正确贯彻法律,就需要制定行政法规和规章加以落实。例如,为落实《公路法》,国务院和交通运输部就制定了《收费公路管理条例》、《超限运输车辆行驶公路管理规定》、《路政管理规定》和《公路建设市场管理办法》等法规和规章,这些法规和规章是交通运输行政执法的更为具体的依据。

2. 进行法律解释

这里讲的法律解释不同于《立法法》上所讲的法律解释。《立法法》所称法律解释是指,当法律的规定需要进一步明确具体含义,法律制定后出现了新的情况,需要明确适用法律依据时,由全国人大常委会对有关法律条文所作的解释,具有立法的性质。这里讲的法律解释是指,行政执法机关在将法律条文适用于个案时,对相应法律条文的含义和适用范围(适用于何人、何事、何时、何地等)所做的阐释,属于执法的性质。

行政执法机关针对个案进行法律解释的方式可以是口头的,也可以是书面的,可以在作出执法决定之前,也可以在作出执法决定之时或之后。可以说,法律解释与行政执法如影随形,不可分离。如,在打击非法营运的时候,执法人员告知相对人其行为为什么是非法营运,就是对相关法律条文的一种解释。

3. 实施行政处理

实施行政处理是交通运输行政执法的主要方式和基本途径,主要形式包括行政许可、行政征收、行政给付、行政确认和行政裁决等。

实施行政处理是实现交通运输行政立法的主要方式之一。如,《道路运输条例》规定了经营道路客货运的许可条件,这一立法要能够得以实现,就需要道路运输管理机构具体实施行政许可这样的行政处理行为。可以说,没有道路运输管理机构按照一定的步骤、顺序对申请人提交的材料进行的审查、审核等处理,就不可能把文本的许可条件用于道路运输市场的准入,实现《道路运输条例》的立法目的。

4.进行交通运输行政监督检查、行政强制和行政处罚

行政监督检查是行政执法主体对行政相对人履行法定义务情况进行了解、掌握的活动。行政强制是行政执法主体为了保障行政管理的顺利进行,通过依法采取强制手段迫使拒不履行义务的相对方履行义务或达到与履行义务相同的状态;或者出于维护社会秩序或保护公民人身健康、安全的需要,对相对方的人身或财产采取紧急性、即时性强制措施的具体行政行为的总称❶。行政处罚是行政主体依法对违反行政法律规范尚未构成犯罪的相对方给予行政制裁的具体行政行为。

作为狭义的行政执法的主要手段,行政监督检查、行政强制和行政处罚在将文本的交通运输法转化为人们的实际行为规范方面,主要是通过其法律保障机制加以实现的。如,通过对违反交通运输法的行为进行行政处罚,对特定的违法行为人起到一种特殊预防作用,使其以后不敢再违法;对那些有违法意图的人,行政处罚的实施可以起到一般预防功能。

(二)实现交通运输行政相对人的权利的功能与作用

交通运输行政相对人依法既享有实体权利,又享有程序性权利,前者如,公路、航道的通行权,道路、水路运输的经营权等,后者如,要求举行听证的权利、知情权、陈述权、申辩权等。交通运输行政执法的功能与作用就在于,通过执法实现相对人的这些权利,使法律赋予相对人文本上的、应然的权利变成现实的、实然的权利。

交通运输行政执法主要是通过提供权利实现的途径和条件,排除权利实现的障碍、防止权利滥用和制止侵权,追究侵权者的责任,给予被侵权者以救济等方式实现相对人的权利的。如,道路运输管理机构通过对非法营运行为的制裁,从而保护了合法经营者的经营权;路政执法人员通过对违法超限运输行为、破坏

---

❶ 罗豪才.行政法学.北京:北京大学出版社,2005年9月,第273页.

路产路权的行为进行处罚,实际上保护的是公路经营企业和公路利用人的经营权和利用权;交通运输行政执法人员通过告知相对人其有举行听证的权利、陈述权和申辩权,从而使法律赋予相对人文本的权利得以实现等。

(三)维护交通运输秩序的功能与作用

交通运输秩序是依法建构的交通运输活动的良好状态,如公路建设的秩序、公路利用的秩序、道路运输的秩序等。

依法建构的交通运输秩序必须得到维护,这是因为,没有良好的交通运输秩序,交通运输经营者及利用者的权利就有可能随时被侵犯,人们就会失去预期,失去安全感,人们将不得不生活在担心与恐惧之中。例如,良好的道路客运班车运输秩序至少应当是:取得班车经营许可的人才可以经营;经营者按照批准的站点、规定的线路、班次运营;不得宰客、卖客、倒客、甩客、骗客等。如果这一秩序得不到维护,"黑车"泛滥,侵害旅客利益的行为频发,其结果必然是合法经营者的利益无法保障,广大旅客则不敢出行,人人将感觉到自危。

交通运输行政执法主要通过以下几种方式发挥维护交通运输秩序的功能与作用:一是通过交通运输行政立法❶构建交通运输秩序。构建交通运输秩序不仅是立法机关立法的功能,也是交通运输行政立法的功能。二是通过交通运输行政许可、规划、征收、给付等行为构建交通运输秩序。三是通过交通运输行政监督检查、处罚、强制,保障、维护交通运输秩序。四是通过创建科学的交通运输行政执法体制、执法方式和执法程序,构建、维护和保障交通运输秩序。

第三节 交通运输行政执法权

一、交通运输行政执法权概述

(一)行政执法权

行政执法权,是指行政执法机关享有的,旨在通过作出直接影响相对人权利

---

❶ 广义的交通运输行政执法包括行政立法,因此,本文所讲的行政执法系指广义的交通运输行政执法。

义务的执法行为,从而实现特定的行政管理职能的行政职权。行政执法权具有以下几个特点:

1. 行政执法权是行政职权的重要组成部分

行政职权是行政主体为实现行政职能而享有的权能,既包括行政规范制定权,也包括准司法权(即行政复议权),还包括行政许可、行政处罚、行政强制、行政监督检查等权力。其中,行政许可、行政处罚、行政强制和行政监督检查等行政职权属于行政执法权,是行政职权的重要组成部分。

2. 行政执法权作用的对象是特定的人

由于行政执法行为属于具体的行政行为,因此,行政执法权作用的对象是特定的、具体的法人、组织或自然人。如,交通运输行政执法主体对不按规定携带《道路运输证》的道路运输经营者进行行政处罚,该被处罚的经营者就是特定的人。与执法权作用的对象不同,立法权作用的对象是抽象的、不特定的任何人。

3. 行政执法权是实现特定行政管理职能的重要手段、方式

行政职权是实现行政管理职能的手段和方式,行政执法权是行政职权的一种,因此,行政执法权也是实现行政管理职能的手段和方式。与其他行政职权实现行政管理职能的手段和方式不同,行政执法权是通过作出直接影响相对人权利义务的执法行为实现行政管理职能的。相应的,准司法权是通过解决行政争议的方式实现行政管理职能的,行政立法权是通过提供行为规范来实现行政管理职能的。

(二)交通运输行政执法权

交通运输行政执法权是行政执法权的重要组成部分,是交通运输行政执法主体为实现交通运输行政管理职能而享有的行政职权。交通运输行政执法权具有以下几个特征:

1. 交通运输行政执法权由交通运输行政执法主体享有

我国行政执法体制属于分散式执法体制模式,执法主体林立。按照行政管理职能被划分为不同的行政执法主体,如,税务执法、交通执法、公安执法、海关执法等。相应的,在分散式执法体制模式下,不同内容的行政执法权由不同的行政执法主体享有,交通运输行政执法权则由交通运输行政执法主体享有。

第二章
交通运输行政执法概述

我国的交通运输行政执法主体种类繁多,性质各异,既有作为行政机关的交通主管机关,又有作为事业单位的交通管理机构(如多数公路管理机构、道路运输管理机构等)。既有职权主体,又有法律、法规授权的组织(如道路运输管理机构等)。

2. 实现交通运输行政管理职能是交通运输行政执法权存在的根据

交通运输行政执法权是实现交通运输行政管理职能的重要手段和方式,因此,实现交通运输行政管理职能是交通运输行政执法权存在的根据。

3. 交通运输行政执法权作用的对象的广泛性

交通运输行政执法权作用的对象,既包括交通事业的经营者,有时也包括交通事业的利用人。如,欲从事交通运输经营的人,依法应当申请经营许可,就成为了交通运输行政许可权作用的对象;交通事业的利用人多数情况下不是交通运输行政执法权作用的对象,如,道路运政执法机构不能处罚旅客、托运人、送修人等交通事业的利用人,但在危险货物运输的情况下,道路运政执法机构则可以处罚那些违反法律规定的托运人。

二、交通运输行政执法权的具体内容

交通运输行政执法权非常广泛,这里仅介绍几种主要的执法权。

(一)交通运输行政许可权

根据原交通部 2004 年第 10 号令,交通运输行政许可,是指依据法律、法规、国务院决定、省级地方人民政府规章的规定,由交通运输行政执法主体实施的行政许可。

交通运输行政许可权主要由交通运输行政执法主体实施,如,县级以上道路运输管理机构等。受委托的执法机构也可行使交通运输行政许可权,如,公路管理机构等。

1. 交通运输行政许可的类别

交通运输行政许可的类别包括:公路行政许可、道路运输经营许可、航运行政许可、港口行政许可和海事行政许可等。

上述每一类许可中,又有不同的许可事项。如:公路行政许可事项主要包

括:占用、挖掘公路的许可;在公路用地范围内和跨越公路埋设、架设、修建设施的许可;公路增设平面交叉道口的许可;在公路用地范围内设置非公路标志的许可;铁轮、履带及超限车辆上公路行驶的许可;公路行道树砍伐许可;大中型桥梁上下200米内修筑堤坝,压缩或拓宽河床许可等。

又如,道路运输行政许可事项主要包括:道路客运班线运输经营许可;道路包车客运经营许可;道路旅客运输经营许可;道路普通货运经营许可;道路专用货运经营许可;道路危险货物运输经营许可;道路大型物件运输经营许可;道路客货运输站(场)经营许可;机动车维修经营许可;机动车驾驶员培训许可;国际道路运输经营许可;出租车经营许可;道路运输从业资格许可等。

2. 交通运输行政许可的管辖权限

交通运输行政许可必须按照法律、法规规定的管辖权限进行,不得越权进行许可。

如,在公路行政许可中:更新砍伐公路树木的,国道、省道须经省级公路主管部门批准;县道须经地(州、市)公路主管部门批准;乡道须经县(旗、市)公路主管部门批准。超限车辆上公路行驶的,由公路管理机构批准,妨碍交通的,还需经公安交通管理机关批准。铁轮、履带及超限车辆上公路行驶的,由公路管理机构批准,妨碍交通的,还需经公安交通管理机关批准。占用、挖掘公路的,必须事先征得公路主管部门同意。影响交通的,还须征得公安交通管理部门的同意。公路增设平面交叉道口的,需经公路主管部门和公安交通管理机关审核批准。在公路用地范围内设置非公路标志的,由县级以上地方人民政府交通主管部门批准。在大中型公路桥梁和渡口周围200米、公路隧道上方和洞口外一百米范围内,以及在公路两侧一定距离内,因抢险、防汛需要修筑堤坝、压缩或者拓宽河床的,应当事先报省级人民政府交通主管部门会同水行政主管部门批准等。

又如,在道路运输经营许可中:道路危险货物运输(包括经营性和非经营性危险货物运输),县际道路班车客运、包车客运和旅游客运,机动车维修技术人员从业资格许可,经营性道路客货运输驾驶员从业资格许可等由设区的市级道路运输管理机构负责实施;而省际、市际道路班车客运、包车客运和旅游客运,国际道路运输经营许可(含:国际道路旅客运输和国际道路货物运输),道路运输经理人、机动车驾驶培训教练员从业资格许可等则由省级道路运输管理机构负责实施;道路危险货物运输从业人员资格许可由设区的市级人民政府交通主管部门负责实施等。

3. 交通运输行政许可的程序权限

关于交通运输行政许可的程序权限,请参考本书第七章的相关内容。

(二)交通运输行政处罚权

交通运输行政处罚权,是指交通运输行政执法机构对违反交通运输行政秩序的行为予以行政制裁的权力。根据交通运输行政处罚权的行使主体不同,交通运输行政处罚权可被划分为:路政处罚权;运政处罚权;航道行政处罚权;航运行政处罚权;港口行政处罚权;海事行政处罚权等。

交通运输行政处罚权限,是指交通运输行政处罚权行使的范围或边界,包括:事务权限、管辖权限、程序权限等。

1. 事务权限

事务权限,是指行使交通运输行政处罚权不得超越交通运输行政执法主体所管辖事务的范围。交通运输行政执法主体管辖的事务及其范围是由法律、法规和规章等法律文件规定的交通运输行政违法行为。

行政处罚是一种侵益性行政行为,奉行"法无明文规定不处罚"的原则,因此,凡法律没有规定对某种行为(即使该行为是违法行为)可以进行处罚,执法主体就不得进行处罚。如,"拒载"是一种道路运输违法行为,但由于《道路运输条例》及其配套规定没有规定相应的处罚条款,因此,道路运输管理机构就不能依据《道路运输条例》及其配套规定对拒载者进行处罚。

交通运输行政执法主体管辖的事务及其范围是由法律、法规和规章等法律文件规定的。如,《道路运输条例》及其配套规定规定的应受处罚的道路客运及客运站违法行为的范围就包括:非法营运行为;非法从事客运站行为;非法转让道路运输经营许可证件的行为;非法出租道路运输经营许可证件的行为;不按规定投保承运人责任险的行为;使用无道路运输证的车辆营运的行为;不按批准的客运站点停靠或者不按规定的线路、班次行驶的行为;加班车、顶班车、接驳车无正当理由不按原正班车的线路、站点、班次行驶的行为;非法揽客的行为;倒客行为;卖客行为;擅自终止营运的行为;不具备开业要求的有关安全条件、存在重大安全隐患的行为;客运经营者不按规定维护、检测车辆的行为;非法改装、使用客运车辆的行为;机动车综合性能检测机构检测的违法行为;允许无经营许可证件的车辆进站从事经营活动的行为;允许超载车辆出站的行为;允许未经安全检查或者安全检查不合格的车辆发车的行为;无正当理由拒绝客运车辆进站从事经营活动的行为;擅自改变客运站用途和服务功能的行为;不公布运输线路、起讫停靠站点、班次、发车时间、票价的行为。

2. 管辖权限

管辖权限,是指交通运输行政执法机构行使行政处罚权的地域管辖范围。《行政处罚法》第二十条规定了行使行政处罚权的地域管辖范围,该条规定:"行政处罚由违法行为发生地的县级以上地方人民政府具有行政处罚权的行政机关管辖,法律、行政法规另有规定的除外。"根据《行政处罚法》的这一规定,《路政管理规定》第二十条也规定:"路政案件由案件发生地的县级人民政府交通主管部门或者其设置的公路管理机构管辖。"

3. 程序权限

关于交通运输行政处罚的程序权限,请参考本书第六章的相关内容。

(三)交通运输行政强制权

1. 交通运输行政强制权的含义

行政强制权,是指行政执法机构为实现具体行政行为的内容,或为预防和制止行政违法行为和危害事件的发生,而实施的强行限制相对人权利的行为的权力。

行政强制包括行政强制执行和行政强制措施。行政强制执行,是指为实现具体行政行为确定的相对人的义务(即具体行政行为的内容),而由执法机构或人民法院实施的强行限制相对人权利的行为。根据行政强制执行的主体的不同,行政强制执行可被划分为执法机构实施的行政强制执行和人民法院实施的行政强制执行两种。行政强制措施,是指为预防和制止行政违法行为和危害事件的发生,而由执法机构实施的强行限制相对人权利的行为。

交通运输行政强制权,是指交通运输行政执法机构为预防和制止交通运输行政违法行为和危害事件的发生,而实施的强行限制相对人权利的行为的权力,是行政强制权的组成部分。交通运输行政强制权是为预防和制止交通运输行政违法行为和危害事件的发生而存在的,主要表现为交通运输行政强制措施,不包括行政强制执行。

交通运输行政强制是一种侵益性行政行为,因此,交通运输行政强制实施的事项、措施等都必须符合法律规定,在法律规定的范围内实施交通运输行政强制权。

2. 交通运输行政强制类别及事项

交通运输行政强制的类别可分为路政强制、运政强制、航道强制、航运强制、海事强制和港口强制等。

交通运输行政强制的事项主要有:

1)运政强制事项

根据《行政处罚法》、《道路运输条例》及其配套规定等法律、法规和规章的规定,运政强制事项主要有:

(1)客、货运车辆超载运营的情形(《道路运输条例》第六十二条);

(2)无车辆营运证又无法提供其他有效证明的车辆运营的情形(《道路运输条例》第六十三条)。

2)路政强制事项

根据《公路法》、《公路安全保护条例》、《收费公路管理条例》(以下简称《公路管理条例》)等法律、法规和规章的规定,路政强制事项主要有:

(1)在公路用地范围内设置公路标志以外的其他标志的情形(《公路法》第七十九条);

(2)在公路建筑控制区内修建建筑物、地面构筑物或者擅自埋设管(杆)线、电缆等设施的情形(《公路法》第八十一条);

(3)超过公路或者公路桥梁限载标准行驶的车辆未按规定采取防护措施的情形(《公路法》第五十条);

(4)擅自在公路上设立收费站(卡)收取车辆通行费或者应当终止收费而不终止的情形(《收费公路管理条例》第四十九条);

(5)收费公路终止收费后,收费公路经营管理者不及时拆除收费设施的情形(《收费公路管理条例》第五十三条)。

3)海事、航道、航运、港口行政强制事项

根据《中华人民共和国海上交通安全法》(以下简称《海上交通安全法》)、《中华人民共和国内河交通安全管理条例》(以下简称《内河交通安全管理条例》)、《中华人民共和国船员条例》(以下简称《船员条例》)、《中华人民共和国航道管理条例》(以下简称《航道管理条例》)等法律、法规的规定,海事、航道、航运和港口行政强制事项主要有:

(1)对影响安全航行、航道整治以及有潜在爆炸危险的沉没物、漂浮物,其所有人、经营人未在主管机关限定的时间内打捞清除的情形(《海上交通安全法》第四十条);

(2)有关单位和个人不立即消除或者逾期不消除内河交通安全隐患的情形(《内河交通安全管理条例》第五十九条);

(3)船舶违反《内河交通安全管理条例》有关规定的情形(《内河交通安全管理条例》第六十一条);

(4)船员违反水上交通安全和防治船舶污染水域法律、行政法规的情形(《船员条例》第四十八条);

(5)船舶违反《船员条例》和有关法律行政法规规定,未能在规定期限内改正的情形(《船员条例》第四十九条);

(6)在通航水域进行工程建设,施工完毕未按通航要求及时清除遗留物的情形(《航道管理条例实施细则》第三十二条)。

3.交通行政强制措施

1)路政强制措施

根据《公路法》第五十、七十九、八十一条,《公路管理条例实施细则》第四十五条,《收费公路管理条例》第四十九、五十三条,路政强制措施主要包括:强制拆除;先行登记保存证据等。

2)运政强制措施

根据《道路运输条例》第六十二、六十三条,运政强制措施有:暂扣车辆;卸客、货转运;暂扣道路运输证等。

第二章 交通运输行政执法概述

3）海事、航道、航运、港口行政强制措施

根据《海上交通安全法》第四十条、《内河交通事故调查处理规定》第三十六条、《内河交通安全管理条例》第五十九、六十一条、《船员条例》第四十八、四十九条、《航道管理条例》第三十二条，海事、航道、航运、港口行政强制措施主要包括：强制清除；扣留船员适任证书；禁止船舶、进港、离港，限制船舶航行、停泊、作业；强制卸载；拆除动力装置；暂扣船舶；责令停航；强制打捞清除等。

4．交通运输行政强制程序限制

交通运输行政主体实施交通运输行政强制措施应当遵守相应的程序，在法定的实施强制措施的步骤、方式和顺序范围进行，否则，可能构成程序越权。

（四）交通运输行政监督检查权

交通运输行政监督检查权，是指交通运输行政主体依法对行政相对人履行法定义务和守法情况进行监督检查的权力。交通运输行政监督检查权由交通运输行政执法机构行使，监督的对象是交通运输行政相对人，监督的内容是交通运输行政相对人履行法定义务和守法的情况。通过交通运输行政监督检查，可以发现交通运输行政相对人是否存在违法行为，并据此作出相应的处理。

交通运输行政监督检查权必须依法行使，不能突破法定界限。根据《交通行政执法检查行为规范》等法律、法规和规范性文件，行使交通行政监督检查权应当遵守以下规定：

（1）实施交通运输行政监督检查，执法人员不得少于两人，并持有交通运输行政执法证件，向相对人出示执法证件。

（2）交通运输行政执法人员在执法检查时，不得检查与执法活动无关的物品。检查完成后，对检查所涉及的物品要尽可能复位。

（3）不准同时双向拦截车辆；不准采取扒车等危险方式进行监督检查。不准同时拦截3辆以上车辆进行检查，防止造成交通堵塞。

（4）经检查，行政相对人不存在违法行为的，交通运输行政执法人员应当交还有关证件，并立即放行。如发现行政相对人存在违法行为，但违法行为轻微，依法可以不予行政处罚的，交通运输行政执法人员应当制作《不予行政处罚决定书》，告知行政相对人违法行为的基本事实、依据，向行政相对人进行批评教育,纠正违法行为后放行。如发现行政相对人的违法行为应受行政处罚的,应当按照法律法规规定的程序进行调查取证,并根据有关规定作出相应的处理决定。

三、行政执法权的失范❶

(一)行政执法权的运行及规则

行政执法权的运行,是指行政执法主体行使行政执法权,作出行政许可、处罚、强制等执法行为的活动。

一般认为,行政执法权的运行应遵守以下规则:

1. 效率规则

行政效率,是行政主体行使行政执法权,从事行政管理活动所取得的行政效果与所耗费的人、财、物及时间的比例关系。提高行政效率是行政执法追求的基本目标,也是公认的行政执法的一项基本原则。效率规则要求行政执法必须提高行政效率,以最小的人、财、物和时间的消耗,完成最多的行政任务。

提高行政效率,一般应从以下几个方面入手:

(1)优化行政组织结构,提高行政人员的政治、业务能力;

(2)提高行政机关领导人的素质和领导艺术;

(3)完善行政管理法规和工作制度;

(4)提高行政人员的工作积极性;

(5)改善行政人员的工作环境、条件和管理手段。

2. 效益规则

效益是指一定的投入所产生的有益效果。行政执法权运行的效益主要是社会效益,即实现社会公共利益方面的效果。交通运输行政执权运行所要追求的效益是,维护交通运输行政秩序、促进交通运输事业的发展,满足社会、经济发展对交通运输事业的需求。

增进公共福利,提高社会效益,是现代行政追求的最终目标,也是行政效率存在的基础和前提。如果说行政效率是对行政职权运行的量的要求,那么,行政

---

❶ 本节内容主要参考了王学辉、宋玉波.行政权研究.北京:中国检察出版社,2002.

效益则是对行政职权运行的质的要求。如果行政活动的价值追求错了,高效的行政效率就会适得其反。因此,可以说,没有效益的效率是没有意义的,行政职权的运行必须遵循效益规则。

3. 合法性规则

现代行政是法治行政,要求行政主体必须依法行政,依法行使行政职权。行政执法权运行的合法性规则要求:

(1)行政职权法定。作为行政主体的行政机关,其职权源于宪法和组织法;法律、法规授权的行政主体的职权源于宪法和组织法以外的法律、法规,如道路运输管理机构的职权就来源于《道路运输条例》;受委托的组织的职权则来源于委托的组织,如公路管理机构的公路执法权就来自委托的交通主管部门。

(2)职权行使必须符合法律规定。这里讲的职权行使是指将具体的法律规范适用到具体的个案之中,作出影响相对人权利义务的行为。职权行使必须符合法律规定要求:职权行使必须要有执法依据;执法依据必须合法、有效;行政职权必须在法律、法规规定的幅度、范围内行使,不得越权行使。

(3)职权行使程序合法。依照法定程序行使行政职权是现代行政的明显特征,程序合法是保障实体合法的重要保障,因此,行政执法权的行使必须按照法律、法规规定的步骤、顺序、环节。依照有关法律规定,程序违法可能会导致行政执法行为的无效。

4. 合理性规则

合理性规则,是指行政职权的行使应当在合法的前提下做到客观、适度、符合理性,力求公平公正。合理性规则存在的必要性在于保障行政自由裁量权的正确行使,是对自由裁量权行使的限制。合理性规则要求:

(1)执法权行使的动因应当符合执法宗旨,不能动机不良;

(2)执法权行使应当建立在正当考虑的基础上,不考虑不应当考虑的因素;

(3)执法权行使应当在法定的幅度、范围内,越权无效。

(二)行政执法权的失范

1. 行政执法权失范的含义

行政执法权失范,是指行政执法权的运行背离行政执法权运行规则和行政立法宗旨的现象。

行政执法权的实际运行可能会发生两种截然不同的后果：一是，行政执法权的运行符合运行规则和行政立法宗旨；二是，背离了行政执法权的运行规则和行政立法宗旨，即行政执法权失范。行政执法权失范的主要原因：一是，权力膨胀的结果。市场发展的轨迹表明，市场不是万能的，最小的政府不一定是最好的政府，市场失灵导致了政府对市场的干预，行政权的扩张成为趋势。行政权的扩张或膨胀使行政权遍及社会生活的各个角落，以至于从摇篮到坟墓，行政权无所不在。行政权膨胀的结果无疑增大了行政权行使侵犯公民权利的可能性，使行政权运行失范的可能性变得比以往任何时候都大。二是，权力行使缺乏有效的监督。权力行使需要监督，任何权力在缺乏有效监督的情况下，都会走向权力行使目标的反面，因此，权力行使缺乏有效的监督无疑是行政执法权失范的最为重要的原因。

2. 行政执法权失范的主要表现形式

行政执法权失范的表现形式多种多样，主要有以下几个方面：

1) 行政越权

行政越权，是指行政主体及其工作人员超越法定或授权或委托的权限作出的不属于行政执法权范围的行政执法行为。根据《行政诉讼法》第五十四条的规定，具体行政行为超越职权的，人民法院经过审理，可以作出撤销或部分撤销具体行政行为的判决。行政越权行为主要表现为行使了无权行使的行政执法权。如，《交通行政处罚程序规定》第三十八条规定："对已生效的处罚决定，当事人拒不履行的，由作出处罚决定的交通管理部门依法强制执行或者申请人民法院强制执行。"据此，并非所有的交通运输行政执法主体都享有行政强制执行的权力，如果某些交通运输行政执法主体不享有行政强制执行的权力，对需要强制执行的案件，就应当申请人民法院强制执行，否则，就会构成行政越权。还比如，2008年国务院实行大部制改革后，一些地方的原隶属于建设主管部门的出租车管理机构归并到交通主管部门，原出租车管理机构已不复存在，如果此时仍以原出租车管理机构的名义行使原有的职能，就构成行政越权。

2) 层级越权

层级越权，又称纵向越权，是指下级行政主体行使了上级行政主体行政执法权的情形。如,按照《道路运输条例》第十条的规定,跨省的道路客运经营许可权应当由省级道路运输管理机构行使,因此,如果县级或设区的市级道路运输管理机构行使了该权力,就属于"下级行政主体行使了上级行政主体的行政执法权"的层级越权。

《道路运输条例》第六十四条规定,未取得道路运输经营许可,擅自从事道路运输经营的,由县级以上道路运输管理机构进行处罚。这一规定实际上并未明确划分各级道路运输管理机构的行政处罚权,也就是说,各级道路运输管理机构依法都享有对非法经营违法行为的行政处罚权。对此,我们认为,实践中,对非法经营违法行为应由县级道路运输管理机构行使行政处罚权,但如果由于某种事实上或法律上的原因,下级道路运输管理机构难以行使处罚权,则可报请上级道路运输管理机构行使处罚权,这种情况并不成立层级越权。

3)事务越权

事务越权,又称作横向越权,是指超越本行政主体管辖事务范围行使行政执法权的情形。我国的行政执法为分散式执法体制,不同的行政主体对不同的行政事务具有行政执法权,行政主体的管辖事务具有特定性。更为严重的是,即使在一个部门内部,对相同的行政事务,行政执法权同样被分割。如,对交通运输行政执法权的行使,就分别由路政管理机构、运政管理机构、海事管理机构、航道管理机构、航运管理机构等执法主体行使。因此,在现行体制下,如果一个执法主体行使了另一个执法主体的执法权,就构成了事务越权。如:按照《道路交通安全法》、《公路法》和《道路运输条例》的有关规定,对超载违法行为,公安机关交通管理部门享有行政处罚权,路政和运政执法主体仅有权卸客(货)转运,因此,如果路政和运政执法主体针对超载违法行为行使了行政处罚权,就构成了事务越权。还比如,《道路运输条例》虽然规定拒载、宰客属于违法行为,但并未把相应的处罚权赋予道路运输管理机构,因此,如果道路运输管理机构对拒载和宰客违法行为行使了处罚权,就属于事务越权。

4)地域越权

地域越权,是指行政主体超越其行政执法权行使的空间范围运行执法权的情形。行政主体行使行政执法权有一定的地域限制,因此,行政主体只有在其管辖的地域范围内行使执法权,才具有法律效力,否则,就会构成地域越权。

《行政处罚法》第二十条规定:"行政处罚由违法行为发生地的县级以上地方人民政府具有行政处罚权的行政机关管辖,法律、行政法规另有规定的除外。"据此,交通运输行政处罚权原则上由交通运输违法行为发生地的交通运输行政主体行使,非违法行为发生地的交通运输行政主体不能行使交通运输行政处罚权,否则,就会构成地域越权。

由于交通运输行为具有较大的流动性,因此,某一违法行为的发生地可能会是不同的行政区域,几个交通运输行政主体都依法享有行政处罚的管辖权,此时,应按照《行政处罚法》关于"一事不再罚"的原则,由一个交通运输行政主体行使处罚权,否则,也会构成越权。

3. 滥用职权

滥用职权,是指享有行政执法权的行政执法主体不正当地行使职权的行为。根据《行政诉讼法》第五十四条的规定,行政执法主体滥用职权的,人民法院经过审理,可以作出撤销或部分撤销具体行政行为的判决。一般认为,滥用职权的具体表现形式有:

1) 违背法定目的

行政执法权的行使必须符合法定目的,违背法定目的行使行政执法权就是滥用职权。如,《道路运输条例》第六十四条规定非法营运的目的是为了维护道路运输市场的秩序,而在上海发生的"钓鱼执法"事件之所以被社会所诟病,其根本的原因就在于执法的目的发生了变异,执法的目的不在于维护道路运输市场的秩序,而是为了执法机关的经济利益。很显然,"钓鱼执法"扭曲了道路运政执法的目的,属于典型的滥用职权行为。

2) 考虑不当

考虑不当,是指行政机关在行使行政职权、作出具体行政行为时对案件事实和所适用的法律依据的因素的不当考虑。考虑不当包括对事实因素的不当考虑和对法律因素的不当考虑。考虑不当主要有以下几种表现形式。

一是没有考虑相关的因素。行政执法应当考虑的相关因素包括:违法行为发生的时间、地点、动机、故意、过失、目的、造成的危害社会的后果、违法行为的次数、是偶犯还是惯犯,违法金额的大小,作案的工具、手段,是否有立功的表现,是否主动消除了违法行为产生的后果,是否受他人胁迫等事实和法律因素。应当考虑的因素没有考虑,即构成考虑不当,属于滥用职权。

二是考虑了不相关因素。应当考虑的因素之外的因素属于不相关因素。包括:相对人的身份、地位、性别、政治信仰、宗教信仰;相对人与执法机关或执法人员的关系(亲属关系、同学关系、师生关系、同乡、上下级关系等);相对人是否申辩及态度(《行政处罚法》第三十二条规定:当事人有权进行陈述和申辩。行政机关必须充分听取当事人的意见,对当事人提出的事实、理由和证据,应当进行复核;当事人提出的事实、理由和证据成立的,行政机关应当采纳。行政机关不得因当事人申辩而加重处罚。)实践中,一些执法人员为了泄私愤而挟嫌报复、公报私仇,加重对相对人的处罚,也属于考虑了不相关因素。

3)随意裁量

行政管理事项的复杂性、具体违法行为的多样化决定了法律必须赋予行政执法主体自由裁量的权力。自由裁量不等于随意裁量,应当符合行政执法的宗旨,按照公平、公正等行政执法的原则,考虑应当考虑的法律和事实等因素。随意裁量主要有两个方面的表现:一是通过对相关法律规范、名词概念的随意解释(指扩大或缩小解释),适用不该适用的法律规范;二是反复无常,即针对相同的案件事实,作出完全不同的处理决定。

4)明显违背常理

明显违背常理,是指行政执法权的运用明显不符合一个有正常理智的人的预期。如,对巨大数额的罚款要求当事人即日交清;对仅从事了一次非法营运,家庭经济条件十分拮据,希望通过非法营运赚钱为母亲的治疗疾患的人,作出罚款5万元的处罚决定,而对非法营运的惯犯却作出罚款3万元的处罚决定。

显失公正是明显违背常理的一种表现形式,是指行政执法权运用的明显不公正的情况。显失公正在形式上并不违法,没有超过法定幅度,但明显不符合理性或常理。如,对仅从事了一次非法营运的行为,作出罚款10万元的处罚决定等。

4.行政不作为

行政不作为,又称行政行为失职,是指行政执法机关应当履行而拒不履行行政职责的行为。

行政不作为与依法不予行政许可、不予行政处罚、不予采取强制措施等行为不同,前者是依法应当履行而拒不履行行政职责,如应当受理而不受理、应当作出许可、处罚决定而不予决定,后者则是依据法定。

导致行政不作为的原因可以是主观方面的,也可以是客观方面的。主观方面既可以是故意,也可以是过失。客观方面主要是指行政机关在资金、人员、技术、设施等行政资源方面的不足。

行政不作为的表现形式多种多样。如,对符合条件的货运经营申请人拒不颁发或不在法定的期限内颁发道路运输经营许可证;对"黑车"泛滥的情况熟视无睹;对超载超限行为视而不见。

行政不作为造成相对人合法权益遭受损害的,可能会引发行政诉讼,执法机关应当承担相应的行政赔偿责任。如,对应当颁发的许可证,执法机关拒不颁发,就可能带来行政诉讼、行政赔偿。

5. 执法程序违法

执法程序,是指行政执法主体在行政执法的活动中所应遵循的方式、步骤、顺序、时限的总和。执法程序违法,是指行政执法主体违反行政执法程序法律规范的行政执法行为。一般认为,执法程序违法主要有以下表现形式。

1) 形式违法

形式违法,是指执法主体作出执法行为的形式不符合法律规定的情形。执法主体作出执法行为的形式包括:口头、书面、动作和默示四种。根据法律对行政执法行为的形式有无明确的要求,可将行政执法行为分为要式的和不要式的执法行为两种。执法行为的形式违法,是指执法主体未按照法定的形式作出要式的执法行为。

我国很多法律,尤其是《行政处罚法》,对行政执法行为的形式作出了强制性的规定,执法主体在运用行政执法权,作出行政执法行为的时候,都应当严格遵守这些规定,否则,就可能构成形式违法。例如:《行政处罚法》第四十九条规定,当场收缴罚款的,必须向当事人出具省、自治区、直辖市财政部门统一制发的罚款收据,不出具的,当事人有权拒绝缴纳罚款。《行政处罚法》第三十九条规定,行政机关作出行政处罚决定,应当制作行政处罚决定书。行政处罚决定书应当载明下列事项:当事人的姓名或者名称、地址;违反法律、法规或者规章的事实和证据;行政处罚的种类和依据;行政处罚的履行方式和期限;不履行行政处罚决定,申请行政复议或者提起行政诉讼的途径和期限;作出行政处罚决定的行政机关名称和作出决定的日期。行政处罚决定书必须盖有作出行政处罚决定的行政机关的印章。根据《行政许可法》的规定,行政机关受理或者不予受理行政许可申请,应当出具加盖本行政机关专用印章和注明日期的书面凭证;申请人的申请符合法定条件、标准的,行政机关应当依法作出准予行政许可的书面决定。行政机关依法作出不予行政许可的书面决定的,应当说明理由,并告知申请人享有依法申请行政复议或者提起行政诉讼的权利等。

2)步骤违法

步骤违法,是指行政执法机关运用行政执法权作出行政执法行为的步骤违反了法律、法规的有关规定。步骤违法主要表现为:省略、遗漏了法定步骤;增加了法定步骤;减少了法定步骤;颠倒了法定步骤等。如,作出行政处罚决定依法应当先调查取证,然后才能在调查取证的基础上作出。据此,如果某执法机关违反该顺序,先作出处罚决定,然后再进行调查取证,就属于步骤违法。还比如,按照《行政处罚法》第四十二条的规定,行政机关作出责令停产停业、吊销许可证或者执照、较大数额罚款等行政处罚决定之前,应当告知当事人有要求举行听证会的权利;当事人要求听证的,行政机关应当组织听证。据此,如果某执法机关拟对某相对人作出责令停产停业,或吊销许可证或者执照,或较大数额罚款等行政处罚决定时,没有根据当事人的要求听证或先作出处罚决定然后再举行听证,也属于步骤违法。

3)时限违法

时限违法,是指行政主体违反法定的作出行政执法行为的时限作出行政执法行为的情形。如,行政主体没有按照《行政许可法》规定的应当在听证的7日前通知当事人举行听证的时间、地点;道路运输管理机构没有按照《道路运输条例》规定的应当自受理申请之日起20日内作出许可或不予许可的决定等。适用一般程序处理的案件,道路运输管理机构未经批准没有在2个月内办理完毕等。

思考题

1. 简述交通运输行政执法的功能与作用。
2. 简述交通运输行政执法的管辖以及管辖冲突的解决。
3. 结合交通运输行政执法的实际,简述行政执法权的失范形态及其防治?

案例分析

某市A县工商行政管理局经调查,发现住在本县的李某有销售假冒商品的嫌疑。一次,接到举报,李某正在B县销售假冒商品,该局立即将情况通知了B县工商行政管理局。由于B县工商行政管理局的领导是李某的亲戚,B县的工商执法人员一连几天对李某不闻不问。A县工商执法人员认为李某居住在A县,为维护市场秩序,赶到B县查清李某的违法事实以后,对李某进行了行政处罚。

请分析

1. A县工商行政管理局能否对李某进行行政处罚?为什么?
2. 如果李某销售假冒商品的地方正好是AB县交界处,AB两县对执法管辖产生争议,请问怎么样解决这个管辖争议?

第三章

交通运输行政执法依据及适用

第一节 交通运输行政执法依据

一、交通运输行政执法依据及范围

交通运输行政执法依据，是指交通运输行政执法主体实施交通运输行政执法行为的根据，换句话讲，就是根据什么实施交通运输行政执法行为。正确认定交通运输行政执法依据，可从以下几个方面考虑。

(1)交通运输行政执法的依据主要是法律。依法行政是法治国家的基本要求，因此，交通运输行政执法的依据无疑应当是法律，交通运输行政执法机构应当依法执法。这里讲的法律是指广义的法律，既包括由全国人民代表大会及其常委会制定的法律，也包括行政法规和行政规章。

(2)不是所有的法律都是交通运输行政执法的依据。交通运输行政执法的依据不是所有的法律，而是交通运输行政执法主体职能所及的法律，即交通运输行政法。这里讲的交通运输行政法是广义的、实质意义的，既包括专门规范交通运输关系的交通运输行政法(如《公路法》、《道路运输条例》等)，也包括非专门规范交通运输关系，但其内容涉及到交通运输关系的交通运输行政法(如《行政处罚法》、《行政许可法》等)。交通运输行政执法的依据不包括不规范交通运输关系的法律，如《中华人民共和国税收征管法》(以下简称《税收征管法》)、《中华人民共和国会计法》(以下简称《会计法》)等。不规范交通运输关系的法律是其他执法部门的执法依据。

(3)交通运输行政执法的依据既包括实体的交通运输行政法,也包括程序性的交通运输行政法。《公路法》、《道路运输条例》等法律法规既有实体性交通运输规范,也有程序性交通运输规范。行政法具有实体规范与程序规范交织的特点,因此,交通运输行政执法的依据既包括实体的,也包括程序性的交通运输行政法。

二、交通运输行政执法依据的类别

按照行政法的一般原理,宪法、法律、法规、规章、自治条例和单行条例、法律解释以及国际条约都是行政法的渊源。交通运输行政法是行政法的重要组成部分,因此,交通运输行政法的渊源也由宪法、交通运输法律、法规、规章、自治条例和单行条例、法律解释以及国际条约等构成。就实质而言,行政执法就是执行行政法律规范,因而,上述行政法的渊源就是行政执法的主要依据。

1. 宪法

宪法是国家的根本大法,是诸法之"母",也是交通运输行政法的基本渊源和交通运输行政执法的依据。宪法中涉及到行政权的配置、行政权运行的基本规则以及公民的基本权利和义务,这些规定都是交通运输行政执法的指导和根本准则。

值得指出的是,尽管宪法是交通运输行政执法的指导和根本准则,但在具体的交通运输行政许可、行政处罚、行政强制等执法活动中,执法主体并不直接援引宪法规范或条文作为交通运输行政执法的依据,这是因为宪法规范是交通运输行政执法的根本准则,具有高度概括的、抽象的特点,难以进行具体操作。作为交通运输行政执法的具体依据,是那些根据宪法规范制定的交通运输法律、法规和规章等。

宪法具有崇高的地位,一切法律、法规和规章等都不得与宪法相抵触。

2. 交通运输行政法律

这里讲的法律是狭义的法律,即由全国人民代表大会及其常务委员会依照立法程序制定的调整交通运输法律关系的规范性文件,既包括《中华人民共和国海上交通安全法》、《中华人民共和国港口法》和《中华人民共和国公路法》等专门规范交通运输行政关系的法律,也包括《中华人民共和国行政许可法》、《中华人民共和国行政处罚法》和《中华人民共和国行政复议法》等非专门规范交通运输行政关系的法律。

交通运输行政法律的地位和效力仅次于宪法,行政法规、地方法规和规章等都不得与法律相抵触。

3. 交通运输行政法规

交通运输行政法规是由国务院根据宪法和法律或全国人民代表大会及其常务委员会的授权,按照法定程序制定的有关交通运输的规范性文件。行政法规一般称为"条例"、"规定"、"办法",由国务院发布。

有关交通运输方面的行政法规主要有:《中华人民共和国公路管理条例》、《中华人民共和国收费公路管理条例》、《中华人民共和国道路运输条例》、《中华人民共和国航道管理条例》、《中华人民共和国水路运输管理条例》、《中华人民共和国船员条例》、《中华人民共和国内河交通安全管理条例》、《中华人民共和国船舶和海上设施检验条例》、《中华人民共和国船舶登记条例》和《中华人民共和国国际海运条例》等。

交通运输行政法规的地位和效力等级低于宪法和法律,高于地方法规和规章。

4. 地方法规

地方法规,是指省、自治区、直辖市以及省会市、国务院批准的较大的市的人民代表大会及其常务委员会根据本行政区域的具体情况和实际需要,在不与宪法、法律、行政法规相抵触的前提下制定的规范性文件。

由于我国交通运输法律、行政法规还不够完善,加上我国地域辽阔,各地交通运输发展不平衡等原因,地方法规形式的交通运输法比较多。如,《道路运输条例》实施后,为落实《道路运输条例》,各省、自治区、直辖市大都先后制定了相应的地方性道路运输条例。

地方法规的效力范围仅限于相应的地方行政区域。由于交通运输具有较强的流动性,大量存在的地方法规形式的交通运输法不利于全国统一交通运输市场的形成,因而不利于交通运输事业的健康发展。从地方法规的地位和效力等级上看，其效力低于法律和行政法规，高于相应的地方规章。

5. 交通运输行政规章

交通运输行政规章包括两类：一是由交通运输部依法制定的部门行政规章；二是由各省、自治区、直辖市以及省会市、国务院批准的较大的市的人民政府制定的地方行政规章。交通运输部门行政规章由部务会议审议通过，由部长签署并以部长令形式公布。规章一般称作"规定"、"办法"、"规则"、"实施细则"、"实施办法"。

目前，我国的交通运输行政规章数量非常多。其中：道路运输方面已形成了围绕《道路运输条例》的、比较完整的部门行政规章体系，包括《道路旅客运输及客运站管理规定》、《道路货物运输及站场管理规定》、《道路危险货物运输管理规定》、《机动车维修管理规定》、《国际道路运输管理规定》、《机动车驾驶员培训管理规定》和《道路运输从业人员管理规定》等；公路方面的部门行政规章主要有《中华人民共和国公路管理条例实施细则》、《县乡公路建设和养护管理办法》、《公路渡口管理规定》、《路政管理规定》、《超限运输车辆行驶公路管理规定》等；水路运输方面部门行政规章主要有《中华人民共和国航道管理条例实施细则》、《港口经营管理规定》、《水路运输违章处罚规定》、《内河海事行政处罚规定》、《中华人民共和国国际海运条例实施细则》、《中华人民共和国船舶载运危险货物安全监督管理规定》、《中华人民共和国海上海事行政处罚规定》等。另外，还有一些既适用于公路路政、道路运政，又适用于航道、航运等行政执法的部门行政规章，如《交通行政执法监督规定》、《交通行政处罚程序规定》、《交通运输行政执法证件管理规定》、《交通行政许可实施程序规定》和《交通行政许可监督检查及责任追究规定》等。

交通运输行政规章的效力最低，不能与宪法、法律、行政法规相抵触。地方规章的效力低于地方法规，不能与地方法规相抵触。部门规章之间、部门规章与地方政府规章之间具有同等效力，在各自的权限范围内施行。

三、法律解释

法律解释是交通运输行政执法的重要依据，在交通运输行政执法中具有重要的作用,可以说,没有法律解释,就难以做到正确地执行法律。

(一)法律解释的含义及类别

法律解释是对法律规范的含义以及所使用的概念、术语、定义等所作的说明。根据法律解释的主体与效力的不同,可将法律解释分为正式解释与非正式解释。

正式解释也称有权解释,是指有权国家机关依法积极地对法律含义以及所使用的概念、术语、定义等所作的说明。这里讲的"有权国家机关",是指依照宪法、法律、法规或规章的规定享有法律解释权的国家机关,包括有解释权的立法机关、行政机关和司法机关。在我国,作为立法机关的全国人民代表大会及其常务委员会有解释权,有解释权的司法机关是最高人民检察院和最高人民法院,有解释权的行政机关是国务院及其有行政立法权的其他行政机关,如交通运输部、财政部、省级人民政府等。学理上把立法机关所做的法律解释称为立法解释,而把司法机关所做的法律解释称为司法解释,把行政机关所做的法律解释称为行政解释。

非正式解释也称无权解释,是指有法律解释权的国家机关以外的社会组织、自然人等对法律规范所做的说明,包括学理解释和任意解释等。学理解释包括一些专家学者从法律理论/各家学说的角度对法律所作出的解释;任意解释包括交通行政执法人员在处理具体案件时对某些法律条文所做的解释、律师在法庭上对某些法律条文所做的解释等。

(二)法律解释的特征

正式的法律解释具有以下几个特征:

1. 明确性

法律规范的抽象性、立法者认识的局限性、社会活动的不断发展变动的特性决定了任何法律规范都不可能穷尽一切,完全预知未来,因此,法律规范需要解释。法律解释就是通过对法律规范进行补充、扩张、矫正等,使之更加明确,因此,法律解释具有明确性。

2. 有效性

法律解释是有解释权的国家机关作出的,因此,对行政执法活动具有约束力。没有约束力的对法律含义的说明不是法律解释。法律解释的约束力是指对执法机关以后的法律适用具有的拘束力。法律解释的约束力不尽相同:全国人民代表大会及其常务委员会的立法解释对全国具有约束力;地方权力机关的解释对本级和下级行政、司法机关都具有约束力;行政机关的解释对自身和其下级行政机关有约束力,对权力机关和司法机关没有约束力。

3. 稳定性

和法律一样,法律解释具有稳定性,会在相当长时间内保持其约束力,会被执法机关不断加以适用。

(三)法律解释在交通行政执法中的运用

正式解释是交通运输行政执法的法律渊源依据,具有普遍适用的效力,在具体的交通运输行政执法中,应当在执法文书中写明。

非正式解释不是交通运输行政执法的法律渊源依据,不具有普遍适用的效力,因而,在具体的交通运输行政执法中,不能在执法文书中写明。如,由张穹、冯正霖主编,人民交通出版社出版的《中华人民共和国道路运输条例释义》一书就属于对《道路运输条例》的非正式解释。我们在与一些运政执法人员交谈中发现,有个别执法人员竟然把《中华人民共和国道路运输条例释义》(以下简称《道路运输条例释义》)中的解释作为行政处罚的依据,并在执法文书中加以记载,这种做法是十分错误的。还比如,《中国道路运输》杂志是由交通运输部主管的一本期刊,绝大多数道路运输管理机构都订阅了。该杂志中有一个"咨询"栏目,专门回答运政执法人员在执法中遇到的一些疑难问题,是一个非常不错的栏目。但需要注意的是,尽管该栏目办的很不错,但其中的答复是由"中国道路运输杂志社编辑部"组织专家、学者作出的,因而属于无权解释、非正式解释,不能把该解释作为执法依据写入执法文书。

第二节 交通运输行政执法依据的适用

一、行政执法依据适用的含义及特点

交通运输行政执法依据的适用,是指交通运输行政执法机构将交通运输行政执法的依据同具体的行为和事实联系起来,对行政管理相对人的权利义务关系作出判断和决定的活动。简言之,交通运输行政执法依据的适用就是执法机构将执法依据运用于个案的活动。如,交通运输行政执法人员发现某人从事了非法营运的违法行为,在决定是否对其进行处罚时,就要考虑相对人的具体违法事实,并把这一违法事实与相应的法律规范联系起来,从而判断出是否可以适用某一法律规定。

交通运输行政执法依据的适用具有以下几个特征。

1. 特定性

特定性有两个方面的含义:一是指,交通运输行政执法依据的适用主体是特定的,即交通运输行政主管机关、法律法规授权和委托的组织,其他任何机关或组织都不享有交通运输行政执法依据的适用权。我国的行政执法是分散式体制,执法主体多元化,有公安、工商、税务、文化、海关、交通等不同的行政执法主体,不同的行政执法主体履行特定的行政执法职能,不得越权行政,正所谓"各司其职"。由于不同的行政执法主体是特定的,不能互相僭越,因此,不同的行政执法在依据的适用方面其主体也是特定的。二是指,交通运输行政执法依据的适用对象是特定的。立法是一种抽象的行政行为,其对象是不特定的任何人,而执法则是具体的行政行为,其对象是特定的、具体的人或组织。交通运输行政执法是行政执法的重要组成部分,因此,交通运输行政执法依据的适用对象也是特定的。

2. 平等性

"在法律面前一律平等"是我国宪法确立的一项原则,这一原则不仅要求立法的平等、更要求在司法和行政执法方面的人人平等,而执法的平等就是指法律适用的平等,在交通运输行政执法中,平等原则要求交通运输行政执法机构在作出交通运输行政许可、处罚、强制等具体执法行为时,应当针对相同的事实作出相同的法律适用,做到"一视同仁",而不论行政相对人的职位高低、财富多寡和宗教信仰等。实践中,一些交通运输行政执法人员在法律适用方面因人而异,对领导说情的、"有关系"的相对人不严格按照交通运输行政法的相关规定进行处理,适用较轻的法律依据,而对没有关系的相对人则适用较重的法律依据,这种做法是对平等原则的违背。

3. 确定性

确定性,是指交通运输行政执法依据的适用会对相对人的权利义务产生确定性的影响,除非依照法定的行政复议、行政诉讼或者其他途径,任何人,包括作出交通运输行政执法依据适用的交通运输行政执法机关都不能随意改变。交通运输行政执法依据的适用,实际上是把交通运输行政执法依据适用于个案的活动,会对相对人的权利和义务产生一定的影响,如交通运输行政许可会使申请人取得道路运输经营权,交通运输行政处罚、强制等会使相对人的财产等造成一定的影响。这些影响具有相应的确定性,非依法定途径不得随意改变。

4. 强制性

这里讲的强制性,是指交通运输行政执法依据适用的结果具有强制性。交通运输行政执法依据适用的结果是直接影响相对人的权利义务关系,如交通行政许可会使相对人因此获得从事交通运输经营活动的经营权,而交通运输行政处罚和强制则会影响相对人的财产权益(如罚款、没收等影响的就是相对人的财产权益)或名义方面的权益(如警告等申戒罚影响的就是相对人的名义)。交通运输行政执法依据适用的结果具有强制性,即对相对人的权利义务关系的影响具有强制性,相对人必须按照执法要求履行其应当履行的义务,否则,执法机关就会依法采取措施强制其履行(如申请人民法院强制执行)。

二、交通运输行政执法依据的冲突

(一)交通运输行政执法依据的冲突的含义、成因及危害

交通运输行政执法依据的冲突,是指作为交通运输行政执法依据的法律、法规、规章以及其他规范性文件对同一事项的规定存在的矛盾、抵触、不一致等情形。

一般认为,造成行政执法依据冲突的原因主要包括:权限不清的立法体制;公民参与立法的深度和广度不足;缺乏有效的立法监督;作为解决、协调法律冲突有效方法的法律解释的作用发挥乏力;恶意执法、任意执法、违法执法等现象的存在,扩大、激化了执法依据之间的冲突等。

第三章 交通运输行政执法依据及适用

交通运输行政执法依据冲突的危害性显而易见,归结起来主要有以下几点:一是破坏了交通运输法律制度的统一性;二是给交通运输行政法律的适用带来困难;三是损害了交通运输法律的权威;四是不利于统一的交通运输市场秩序的建立;五是对国家、社会及公民的利益造成损害。

(二)交通运输行政执法依据冲突的表现形式

从表现形式上看,交通运输行政执法依据的冲突主要有以下几种。

1. 不同位阶执法依据的冲突

不同位阶执法依据的冲突,是指不同效力层级的法律规范之间的冲突,法律依据与非法律依据之间的冲突。法的渊源有宪法、法律、行政法规、地方法规、部门规章、地方规章等,不同的渊源的效力不尽相同。一般而言,宪法具有至高无上的效力,法律、行政法规、地方法规、部门规章、地方规章等都不得与宪法抵触;法律的效力仅次于宪法,高于其他法律渊源;行政法规的效力低于宪法和法律,高于地方法规和规章;地方法规的效力高于地方规章,低于宪法、法律和行政法规。

2. 相同位阶执法依据的冲突

相同位阶执法依据的冲突,是指相同效力层级的执法依据之间的冲突,包括:法律与法律之间的冲突;行政法规之间的冲突;地方法规之间的冲突;规章之间的冲突;规范性文件之间的冲突等。如,《公路法》和《道路交通安全法》都是由全国人民代表大会常务委员会通过的法律,属于同一位阶的执法依据,但按照《公路法》第七十六条第(五)项规定,车辆在公路上擅自超限行驶的,交通主管部门责令停止违法行为,可以处3万元以下的罚款,而按照《道路交通安全法》第四十八条和第九十二条第二款的规定,载质量超限属于超载行为,公安机关交通管理部门也有权进行处罚,罚款额度则为200元到500元,超过核定载质量百分之三十的,处500元以上2 000元以下的罚款。由此可见,这两部法律关于对载质量超限行驶公路的违法行为的处罚并不一致,发生了冲突。

3. 不同地方的执法依据的冲突

不同地方的执法依据的冲突包括:地方性法规与地方性法规之间的冲突;地方性规章与地方性规章之间的冲突。

一般来说,不同地方在各自权限范围内对同一事项作出了不同规定是正常的、允许的,不会构成执法依据的冲突。如,《杭州市客运出租汽车管理条例》第三十条第五项规定,出租汽车拒载的,处300元以上3 000元以下罚款。而按照《西安市出租汽车管理条例》的相关规定,对出租汽车拒载的,处300元以上500元以下罚款。由于《杭州市客运出租汽车管理条例》仅在杭州市地域范围内有效,而《西安市出租汽车管理条例》也仅在西安市地域范围内有效,因而一般不会发生这两个规章之间的冲突。

4. 地方执法依据与国务院部门的执法依据的冲突

地方执法依据与国务院部门的执法依据的冲突也是比较多的,具体包括地方法规与部门规章之间的冲突;地方规章与部门规章之间的冲突等。如,公安部《高速公路交通管理办法》规定:行人、非机动车、拖拉机、农用运输车、轮式专用机械车、全挂牵引车,以及设计最高时速低于70公里的机动车辆;实习驾驶员禁止驶入高速公路。而山东省和河南省《高速公路交通管理规定》都增加了"摩托车"、山东还增加了"履带车"禁止驶入高速公路的规定。

三、交通运输行政执法依据的适用规则

交通运输行政执法依据的适用规则,也称冲突规范,是指在交通运输行政执法依据发生冲突的情况下,指明选择适用何种交通运输行政执法的依据的规则或规范。根据《中华人民共和国立法法》(以下简称《立法法》)等有关法律的规定,行政执法依据的适用规则主要有以下几类。

(一)优先规则

优先规则是指明优先适用某个执法依据的规则或规范,主要包括以下几点。

1. 上位法优于下位法

该规则是指不同效力层级的法律规范发生冲突时,应当选择适用效力层级高的法律规范。根据《立法法》:宪法具有最高的法律效力;法律的效力高于行政法规、地方性法规和规章;行政法规的效力高于地方性法规和规章;地方性法规的效力高于本级和下级地方政府的规章;上级政府规章的效力高于下级政府规章,即省、自治区、直辖市人民政府制定的规章的效力高于较大的市的人民政

府制定的规章。

2. 特别法优于一般法

该规则适用于效力层级相同的法律规范之间的冲突,如法律与法律之间的冲突,行政法规与行政法规之间的冲突等。

一般法,是指规范某一类社会关系的法。特别法,是指规范某一类社会关系中的某个特殊社会关系的法。如,《道路货物运输及站场管理规定》调整的范围既包括道路普通货运、道路货物专用运输和道路大型物件运输关系,也包括道路危险货物运输关系,而《道路危险货物运输管理规定》仅调整道路危险货物运输关系,因此,《道路货物运输及站场管理规定》是一般法,而《道路危险货物运输管理规定》则是特别法。所谓特别法优于一般法,是指当特别法的规定与一般法对同一事项的规定发生冲突的时候,应当优先选择适用特别法的规定。

3. 新法优于旧法

该规则的适用情况也是效力层级相同的法律规范之间发生的冲突,如法律与法律之间的冲突,行政法规与行政法规之间的冲突等。

新法与旧法的冲突主要因下述情况发生,即新法虽然对旧法作出了修改,但却没有明确废止旧法,这时,新法与旧法就会同时有效,从而可能产生冲突。如,2005年8月1日原交通部施行的《道路货物运输及站场管理规定》对什么是经营性道路货物运输作出了规定,但当时并未明确废止2000年3月17日原交通部的《关于对营业性和非营业性运输划分问题的复函》,而《关于对营业性和非营业性运输划分问题的复函》与《道路货物运输及站场管理规定》对经营性道路货物运输的规定并不一致,即发生了冲突。对此,道路运政执法人员在打击非法营运的违法行为时,就应当按照新法优于旧法的规则,选择适用《道路货物运输及站场管理规定》对经营性道路货物运输的规定。

(二)排除规则

排除规则,是指明确规定排除适用某些执法依据的规范,包括一般排除规则和特殊排除规则。

1. 一般排除规则

一般排除规则,是指笼统规定某一类执法依据被排除适用的规范。如,《行政复议法》第四十二条规定:"本法施行前公布的法律有关行政复议的规定与本法的规定不一致的,适用本法"。

2.特殊排除规则

特殊排除规则,是指特别指出某一或几项法律规范被排除适用的规范。如,《道路运输条例》第八十二条规定:"出租车客运和城市公共汽车客运的管理办法由国务院另行规定"。根据这一规定,运政执法人员在处理出租车运输的执法活动中,不能适用《道路运输条例》的相关规定。

(三)选择规则

选择规则,是指明确了法律规范适用的前提或条件,执法者可据此选择适用的规范。这类规则包括:

(1)地方性法规和规章在相应的行政区域内被适用。

(2)自治条例和单行条例对法律、行政法规、地方性法规作变通规定的,在本自治地方适用自治条例和单行条例。

(3)经济特区法规根据授权对法律、行政法规、地方性法规作变通规定的,在本经济特区适用经济特区法规。

(四)裁决规则

裁决规则,是指法律规范发生冲突时,如果不能依照前述优先规则等冲突规范确定应予适用的执法依据,则由有关机关裁决适用某种依据的规范。这类规则包括:

1.同一机关制定的新的一般规定与旧的特别规定不一致时的裁决机制

根据有关规定,法律之间对同一事项的新的一般规定与旧的特别规定不一致时,由全国人民代表大会常务委员会裁决;行政法规之间对同一事项的新的一般规定与旧的特别规定不一致时,由国务院裁决;同一机关制定的地方法规之间、规章之间新的一般规定与旧的特别规定不一致时,由制定机关裁决。

需要指出的是,省、自治区人民代表大会及其常务委员会制定的地方性法规,与其所辖的省会市、较大的市人民代表大会及其常务委员会制定的地方性法规的效力等级一致,它们之间发生的冲突,应当由省人民代表大会常务委员会裁决。

2. 地方性法规与部门规章之间不一致时的裁决机制

在交通运输法体系中,地方性交通运输法规和部门交通运输规章的数量非常大,如,在道路运输法中,各省人大大都制定了地方性道路运输管理条例,交通运输部也出台了较为完善的配套规定。这些立法对推动我国道路运输事业的发展起到了非常重要的作用,但也给道路运输行政执法带来了一些困难,因为地方性道路运输管理条例与交通运输部的这些配套规章会在相当程度上发生冲突。那么,当它们之间发生冲突时,执法机关应当适用哪个法律规范作为执法的依据呢?

根据《立法法》的有关规定,当地方性法规与部门规章之间不一致,不能确定如何适用时,由国务院提出意见。如果国务院认为应当适用地方性法规,则不能适用部门规章;如果国务院认为应当适用部门规章,则应当提请全国人民代表大会常务委员会裁决,国务院不能自行决定适用部门规章。

3. 部门规章之间、部门规章与地方规章之间不一致时的裁决机制

根据《立法法》的有关规定,当部门规章之间、部门规章与地方规章之间对同一事项的规定不一致时,由国务院裁决适用何种执法依据。《立法法》所以赋予国务院对部门规章之间、部门规章与地方规章之间不一致时的裁决权,是因为无论是地方人民政府,还是国务院各部委,都是行政机关,而国务院是我国的最高行政机关,有权裁决哪一个规范性文件应当得到执行,执法机关应当适用哪一个下级行政机关制定的规范性文件。

4. 根据授权制定的法规与法律规定不一致时的裁决机制

根据授权制定的法规,包括根据授权制定的行政法规和根据授权制定的经济特区法规。由于被授权的国家机关享有较大的立法权限,可以对法律作变通规定,因此,当根据授权制定的法规与法律规定不一致时,法律确立了特殊的裁决规则。根据有关规定,如果根据授权制定的法规没有违背法律的基本原则,没有违反授权权限,仅对法律作出了合理变通,行政执法机关就应当优先适用根据授权制定的法规,如果执法机关不能确定变通是否合理、是否违反了法律的基本原则,则应由全国人民代表大会常务委员会作出裁决。

(五)行政执法依据适用的其他规则

行政执法依据的适用所要解决的问题主要有两个方面:一是,在具体的行政

许可、处罚、强制等执法过程中,应当适用哪部法律规范的问题;二是,在具体适用某一法律规范时,应当注意哪些事项,即如何适用的问题。上述优先规则、排除规则、选择规则和裁决规则解决的是"应当适用哪部法律规范"的问题,这里讲的其他规则解决的问题则是"如何适用"的问题。《行政处罚法》第四章对行政处罚过程中如何适用法律的问题作了专章规定。根据《行政处罚法》的这些规定、结合其他法律的有关规定,行政执法依据适用的其他规则主要有以下几个方面。

1. 所适用的行政执法依据必须明确、具体

行政执法依据可以是法律、法规,也可以是规章。行政执法依据必须明确、具体,执法人员必须在执法文书中明确指出,适用的是哪一个特定的法律、法规或规章,适用的是该法律、法规或规章的哪一个条款。法律、法规或规章有条、款、项的,应当适用到最后的分类规定,不能只笼统地讲适用某一法律、法规或规章,更不能把执法依据写成"根据有关法律精神"、"根据有关规定"等。如,一些班线客运经营者为了"多拉快跑",不按规定的线路、班次、站点运营,在对这一违法行为进行处罚时,明确而具体的处罚依据应当是《道路运输条例》第七十条第(一)项❶,而不应当写成《道路运输条例》第七十条。

2. 所适用的行政执法依据必须全面、充分

对某一违法行为实施行政处罚,有时需要适用多项条款,甚至还要适用到不同的法律文件的条款,有时不仅要适用分则的规定,还要适用到总则的规定。

在法学理论中,一部完整的法律规范是由行为模式和法律后果两部分构成的,交通运输行政执法人员在执法文书中既应当填写有关行为模式方面的条文,更应当填写有关法律后果方面的条文。

行为模式,是指明行为的方向和标准,包括授权性模式、义务性模式和禁止性模式三种。行政法律规范中,绝大多数属于义务性模式和禁止性模式。规定

---

❶ 《道路运输条例》第七十条:违反本条例的规定,客运经营者、货运经营者有下列情形之一的,由县级以上道路运输管理机构责令改正,处1 000元以上3 000元以下的罚款;情节严重的,由原许可机关吊销道路运输经营许可证:(一)不按批准的客运站停靠或者不按规定的线路、公布的班次行驶;(二)强行招揽旅客、货物的;(三)在旅客运输途中擅自变更运输车辆或者将旅客移交他人运输的;……

"可以"怎样做的法律条文是授权性模式,如,《道路旅客运输及客运站管理规定》第四十五条规定,道路客运企业的全资或者绝对控股的经营道路客运的子公司,其自有营运客车在10辆以上或者自有中高级营运客车5辆以上时,可按照其母公司取得的经营许可从事客运经营活动。还比如,《中华人民共和国收费公路管理条例》第七条第一款规定,收费公路的经营者,经依法批准有权向通行收费公路的车辆收取车辆通行费。义务性模式一般由"应当"、"必须"等语词引领,如,《道路运输条例》第十九条规定,从事包车客运的,应当按照约定的起始地、目的地和线路运输。从事旅游客运的,应当在旅游区域按照旅游线路运输。《道路旅客运输及客运站管理规定》第五十四条规定,客运经营者应当为旅客投保承运人责任险。禁止性模式一般由"不得"、"禁止"等语词引领,如,《道路运输条例》第二十条规定,客运经营者不得强迫旅客乘车,不得甩客、敲诈旅客;不得擅自更换运输车辆。还比如,《公路法》第五十一条规定,机动车制造厂和其他单位不得将公路作为检验机动车制动性能的试车场地。《公路法》第五十四条规定,任何单位和个人未经县级以上地方人民政府交通主管部门批准,不得在公路用地范围内设置公路标志以外的其他标志。

法律后果,是指违反行为模式所应承担的行政法律责任。我国《行政处罚法》规定了警告、罚款、责令停产、暂扣证照、吊销证照、没收、行政拘留七种处罚种类。对于违反交通运输行政法的行为,《公路法》、《道路运输条例》等都规定了相应的法律责任,这些条文往往就是有关相应法律规范的法律后果的规定。

交通行政执法要求所适用的执法依据必须全面、充分,从法律规范构成理论上讲,就是要求执法人员所援引的法律条文,既要包括有关行为模式的条文,又要包括有关法律后果的条文,不可偏废。如,对于不按批准的客运站点停靠或者不按规定的线路、公布的班次行驶的违法行为的处罚,运政执法人员在罗列执法依据时,至少应当罗列出《道路旅客运输及客运站管理规定》第四十七条(客运班车应当按照许可的线路、班次、站点运行,在规定的途径站点上下旅客,无正当理由不得改变行驶线路,不得站外上客或者沿途揽客。)和第八十九条第(一)项(客运班车不按批准的客运站点停靠或者不按规定的线路、班次行驶的,责令改正,处1 000元以上3 000元以下的罚款),其中,第四十七条属于行为模式,第八十九条第(一)项属于法律后果。

《行政处罚法》第二十三条的规定:"行政机关实施行政处罚时,应当责令当事人改正或者限期改正违法行为。"这一规定适用于所有违反行政法律规范而应受到行政处罚的行为,即,凡依法给予行政处罚的案件,执法机关均应同时责令违法行为人改正或限期改正违法行为。因此,在适用法律时,如果所适用的法律规范的相应条款中无此类规定,执法人员就应适用《行政处罚法》第二十三条的这一规定。

3. 所适用的行政执法依据必须有效

行政执法行为所适用的依据必须有效,已作废、失效的法律文件,没有生效的法律文件等都不能作为行政执法所适用的依据。判断一项执法依据是否有效的时间标准是违法行为发生的时间,而不是作出执法决定的时间或其他时间。

如果一项新的法律实施后,相应的旧的法律尚未被废止,此时,该旧的法律仍然有效,如果发生了旧的法律与新的法律的冲突,执法人员应当按照前述新法优于旧法、上位法优于下位法等原则选择适用执法依据。如,《道路运输条例》是2004年7月1日生效的,生效后一段时间内,一些地方旧的道路运输条例尚未作废,此时,执法人员就应当按照上位法优于下位法的原则处理有关案件。

关于新法与旧法在法律依据的适用问题上,还有一个新法的溯及力的问题。原则上,新法不具有溯及力,也就是说法律对其生效前发生的违法行为没有溯及既往的效力,不能援引新的法律处理以往的违法行为。但应注意的是,援引有效的法律对违法行为的处理还要遵守有关追诉时效的规定。《行政处罚法》第二十九条规定:"违法行为在二年内未被发现的,不再给予行政处罚。法律另有规定的除外","前款规定的期限,从违法行为发生之日起计算。"

4. 适用执法依据的自由裁量规则

由于社会生活的复杂性和广泛性,法律规范往往比较抽象,具有较大的弹性。为准确适用法律,做到量罚适当,执法机关享有依法自由裁量的权力。事实上,执法机关经常运用自由裁量的权力,交通运输行政执法也不例外。自由裁量权行使的好与坏,直接影响执法的水平,影响政府在人民群众心目中的形象,因此,有必要重点讨论有关自由裁量的规则。需要说明的是,由于自由裁量在交通运输行政执法中的重要作用,本系列教材专设一书介绍交通运输行政执法中的自由裁量问题,请读者参考,此处不再赘述。

思考题

1. 简述行政执法的主要依据。
2. 简述行政执法依据的适用规则。
3. 简述行政执法依据的效力层级及其冲突的解决。
4. 简述法律解释在行政执法中的运用。

案例分析

2000年6月20日,C市所属W州区运管处、K县运管所、天城运管所、较场坝客运站就万开路(W州至K县路段)K县出租车的运行、定线小客车进站及监督检查等有关问题进行研究,形成了《关于万开路上K县客运小轿车营运有关问题的会议纪要》。该《会议纪要》第2条载明:"K县出租车载客到W州,从新万开路到新大桥天子路天城交通局院内下客,不得经新大桥进入主城区,下客后返回,严禁排队揽回程客,违者,将按异地经营予以处罚。由天城运管所负责管理";第5条载明:"施行时间自同年7月1日开始。"

贾某所有的渝××号桑塔纳小汽车,办理了合法从事出租车客运的经营证照。2000年10月30日,贾某从K县载客到W州赛德学校,途经W州区新大桥时,被天城运管所挡获。同年11月20日,天城运管所作出《C市道路运输行政处罚决定书》。认定贾某属于异地营运,违反了交通部《公路运输管理暂行条例》第十九条、《出租汽车旅游汽车客运管理规定》第六条的规定,根据交通部《道路运输行政处罚规定》第九条第(一)款的规定,对贾某处以罚款2500元,贾某已经缴纳。同年12月1日,贾某向C市万州区人民法院提起行政诉讼,请求撤销天城运管所对他的行政处罚决定,返还罚款2500元,赔偿损失300元。

问题

请结合本章的内容,对该案进行评述。

第四章

交通运输行政执法的基本原则

交通运输行政执法的基本原则,是指贯穿于全部交通运输行政法规范之中,用于指导交通运输行政执法的基本法律规则。

交通运输行政执法的基本原则不同于具体的交通运输行政执法依据,体现的是交通运输行政执法的基本价值观念,贯穿于具体的交通运输行政执法依据之中,具有高度的抽象性,用于指导交通运输行政执法的基本法律规则。

交通运输行政执法是行政执法的重要组成部分,因此,行政执法的基本原则也就是交通运输行政执法的基本原则。

一般认为,行政执法的基本原则包括:依法行政原则、比例原则、信赖保护原则、行政应急原则等。

第一节 依法行政原则

一、依法行政原则的含义

依法行政原则,是指所有执法行为都应当依法进行,受法律的拘束,即"法无明文规定不得任意执法"。

2004年3月国务院发布的《全面推进依法行政实施纲要》(以下简称《纲要》)指出:行政机关实施行政管理,应当依照法律、法规、规章的规定进行;没有法律、法规、规章的规定,行政机关不得作出影响公民、法人和其他组织合法权益或者增加公民、法人和其他组织义务的决定。《纲要》的这一规定就是对依法行政原则含义的描述。根据这一规定,"依法行政"中所讲的"法",是指法律、法规和规章。据此,交通运输行政执法机关的执法行为应当依照法律、法规、规章的规定进行;没有法律、法规、规章的规定,交通运输行政执法机关不得作出行政许可、行政处罚、行政强制等影响公民、法人和其他组织合法权益或者增加公民、法人和其他组织义务的决定。

二、依法行政原则的内容

依法行政原则主要包括以下几方面内容。

(一) 职权法定

行政权力与公民权利的运行规则不同。公民权利的运行或行使遵循"法无明文禁止则自由"的原则,行政权力的运行或行使则遵循"法无明文规定或授权不得为之"的原则。所谓职权法定,是指执法权来源于法,执法权的行使受制于法,以及权责统一。职权法定要求包括以下三点。

1. 执法权来源于法

执法权来源于法,这里讲的"法",主要是指宪法、组织法和其他由全国人民代表大会及其常务委员会制定的法律,即狭义的法律。我们通常讲,权力是人们给的,在我国,人民是通过他的代表机关——全国人大通过立法的形式赋予的,因此,执法权应当来源于法律。在交通行政领域,交通主管部门的权力就来源于政府组织法。

此外,一些行政主体的权力不是来自于法律,而是来自于行政法规和行政机关的委托。如,道路运输管理机构的执法权就是由行政法规授予的。而路政管理机构等交通运输行政执法组织的执法权则是来自于交通主管部门的委托。

2. 执法权受制于法

执法权受制于法,是指执法权的行使必须符合法律规定。现代社会越来越离不开行政,人们对行政的依赖程度超过了以往任何时代,然而,权力具有被滥用的特性,因此,执法权的行使必须符合法律规定,受制于法律。

为保护公民权,防止权力的专横,法律必须对权力的行使进行控制。法律对执法权行使的控制,主要是通过对执法权行使的"划界"来完成的,要求权力行使应止于权力的边界。权力行使的边界,即权限,既包括实体法的边界,也包括程序法的边界。实体法的边界,如道路运输行政许可的条件,非法营运等违法行为的构成条件或界定等。程序法的边界,如实施行政许可、处罚的时限、步骤、方式等。换言之,行政职权的行使,既要符合实体法的规定,也有符合程序法的规定。

3. 权责统一

《全面推进依法行政实施纲要》指出:行政机关依法履行经济、社会和文化事务管理职责,要由法律、法规赋予其相应的执法手段。行政机关违法或者不当行使职权,应当依法承担法律责任,实现权力和责任的统一。依法做到执法有保障、有权必有责、用权受监督、违法受追究、侵权须赔偿。

权责统一是执法权来源于法和受制于法的保障。依法行政要求执法权来源于法和受制于法,如果执法权不是来源于法,或者执法权的行使超越了权力的边界,则构成越权行政。对越权行政行为,法院或其他有权机关有权撤销,并追究有关责任人的法律责任。如果对越权行政行为不予追究责任,执法权来源于法和执法权受制于法就将变得毫无意义。

(二)法律优先

法律优先,是指作为行政执法的依据,法律优先于法规、规章等依据。法律优先原则的实质在于防止行政立法权的膨胀,防止立法机关立法功能的衰萎,树立法律作为执法依据的崇高地位。法律优先的具体要求是:

(1)行政执法所适用的行政法规和规章必须具有明确的法律依据。如,《路政管理规定》是路政执法的重要依据,是根据《公路法》及其他法律、行政法规制定的。

(2)行政执法所适用的行政法规和规章不得与法律相抵触,凡抵触者,应以法律为准,即优先适用法律。

(3)一旦法律出台,如果现行的行政法规和规章与法律有冲突,就必须对现行的行政法规和规章进行修改,确保其不与法律抵触。如,《行政许可法》实施后,《公路运输管理暂行条例》中的一些条款就与《行政许可法》发生了冲突,对此,国务院及时出台了《道路运输条例》,废止了《公路运输管理暂行条例》。

第四章 交通运输行政执法的基本原则

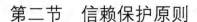

第二节 信赖保护原则

一、信赖保护原则的含义及意义

信赖保护原则是第二次世界大战以后在德国发展,并在许多国家立法中得到确认的一项行政法律原则。在英美行政法上,与信赖保护原则相当的概念为正当期待,另外,英美行政法上的禁止反言也涉及信赖保护的问题。

信赖保护原则,是指一项行政行为虽违法,但由于行政相对人对该行政行为产生了正当的信赖,并据此产生了信赖利益,行政主体应当保护这种正当信赖利益的原则。如,王某申请并获得了道路运输经营许可,并据此实际购买了车辆,开展了道路运输经营活动。但后来的事实证明,王某并不具备道路运输经营许可条件,道路运输管理机构的行政许可行为是违法的。对此,如果王某的信赖是正当的,其信赖利益是值得保护的,道路运输管理机构就不能随意撤销、变更或废止原许可行为,而应当依法予以保护。

信赖保护原则对于妥善处理官民关系、公共利益和私人利益的关系,对于创建诚信政府、责任政府,保护公民、法人及其他组织的合法权益等,都具有重要的现实意义。

二、信赖保护原则的规定

(一)《行政许可法》的有关规定

《行政许可法》第八条规定:"行政机关不得擅自改变已经生效的行政许可";"为了公共利益的需要,行政机关可以依法变更或者撤销已经生效的行政许可。由此给公民、法人或者其他组织造成财产损失的,行政机关应当依法给予补偿"。

第六十九条规定:有下列情形之一的,作出行政许可决定的行政机关或者其上级行政机关,根据利害关系人的请求或者依据职权,可以撤销行政许可:(1)行政机关工作人员滥用职权、玩忽职守作出准予行政许可决定的;(2)超越法定职权作出准予行政许可决定的;(3)违反法定程序作出准予行政许可决定的;(4)对不具备申请资格或者不符合法定条件的申请人准予行政许可;(5)依法可以撤销行政许可的其他情形。此外,被许可人以欺骗、贿赂等不正当手段取得行政许可的,应当予以撤销。被许可人基于行政许可取得的利益不受保护。依照前两款的规定撤销行政许可,可能对公共利益造成重大损害的,不予撤销。依照本条第一款规定撤销行政许可,被许可人的合法权益受到损害的,行政机关应当依法给予赔偿。

(二)有关司法解释

1999年最高人民法院《关于执行〈中华人民共和国行政诉讼法〉若干问题的解释》第五十九条规定:根据行政诉讼法第五十四条第(二)项规定判决撤销违法的被诉具体行政行为,将会给国家利益、公共利益或者他人合法权益造成损失的,人民法院在判决撤销的同时,可以责令被诉行政机关采取相应的补救措施。

(三)《全面推进依法行政实施纲要》的规定

国务院《全面推进依法行政实施纲要》指出:行政机关公布的信息应当全面、准确、真实。非因法定事由并经法定程序,行政机关不得撤销、变更已经生效的行政决定;因国家利益、公共利益或者其他法定事由需要撤回或者变更行政决定的,应当依照法定权限和程序进行,并对行政管理相对人因此而受到的财产损失依法予以补偿。

三、信赖保护原则的适用

一般认为,适用信赖保护原则应具备以下几个条件。

1. 须存在信赖基础

信赖基础,是导致公民、法人或其他组织信赖产生的行政机关的行政行为,如,交通运输行政许可行为、交通行政给付行为、制定交通行政法规、规章和规范性文件等抽象的行政行为等。

2. 须有信赖表现

信赖表现,又称信赖行为,是指公民、法人或其他组织基于对政府的行政行为的信赖而作出的对其财产的安排、使用、处置的行为。如，相对人基于交通行政许可而购置车辆、聘用驾乘人员、购买挖掘公路的机器、调动施工设备的行为等。无信赖表现或行为的，不予信赖保护。另外，信赖基础与信赖表现之间有因果关系，即因为信赖而对财产作出了处分。

3. 须为正当的信赖

应予保护的信赖必须具有正当性，不具有正当性的信赖不值得保护。具有正当性的信赖，是指公民、法人或其他组织对作为信赖基础的行政行为的成立是善意的、没有过错的。如，对行政机关工作人员滥用职权、玩忽职守、超越法定职权、违反法定程序等，作出的准予行政许可的决定，如果相对人没有过错的，该信赖就具有正当性，就值得保护。如果行政行为的成立是因可归责于公民、法人或其他组织的原因导致的，该信赖就不具有正当性，就不值得保护。如，基于被许可人的欺诈、胁迫或其他不正当的手段取得的许可，就应当被撤销，该信赖就不值得保护。

四、信赖保护方法

从理论上讲，信赖保护的方法主要有两种：一为存续保护；另一为财产保护。

存续保护又称完全信赖保护，是指对具有正当性的信赖，行政机关应当保证信赖基础的存续，不得决定撤销信赖基础，否则，法院有权撤销或宣告行政机关的撤销决定。如，某人获得了行政许可，并据此作出了财产安排，后发现该许可违法，对此，如果该公民对该行政许可行为（即信赖基础）有正当的信赖，许可机关就不能撤销该许可，否则，法院有权撤销该许可机关的撤销许可决定。

财产保护又称补偿的信赖保护，是指虽然存在有正当性的信赖，但基于保护公益的需要，行政机关可以撤销信赖基础，但应当给予相对人相应的补偿。如，某人获得了行政许可，后发现该许可违法，尽管被许可人对该许可有正当的信赖，但行政机关仍可基于保护公共利益的需要而撤销该许可决定，但应当给予相对人相应的补偿。

根据前述《行政许可法》及有关规定，我国在信赖保护上主要采用的是财产保护方法，没有采用存续保护方法。也就是说，即使公民、法人或其他组织对行政机关的行政许可决定等行政行为有正当的信赖，行政机关仍然可以基于对公共利益的考虑而撤销被信赖的行政行为,而代之于财产补偿。换句话说,只要公共利益需要,或者行政许可违法,就可以撤销许可,保护的方法仅限于给相对人一定的补偿。

下面通过一个实例,对信赖保护原则作进一步的阐释。

三轮车被武汉人称为"麻木",2003年前,武汉以开三轮车载客为生的人约有2万人,交通管理部门给这些人核发有牌证。"麻木"的存在给广大市民的出行带来了便利,但也由于其在大街小巷的任意穿行,给交通安全带来了严重隐患。为解决这些问题,2003年5月,武汉市人民代表大会公布了经湖北省人民代表大会常务委员会正式批准的《武汉市城市道路交通管理若干规定》,规定,从当年6月20日开始,武汉市7个中心城区和经济开发区、东湖新技术开发区的城市道路上,禁止三轮车、摩托车行驶,并由原发证部门注销牌证,每辆车按2 500元到3 000元回收。另为安置这些车主,政府还为这些"麻木"车主提供了近3万个工作岗位,对无法自谋职业的车主一次性补助2 000到6 000元。

武汉市的做法对化解社会管理中存在的利益矛盾,保持政府与人民之间的良好关系,构建和谐社会具有重要的意义。从行政执法的层面看,武汉市的做法运用了信赖保护原则,符合《行政许可法》和《全面推进依法行政实施纲要》的下列规定:"行政机关不得擅自改变已经生效的行政许可";"为了公共利益的需要,行政机关可以依法变更或者撤销已经生效的行政许可。由此给公民、法人或者其他组织造成财产损失的,行政机关应当依法给予补偿"。"非因法定事由并经法定程序,行政机关不得撤销、变更已经生效的行政决定;因国家利益、公共利益或者其他法定事由需要撤回或者变更行政决定的,应当依照法定权限和程序进行,并对行政管理相对人因此而受到的财产损失依法予以补偿。"从信赖保护的构成上看,在该例中,2003年前,交管部门给这些"麻木"车主核发有牌证,存在有信赖基础;"麻木"车主根据这种信赖,购买了车辆,投入了运营,有信赖行为或信赖表现;由于2003年前武汉市允许三轮车运营,因此,"麻木"车主据此信赖购买车辆、从事运营,不存在恶意,也就是说,信赖是正当的,是值得保护的。从信赖保护的方法上看,武汉市没有采用存续保护方法,而是主要采用财产保护方法,给予"麻木"车主一定金额的补偿。

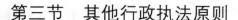

第三节 其他行政执法原则

一、比例原则

（一）比例原则的含义

比例原则研究的是行政执法目的与手段之间、行政执法可供选择的手段之间、行政执法损害的私人权利与追求的公共利益之间的关系，要求执法所损害的利益要与所追求的利益之间保持基本平衡、合乎比例。比例原则主要约束的是行政裁量行为，羁束性行政执法行为一般不涉及适用比例原则的问题。

比例原则源于19世纪的德国，是德国行政法的"帝王条款"、"皇冠原则"。许多国家也将比例原则作为本国行政法的一项重要原则，在行政法律实践中加以应用。我国《行政处罚法》第四条第二款规定：实施行政处罚必须以事实为依据，与违法行为的事实、性质、情节以及社会危害程度相当。这一规定就体现了比例原则。《全面推进依法行政实施纲要》指出，行政执法"所采取的执法措施和手段应当必要、适当；执法机关可以采用多种方式实现执法目的，应当避免采用损害当事人权益的方式。"这些规定表明，比例原则是我国行政执法的一项原则，行政执法应当遵守比例原则。

一般认为，比例原则具有三个子原则：适当性原则、必要性原则和相称性原则。

（二）比例原则的内容

1. 适当性原则

适当性原则要求行政权的行使或行政执法手段的采用应当符合行政执法的目的，或"采取之方法应有助于目的的达成"。如果一项执法手段的采用与执法目的的采用南辕北辙，不能实现执法目的，就应认为违反了比例原则。

2. 必要性原则

必要性原则又称最温和方式原则，或最少侵害原则，是指执法手段的运用给私人权益造成的影响不得超过执法所要实现的行政目的的必要性。《全面推进依法行政实施纲要》要求，"执法机关可以采用多种方式实现执法目的，应当避免采用损害当事人权益的方式",该要求就是关于必要性原则的阐述。必要性原则要求,在实现执法目的时,如果有两种以上可供选择的符合适当性原则的手段时,执法机关应当选择给私人权益造成最小损害或没有损害的手段。如,交通执法主体在行使行政裁量权、作出行政处罚决定时,如果适用罚款就能够纠正交通违法行为,就不要适用吊销许可证这种更加严厉、对相对人权益影响更大的处罚种类。

3. 相称性原则

相称性原则又称合比例原则,要求执法手段给相对人合法权益造成的不利益不得超过执法所要追求的目的。德国学者曾以"以炮击雀"形象地描述必要性原则和相称性原则的区别:为击雀,如果既有鸟枪,又有大炮,此时,"以炮击雀"违反了必要性原则;若无鸟枪,仅有大炮,则"以炮击雀"违反了相称性原则。

二、行政应急性原则

行政应急性原则是现代行政法治原则的重要内容,是指在发生突发公共事件的情况下,为维护国家安全、社会秩序或公共利益,保护行政相对人的根本利益,执法机关可以依法实施行政应急措施,甚至采取没有法律依据的或与现行法律规定相抵触的执法行为。

突发公共事件,是指突然发生造成或者可能造成严重社会危害,需要采取应急处置措施予以应对的自然灾害、事故灾难、公共卫生事件和社会安全事件。按照社会危害程度、影响范围等因素,自然灾害、事故灾难、公共卫生事件分为特别重大、重大、较大和一般四级。突发事件或紧急情况的发生可能威胁国家安全、社会秩序和公共利益,为恢复正常的社会秩序、从根本上保护相对人的利益,应对允许执法机关采取一些必要的、适当的应急措施。

根据《突发事件应对法》,在应对突发事件的过程中,履行统一领导职责或者组织处置突发事件的人民政府依法可以采取以下应急处置措施:

营救和救治受害人员,疏散、撤离并妥善安置受到威胁的人员以及采取其他救助措施;迅速控制危险源,标明危险区域,封锁危险场所,划定警戒区,实行交通管制以及其他控制措施;立即抢修被损坏的交通、通信、供水、排水、供电、供气、供热等公共设施,向受到危害的人员提供避难场所和生活必需品,实施医疗

第四章
交通运输行政执法的基本原则

救护和卫生防疫以及其他保障措施；禁止或者限制使用有关设备、设施，关闭或者限制使用有关场所，中止人员密集的活动或者可能导致危害扩大的生产经营活动以及采取其他保护措施；启用本级人民政府设置的财政预备费和储备的应急救援物资，必要时调用其他急需物资、设备、设施、工具；组织公民参加应急救援和处置工作，要求具有特定专长的人员提供服务；保障食品、饮用水、燃料等基本生活必需品的供应；依法从严惩处囤积居奇、哄抬物价、制假售假等扰乱市场秩序的行为，稳定市场价格，维护市场秩序；依法从严惩处哄抢财物、干扰破坏应急处置工作等扰乱社会秩序的行为，维护社会治安；采取防止发生次生、衍生事件的必要措施；强制隔离使用器械相互对抗或者以暴力行为参与冲突的当事人，妥善解决现场纠纷和争端，控制事态发展；对特定区域内的建筑物、交通工具、设备、设施以及燃料、燃气、电力、水的供应进行控制；封锁有关场所、道路，查验现场人员的身份证件，限制有关公共场所内的活动；加强对易受冲击的核心机关和单位的警卫，在国家机关、军事机关、国家通讯社、广播电台、电视台、外国驻华使领馆等单位附近设置临时警戒线；严重危害社会治安秩序的事件发生时，公安机关应当立即依法出动警力，根据现场情况依法采取相应的强制性措施，尽快使社会秩序恢复正常。法律、行政法规和国务院规定的其他必要措施。

发生突发事件，严重影响国民经济正常运行时，国务院或者国务院授权的有关主管部门可以采取保障、控制等必要的应急措施，保障人民群众的基本生活需要，最大限度地减轻突发事件的影响。履行统一领导职责或者组织处置突发事件的人民政府，必要时可以向单位和个人征用应急救援所需设备、设施、场地、交通工具和其他物资，请求其他地方人民政府提供人力、物力、财力或者技术支援，要求生产、供应生活必需品和应急救援物资的企业组织生产、保证供给，要求提供医疗、交通等公共服务的组织提供相应的服务。履行统一领导职责或者组织处置突发事件的人民政府，应当组织协调运输经营单位，优先运送处置突发事件所需物资、设备、工具、应急救援人员和受到突发事件危害的人员；按照有关规定统一、准确、及时发布有关突发事件事态发展和应急处置工作的信息。

三、平等原则

交通运输行政执法应贯彻平等原则是宪法规定的平等原则在交通运输行政

执法中的适用和具体化，有助于实现交通运输行政执法活动的公正与公平，强化交通运输行政机关与公民之间的合作关系，提高交通运输行政执法的效率。

平等原则，是指在行政执法的过程中，执法机关应当同等情况同等对待，不同情况不同对待。如，某甲和某乙实施的交通运输行政违法行为的性质、情节和社会危害后果基本相同，但执法机关给予的行政处罚却相差甚远，这就违反了平等原则。相反，如果两个违法行为的性质、情节和社会危害后果差别很大，执法机关给予的行政处罚却基本相同，这种情况也是对平等原则的违反。

在包括交通运输行政执法在内的行政执法实践中，因为权力、金钱、人情关系及其他不相关的因素而导致的不平等执法现象还是比较多的，执法机关必须加以纠正。

思考题

1. 简述信赖利益保护原则。
2. 简述依法行政原则的主要内容。
3. 简述行政应急在交通运输行政执法中的运用。

案例分析

武汉市规划局为凤凰公司颁发了建设工程规划许可证，同意它将临长江大街的2层楼翻建为4层，后凤凰公司又申请建4层，没获批准，但凤凰公司还是建了8层楼。不久，规划局的行政处罚书就认定：凤凰公司超出批准范围建成凤凰大厦，属于违法建筑，令凤凰公司60天内拆除大厦的5到8层。凤凰公司请求规划局减少拆除面积，遭拒绝后，诉至法院，法院现场勘察认定：凤凰公司5到8层只有一小部分不合理。法院判决：大厦5到8层是违法建筑，规划局有权责令凤凰公司采取补救措施，但必须同时兼顾行政目标和相对人的权益，在确保实现行政目标的前提下，应使相对人权益遭受最小的损害，所以规划局只能要求凤凰公司拆除5到8层的一小部分，而不能要求凤凰公司拆除大厦的5到8层。

问题

请运用比例原则对该案件进行分析。

第五章

交通运输行政执法主体

第一节 交通运输行政执法主体概述

一、交通运输行政执法主体的概念

交通运输行政执法主体,是指依法享有交通运输行政执法权,能以自己的名义进行交通运输行政执法活动,并能独立承担由此而产生的相应的法律责任的交通运输行政机关及法律法规授权的具有行政执法职能的交通运输行政执法机构。正确认识这一概念,应主要从以下几个方面进行把握。

1. 交通运输行政执法主体是组织,而不是个人

行政执法权是一种公权力,法律不能把这种公权力直接授予公民个人拥有。公民个人只能基于行政职务,以某个交通运输行政机关或者法律法规授权组织的名义去行使行政执法职权,而不能以个人的名义行使行政执法职权,因此,交通运输行政执法主体只能是交通运输行政执法机关或其他组织,而不能是个人。即使是交通运输行政执法机关的负责人,也不可能成为交通运输行政执法的主体。

2. 交通运输行政执法主体是依法拥有交通运输行政执法权的组织

交通运输行政执法权是交通运输行政执法主体为实现交通运输行政管理职能而享有的行政权。

享有交通运输行政执法权的组织不是在任何情形下都能成为交通运输行政执法主体,其只有在依法行使交通运输行政执法权时,才是交通运输行政执法主

体。如,享有交通运输行政执法权的组织从事民事法律行为时,是民事主体;在作为其他行政执法的相对人时,是其他行政执法的相对人,而不是交通运输行政执法主体。

3. 交通运输行政执法主体必须能以自己的名义实施行政执法行为,并能独立承担法律责任

"能以自己的名义实施行政执法行为"是指在法律、法规规定的权限范围内,依照自己的意志实施交通行政许可、处罚、征收、强制、监督检查等交通运输行政执法行为。这里讲的"名义",其载体就是在对外作出的执法文书上加盖本单位的公章。这一特征,将其与交通运输行政机关委托的执法组织区别开来。

"能独立承担法律责任"是指能够独立对外承担行政补偿、赔偿等法律责任,而不是由其他机关为自己的行为对外承担行政补偿、赔偿等法律责任。能否独立承担法律责任是判断一个组织是否是交通运输行政执法主体的关键。受委托行使交通运输行政执法权的组织之所以不被认为是交通运输行政执法主体,主要是因为其不能以自己的名义实施行政执法行为,独立承担法律责任。

二、交通运输行政执法主体与相关概念的区别

区别交通运输行政执法主体与相关概念,旨在通过比较,进一步把握交通运输行政执法主体这一概念。

(一)交通运输行政执法主体与交通运输行政执法关系的主体

交通运输行政执法关系是在交通运输行政执法过程中形成的法律关系,其主体为交通运输行政执法主体和相对人。如,道路运输管理机构在查处道路运输违法行为时就会与违法行为人形成交通运输行政执法关系,该关系的主体为道路运输管理机构和执法相对人(违法行为人)。比较交通运输行政执法关系的主体和交通运输行政执法主体的概念可以看出:一是,交通运输行政执法关系的主体既包括交通运输行政执法主体,也包括交通运输行政执法相对人;二是,交通运输行政执法主体必须是能以自己的名义行使执法权,并能独立承担相应法律责任的组织,自然人不能成为交通运输行政执法主体,而交通运输行政执法

关系的主体不限于组织,还包括自然人;三是,组织作为交通运输行政执法关系的主体并无特别的要求,而作为交通运输行政执法主体的组织必须能以自己的名义行使执法权,并能独立承担相应法律责任。

(二)交通运输行政执法主体与交通运输行政机关

交通运输行政执法主体与交通运输行政机关有以下联系和区别:一是,交通运输行政执法主体包括了交通运输行政机关,也就是说,交通运输行政机关是交通运输行政执法主体的一类;二是,交通运输行政执法主体既包括职权类主体,也包括授权类主体,交通运输行政机关属于职权类主体;三是,交通运输行政执法主体既可以是行政机关,也可以是事业单位(如多数道路运输管理机构等),而交通运输行政机关当然是行政机关。

(三)交通运输行政执法主体与交通运输行政执法人员

交通运输行政执法人员是交通运输行政执法主体内依法从事交通运输行政执法的工作人员。在交通运输行政机关中,交通运输行政执法人员是指国家公务员,在授权类主体执法机构中是指具有执法证件的执法人员。被委托执法的组织虽不是执法主体,但享有执法权,该执法权是由具有执法证件的执法人员行使的。

交通运输行政执法人员不是交通运输行政执法主体,不能以个人的名义行使执法权。交通运输行政执法人员隶属于交通运输行政执法主体,行使执法权必须以交通运输行政执法主体的名义,产生的法律责任也应由交通运输行政执法主体来承担。

三、交通运输行政执法主体的类别

根据交通运输行政执法权来源的不同,可将交通运输行政执法主体划分为职权性交通运输行政执法主体和授权性交通运输行政执法主体。

(一)职权性交通运输行政执法主体

职权性交通运输行政执法主体,是指依照宪法和组织法的规定,在其成立时就具有交通运输行政执法权并取得相应的交通运输行政执法主体资格的机关。交通运输部及地方各级交通运输主管部门属于职权性交通运输行政执法主体。

(二)授权性交通运输行政执法主体

授权性交通运输行政执法主体,是指依照宪法和组织法以外的单行法律、法规的授权规定而获得交通运输行政执法权及执法主体资格的组织。如,《道路运输条例》第七条第三款的规定:"县级以上道路运输管理机构负责具体实施道路运输管理工作",道路运输管理机构的行政执法资格及执法权就是根据《道路运输条例》的这一规定取得的。

第二节 交通运输行政执法主体资格

只有具备行政执法主体资格的机关和组织,才享有行政法上的主体地位,具备行政执法的权力能力和行为能力,行使行政职权,实施行政管理,承担法律责任。行政执法主体资格,是指符合法定条件的组织,依法定程序和途径获得行政执法主体法律地位的权能。

一、交通运输行政执法主体资格的取得

(一)有关交通运输行政执法主体资格的规定

国务院2004年颁布的《全面推进依法行政实施纲要》明确规定:"建立健全行政执法主体资格制度。行政执法由行政机关在其法定职权范围内实施,非行政机关的组织未经法律、法规授权或者行政机关的合法委托,不得行使行政执法权;要清理、确认并向社会公告行政执法主体。"

国务院《关于加强市县政府依法行政的决定》规定:"实行行政执法主体资格合法性审查制度。"

原交通部《关于推行交通行政执法责任制的实施意见》(交体法发[2007]141号)中明确规定:"确认交通行政执法主体。各级交通主管部门要依据有关交通法律、法规和规章对本级交通行政执法机构进行执法主体资格的确认,逐一确定授权执法单位、委托执法单位、集中行使行政处罚权的单位,报本级人民政府审查确认后向社会公布,并报上级交通主管部门备案。交通行政执法应当由交通主管部门依照法定职权和法定程序实施,非交通主管部门,未经法律、法规

授权或交通主管部门合法委托,不得行使交通行政执法权。交通行政执法公示制。各级交通主管部门和交通行政执法机构要进一步实施和完善交通行政执法公示制。要充分利用办公场所、执法场所、大众媒体、政府网站等载体,采取开辟专栏、竖立公示牌、多媒体触摸屏、电子显示屏等多种形式将执法主体、执法依据、执法职权、执法程序、执法结果、执法监督、执法责任和当事人权利等主要内容向社会公开,接受社会公众的监督。"

(二)交通运输行政执法主体资格的构成要件

交通运输行政执法主体资格的构成要件,是指取得交通运输行政执法主体资格的组织所应具备的必要条件。

1.交通运输行政机关的执法主体资格的构成要件

(1)经合法批准成立。《中华人民共和国宪法》第六十二条规定,国务院设立、增加、减少或合并哪些部、委、行、署等,由最高国家权力机关全国人民代表大会批准或决定,省、自治区、直辖市人民政府设立、增加、减少或合并哪些厅、局、委等工作部门,由同级国家权力机关即同级人民代表大会批准或决定。

例如:2008年3月,第十一届全国人民代表大会第一次会议批准的《国务院机构改革方案》规定:"组建交通运输部。将交通部、中国民用航空总局的职责,建设部的指导城市客运职责,整合划入交通运输部。组建国家民用航空局,由交通运输部管理。国家邮政局改由交通运输部管理。保留铁道部,继续推进改革。不再保留交通部、中国民用航空总局。"

(2)交通运输行政机关的组成必须遵守法律规范。《中华人民共和国国务院组织法》对国务院的组成、议事规则、组成人员的任免,职责等作了明确规定,国务院及其所属的部、委、署、厅、局等必须遵照执行;《中华人民共和国地方各级人民代表大会及地方各级人民政府组织法》对地方各级人民政府及其工作部门的组成、人员任免及职责、组织管理等作了明确规定,地方各级执法机关必须遵照执行。

比如:国务院办公厅印发的《交通运输部主要职责内设机构和人员编制规定》,明确了作为国务院组成部门的交通运输部的职责调整、主要职责、内设机构、人员编制等事项。

（3）有法律、法规或者规章确定的执法职责和权限。具体来说，交通运输行政执法主体只有在法律、法规授权的前提下才能成为行政处罚、行政许可、行政强制等行政执法主体。把法律要件作为具有行政执法主体资格的主要方面，这是由行政执法机关的性质决定的。一个机关或组织是否具有行政执法主体资格，首先要看是否有法律依据，没有法律依据就没有行政权力能力，也就不可能具有行政执法的主体资格。

（4）有取得交通运输行政执法资格的在编公务人员。行政执法活动必须由行政执法人员实施，没有行政执法人员，行政执法机关就不能行使行政执法权力，也就不具有行政执法主体资格。

（5）有财政部门预算核拨的工作经费。

（6）法律、法规或者规章规定的其他条件，如必要的办公场所、交通工具、通信设备等。

（7）按法定方式公布。公布的内容一般包括：该行政执法机关成立的时间和批准时间，行政执法机关的名称、性质、级别、任务、职权、机关的印章和办公地点等。公布的具体形式，既可以用文件的形式公布，也可以用登报的形式公布。

2. 法律、法规授权的交通运输行政执法机构的执法主体资格的构成要件

《行政处罚法》对被授权行使行政处罚权的组织有一定的限制规定。该法第十七条："法律、法规授权的具有管理公共事务职能的组织可以在法定授权范围内实施行政处罚"。

《行政许可法》同样对授权实施行政许可的组织有类似规定，其中第二十三条："法律、法规授权的具有管理公共事务职能的组织，在法定授权范围内，以自己的名义实施行政许可。被授权的组织适用本法有关行政机关的规定。"

法律、法规授权组织除须具备上述与行政机关一样的资格条件外，还应当具备下列条件：

（1）有法律、法规的明确授权。这是授权主体取得行政执法主体资格的前提条件。如《陕西省公路路政管理条例》第四条规定："县级以上交通行政主管部门是本行政区域内公路路政的主管部门，其所属的公路管理机构依照本条例规定具体负责公路路政管理工作。"明确将陕西省行政区域内的公路路政执法

权授予陕西省各级公路管理机构。

(2)应当授予具备一定条件的组织。被授权的组织应当具备什么条件？目前法律缺乏明确、统一的规定，一般认为应当具备下列条件：一是，依法成立的有一定机构和人员编制的组织。二是，具有管理公共事务的职能；三是，有必要的办公场所和条件以及一定的财产和经费。四是，具有熟悉有关法律、法规和业务的工作人员。五是，具有相应的执法技术条件。

在我国，法律法规授权执法主体一般为事业单位。目前交通运输行业中，存在大量的授权取得行政执法主体资格的事业单位，如省、市、县各级交通行政主管部门所设置的公路管理机构、道路运输管理机构，就多为事业单位。

(3)授权组织必须在法定的权限范围内行使职权。授权组织的行政职权来源于法律、法规的直接授予，因此，其执法权限范围、条件、事项、时限等，都必须依据授权法的规定，不能超越，否则，其行为是无效的。

二、交通运输行政执法主体资格的变更

交通运输行政执法主体资格的变更，是指由行政执法主体的合并或分解而引起的行政执法主体资格在原行政执法主体与新行政执法主体之间的转移。包括以下两种情形：

(1)交通运输行政执法主体的分解。指由一个行政执法主体分解为两个或两个以上新的行政执法主体，由各个新的行政执法主体分别行使原行政执法主体所拥有的行政职权的方式。如，部分省市出台了高速公路管理条例等地方性法规，将高速公路路政执法职能从原来的公路管理机构剥离出来，由单独设置的高速公路路政总队或高速公路管理局来行使，这样，原有的执法主体一分为二，分别行使高速公路、普通公路的路政执法职权。

(2)交通运输行政执法主体的合并。是指由两个或两个以上的行政执法主体合并成一个新的行政执法主体，由新的行政执法主体统一行使以前分别由各个行政执法主体行使的职权。如，部分省市近年来实施的交通运输综合行政执法改革，通过设立交通运输综合行政执法机构，将公路路政、道路运政等不同范围的交通运输行政执法职能，交由新成立的综合执法机构统一行使。

交通运输行政执法主体资格变更后,原执法主体的权力义务和法律责任也要发生相应的转移,由分解或合并后继承其权力义务的组织承担。如原隶属于城建部门的出租车管理机构被合并到道路运输管理机构后,出租车管理机构的有关权力义务和责任就应由道路运输管理机构承继。

三、交通运输行政执法主体资格的消灭

交通运输行政执法主体资格的消灭,是指享有交通运输行政执法主体资格的组织因特定的法律事实而失去交通运输行政执法主体资格的情况。导致交通运输行政执法主体资格消灭的法律事实主要有两种:

(1)交通运输行政执法主体的撤销。即法定的有权机关依法以决定或命令的方式解散或撤销交通运输行政执法主体。如,《道路运输条例》实施前,一些地方的乡镇一级设有交通运输管理站,具有道路运输行政执法的职权,《道路运输条例》实施后,依《道路运输条例》的相关规定,乡镇一级的交通运输管理站不再具有道路运输行政执法的职权,其交通运输行政执法主体被撤销,执法资格也就归于消灭。

(2)授权被收回或授权期限届满。

第三节 职权性交通运输行政执法主体

一、职权性交通运输行政执法主体的概念

职权性交通运输行政执法主体,是指依照宪法和组织法的规定,在其成立时就具有交通运输行政执法权并取得相应的交通运输行政执法主体资格的国家行政机关。交通运输部及地方各级交通主管机关属于职权性交通运输行政执法主体。理解职权性交通运输行政执法主体可从以下几个方面进行把握。

1. 职权性交通运输行政执法主体属于国家行政机关

国家行政机关是相对于国家立法机关和司法机关而言的,是按照宪法和有关组织法的规定设立的,享有并行使国家行政权,负责对国家各项行政事务以及

相应的社会公共事务进行组织、管理、指挥和监督的国家机关。根据管辖事务的区域和范围的不同,国家行政机关被区分为中央行政机关和地方行政机关。

职权性交通运输行政执法主体属于国家行政机关。其中,交通运输部是国务院的组成部门,主管全国的交通运输事务,属于中央行政机关;地方各级交通主管机关是相应地方人民政府的组成部门,主管所辖区域的交通运输事务,属于地方行政机关。

我国的交通主管机关分为四级:中央交通主管机关是交通运输部;省级交通主管机关是各省级人民政府的交通运输厅,有的地方称作交通运输委员会;地市级交通运输局;县级交通运输局。

2. 设立依据为宪法和有关组织法

从设立依据上讲,职权性交通运输行政执法主体与授权性交通运输行政执法主体的最明显区别是,职权性交通运输行政执法主体是依据宪法和有关组织法设立的,而授权性交通运输行政执法主体则是依据宪法和有关组织法以外的部门法设立的。如,交通运输部设立的依据是《国务院组织法》,地方各级交通运输主管机关设立的依据是《地方各级人民代表大会和各级人民政府组织法》,而作为授权性交通运输行政执法主体的道路运输管理机构的设立的依据则是《道路运输条例》。

3. 交通运输行政执法权及执法资格源于成立

职权性交通运输行政执法主体的执法权及执法资格源于成立,是随着组织的成立而自然享有的,不需要其他组织的授权或委托。值得说明的是,一些授权性交通运输行政执法主体也是行政机关,如一些地方的道路运输管理机构、海事管理机构等,但其执法权及执法资格不是源于成立,而是源于部门法律法规的授权。

二、交通行政主管机关的职责

(一)行政职责的含义

行政职责与行政职权相对应,是指行政主体所负有的完成其行政职能或行政任务的法定义务。行政职责源于行政职能,是为实现行政职能而负担的义务;

行政职责是法定的义务,强调履行的必要性,如果行政主体不履行或拖延履行行政职责,就可能承担失职等法律责任。

行政职责与行政职权是辨证统一的。在行政法律关系中,行政职权体现为权力,而在监督行政法律关系中,行政职权则体现为义务行政职责。对一个具体的行政主体而言,其既享有行政职权,又负担行政职责。行政职权和行政职责统一于具体的行政主体及行政职位,统一于特定的行政人员身上,这种统一通过一定的行政行为表现出来。如,某道路运输管理机构在对具体的违法行为实施行政处罚这一具体行政行为时,其能够行使行政处罚权,表现为该道路运输管理机构具有行政职权;其面对道路运输违法行为,应当依法进行处罚,则是应当履行的行政职责。而无论该道路运输管理机构是在行使行政职权,还是履行行政职责,其目的都是为了实现道路运输管理职能。

行政职责的核心是"依法行政",其主要内容包括依法履行职务、遵守权限规定、符合法定目的和遵循法定程序等。

(二)交通运输部的职责

根据《交通运输部主要职责内设机构和人员编制规定》(国办发[2009]18号),经调整后的交通运输部的主要职责是:

(1)承担涉及综合运输体系的规划协调工作,会同有关部门组织编制综合运输体系规划,指导交通运输枢纽规划和管理。

(2)组织拟订并监督实施公路、水路、民航等行业规划、政策和标准。组织起草法律法规草案,制定部门规章。参与拟订物流业发展战略和规划,拟订有关政策和标准并监督实施。指导公路、水路行业有关体制改革工作。

(3)承担道路、水路运输市场监管责任。组织制定道路、水路运输有关政策、准入制度、技术标准和运营规范并监督实施。指导城乡客运及有关设施规划和管理工作,指导出租汽车行业管理工作。负责汽车出入境运输、国际和国境河流运输及航道有关管理工作。

(4)承担水上交通安全监管责任。负责水上交通管制、船舶及相关水上设施检验、登记和防止污染、水上消防、航海保障、救助打捞、通信导航、船舶与港口设施保安及危险品运输监督管理等工作。负责船员管理有关工作。负责中央管理水域水上交通安全事故、船舶及相关水上设施污染事故的应急处置,依法组织或参与事故调查处理工作,指导地方水上交通安全监管工作。

(5)负责提出公路、水路固定资产投资规模和方向、国家财政性资金安排意见,按国务院规定权限审批、核准国家规划内和年度计划规模内固定资产投资项目。拟订公路、水路有关规费政策并监督实施,提出有关财政、土地、价格等政策建议。

(6)承担公路、水路建设市场监管责任。拟订公路、水路工程建设相关政策、制度和技术标准并监督实施。组织协调公路、水路有关重点工程建设和工程质量、安全生产监督管理工作,指导交通运输基础设施管理和维护,承担有关重要设施的管理和维护。按规定负责港口规划和岸线使用管理工作。

(7)指导公路、水路行业安全生产和应急管理工作。按规定组织协调国家重点物资和紧急客货运输,负责国家高速公路及重点干线路网运行监测和协调,承担国防动员有关工作。

(8)指导交通运输信息化建设,监测分析运行情况,开展相关统计工作,发布有关信息。指导公路、水路行业环境保护和节能减排工作。

(9)负责公路、水路国际合作与外事工作,开展与港澳台地区的交流与合作。

(10)指导航运、海事、港口公安工作,管理交通直属公安队伍。

(11)承办国务院交办的其他事项。

(三)省级交通运输主管机关的主要职责

省级交通运输主管机关是在交通运输部指导下,在省级人民政府的领导下进行交通运输行政管理活动的。由于各地政治、经济和社会发展的情况不尽相同,各省级交通运输主管机关的职责不尽相同。各省级交通运输主管机关的职责是由各省级交通运输主管机关的"三定方案"确定的。下面仅以吉林省交通运输厅的主要职责为例来说明这一问题。根据《吉林省交通运输厅主要职责内设机构和人员编制规定》,吉林省交通运输厅的主要职责是:

(1)贯彻执行国家有关交通运输行业法律法规、规划、政策和标准,组织拟订并监督实施全省公路、水路等行业发展的总体规划、专项规划、中长期发展计划;组织起草交通运输工作的地方性法规和规章草案,研究拟订相关政策和标准;参与拟订物流业发展战略和规划,拟订有关政策和标准并监督实施;指导公路、水路行业有关体制改革工作。

(2)承担涉及全省综合运输体系的规划协调工作。会同有关部门组织编制综合运输体系规划,组织陆路、水路交通运输枢纽规划和管理;参与城市地铁、轨道交通等综合运输枢纽的规划工作。

(3)承担全省道路、水路运输市场监管责任。指导和监督道路、水路运输有关政策、准入制度、技术标准和运营规范的实施;协调和指导城乡客运及有关设施规划和管理工作,指导出租车行业管理工作;负责汽车出入境运输和水路与周边国家及邻省的运输衔接与合作事宜;负责港口的行业管理及中朝界河航运合作事宜。

(4)承担全省水上交通安全监管责任。指导水上交通管制、船舶及相关水上设施检验、登记和防止污染,救助打捞、通信导航、船舶与港口设施保安及危险品运输监督管理等工作;负责船员管理有关工作;负责省管水域水上交通安全事故、船舶及相关水上设施污染事故的应急处置,依法组织或参与事故调查处理工作;指导市(州)、县(市)水上交通安全监管工作。

(5)负责提出全省公路、水路固定资产投资规模和方向的意见、建议,按规定权限审批、核准国家和省规划内和年度计划规模内固定资产投资项目;拟订公路、水路有关规费政策并监督实施,对涉及财政、土地、价格等方面的问题提出政策建议。

(6)承担全省公路、水路建设市场监管责任。监督、指导公路、水路等工程建设相关政策、制度和技术标准的实施;组织协调公路、水路有关重点工程建设和工程质量、安全生产监督管理工作;指导交通运输基础设施管理和维护,承担有关重要设施的管理和维护。

(7)负责全省公路、水路、公共交通(含出租车)行业安全生产和应急管理工作。对全省重点物资运输和紧急客货运输进行调控;监测高速公路及重点干线公路网安全运行情况;承担交通战备有关工作。

(8)指导全省交通运输信息化建设,监测分析运行情况;开展相关统计工作,发布有关信息;指导公路、水路行业环境保护、科技教育、工程造价和节能减排工作。

(9)组织省管重点项目交通建设资金筹措;监督管理国有资产;组织实施交通运输重点建设项目的内部审计工作。

(10)指导交通运输行业开展国际、国内经济技术合作与交流及利用外资工作。

(11)承办省政府交办的其他事项。

(四)地市级交通运输主管机关的主要职责

全国各地市级交通运输主管机关的职责也不尽一致,具体是由相应人民政府关于交通运输主管机关的"三定方案"明确的。例如,根据《长春市交通运输局主要职责、内设机构和人员编制规定》,长春市交通运输局的主要职责就包括:

(1)贯彻执行国家和省有关交通运输行业的法律法规、规章、规划、政策和标准,起草全市有关交通运输工作的法规和规章草案,拟订相关政策和标准;拟订全市交通运输行业发展战略、规划并组织实施;参与拟订物流业发展战略和规划,拟订有关政策和标准并监督实施;负责交通运输体制改革相关工作。

(2)承担涉及全市综合运输体系的规划协调工作。会同有关部门组织编制综合运输体系规划,组织陆路、水路交通运输枢纽规划和管理;参与城市地铁、轨道交通等综合运输枢纽的规划工作。

(3)承担全市道路、水路运输市场监管责任。负责城乡客运及有关设施的规划和管理工作,负责出租汽车行业管理;负责全市道路、水路运输及车辆租赁、机动车维修检测、船舶检验、驾驶员(船员)培训、运输服务等交通运输行业管理;组织实施治理公路"三乱"工作。

(4)承担全市公路、水路建设市场监管责任。负责组织实施全市公路、水路交通运输设施建设和养护,指导农村公路建设和养护;组织协调工程建设质量和安全生产监督管理工作。

(5)承担全市水上交通安全监管责任。负责水上交通安全管理、水上交通突发事件应急处置。

(6)负责全市公路、水路、公共交通(含出租车)行业安全生产和应急管理工作;负责突发事件的应急处置和依法组织或参与有关事故调查处理工作。

(7)负责全市交通运输的组织和结构调整,指导运输技术装备建设,协调指导城乡各种运输方式衔接;对重点物资和紧急客货运输进行调控;承担交通战备有关工作。

(8)负责全市交通运输信息化建设,监测分析运行情况;开展相关统计工作,发布有关信息;组织开展公路、水路行业环境保护和节能减排工作。

(9)负责全市国有交通运输基础设施建设资金的使用管理、国有资产的监督管理和保值增值工作;组织实施交通运输重点建设项目的内部审计工作。

(10)组织实施交通运输行业技术标准和规范;组织技术开发和科技成果推广,推动行业科技进步。

(11)承办市政府交办的其他事项。

(五)县级交通运输主管机关的主要职责

全国各县级交通运输主管机关的职责也不尽一致,具体是由相应人民政府的"三定方案"确定。例如,根据山西省《代县交通运输局主要职责内设机构和人员编制规定》,代县交通运输局的主要职责就包括:

(1)贯彻执行国家、省、市关于交通运输的法律法规和方针、政策,拟定全县交通运输行业的地方性发展战略建议和政策规定。

(2)负责全县综合交通运输体系的规划协调工作,会同有关部门组织编制全县综合交通运输体系规划。组织拟定并监督实施全县公路行业规划、政策和标准,参与拟定全县物流业发展规划和有关政策、标准并监督实施。

(3)负责全县公路建设市场的监督管理工作,组织实施全县公路重点工程建设和工程质量、安全生产的监督管理。指导和组织全县地方交通运输基础设施的管理、维护,负责有关重要交通设施的管理、维护和运营。指导和组织全县农村公路建设、维护、路政、监控、治超等管理工作。

(4)负责全县道路运输市场的监督管理,组织制定全县道路运输有关政策、准入制度、技术标准和运营规范并监督实施;负责交通运输行政执法行为的监督管理;指导城乡客运及有关设施的规划与管理工作,指导出租车行业管理工作。

(5)指导全县公路行业安全生产和应急管理工作,按规定组织协调重点物流、紧急客货运输和公路紧急抢修抢险工作。

(6)提出全县公路交通基础设施建设投资规模和方向,提出国家、省、市、县四级财政性资金和省交通厅专项资金的安排意见。按县政府规定权限审批、核准规划内和年度计划内固定资产投资项目。提出有关财政、土地、价格等政策建议。

(7)指导全县交通运输信息化建设,监测分析运行情况;开展相关统计工作,发布有关信息,组织指导全县公路行业科技开发、环境保护和节能减排等工作。

(8)指导和组织全县交通行业精神文明建设、职工教育培训工作。承办局机关和局属各单位的人事劳资、机构编制管理工作。

(9)承担县国防动员委员会交通战备的日常工作,负责组织、管理、指导全县交通战备工作。

(10)承担县人民政府交办的其他事项。

第四节 授权及委托下的交通运输行政执法主体

一、授权与受委托组织基本理论

(一)法律、法规授权的组织

1. 法律、法规授权组织的概念

法律、法规授权的组织,是指由法律、法规授权独立行使一定范围的行政职权并独立承担法律责任的组织。理解这一概念可从以下几个方面把握。

(1)法律、法规授权的组织是非国家行政机关的组织。目前,被授权的交通运输行政执法组织主要是管理公共事务的事业单位,如道路运输管理机构等。

(2)授权的依据是宪法、行政组织法以外的法律、法规,即具体的法律、法规。如授权道路运输管理机构的依据就是《道路运输条例》。

(3)授权行使的是特定行政职能或职权,而不是一般行政职能或职权,也就是说授予的行政职能或职权是有限的。

2. 有关授权组织的法律规定

（1）《行政诉讼法》第二十五条第四款规定：由法律、法规授权的组织所作的具体行政行为，该组织是被告。由行政机关委托的组织所作的具体行政行为，委托的行政机关是被告。

（2）《行政复议法》第十五条第三项规定：对法律、法规授权的组织的具体行政行为不服的，分别向直接管理该组织的地方人民政府、地方人民政府工作部门或者国务院部门申请行政复议。

（3）《国家赔偿法》第七条第三款规定：法律、法规授权的组织在行使授予的行政权力时侵犯公民、法人和其他组织的合法权益造成损害的，被授权的组织为赔偿义务机关。

（4）《行政处罚法》第十七条规定：法律、法规授权的具有管理公共事务职能的组织可以在法定授权范围内实施行政处罚。

（5）《行政许可法》第二十三条规定：法律、法规授权的具有管理公共事务职能的组织，在法定授权范围内，以自己的名义实施行政许可。被授权的组织适用本法有关行政机关的规定。

3. 法律、法规授权组织的范围和条件

（1）法律、法规授权组织的范围。法律、法规授权的组织应当是具有管理公共事务职能的组织，范围主要是行政机构和其他社会组织。

派出机构和内设机构是行政机关根据行政管理工作的需要设立的，具体处理和承办一定行政事务的行政机关的内部工作机构。如，交通运输部是行政机关，基于对公路和道路运输事业的管理需要，交通运输部设立了公路局、道路运输司，这两个部门就是内设机构。

通常情况下，派出机构不具有行政主体资格，只能以其所属的行政机关的名义履行行政职能，产生的法律后果由该行政机关承担。但在法律、法规授权的情况下，行政机构也可以自己的名义行使行政职能，独立承担相应的法律后果，成为行政主体。如，公安机关交通管理部门和公安派出所就属于公安机关的内设机构或派出机构，属于行政机构，根据《道路交通安全法》和《治安管理处罚法》的授权，成为行政主体。

其他社会组织经法律、法规授权也可以成为行政主体,范围包括:事业单位、社会团体、基础群众性组织等。

(2)法律、法规授权组织的条件。目前,我国的法律、法规并未明确规定被授权组织的条件,一般认为,法律、法规授权的组织应具备以下几个条件:一是,被授权组织的业务活动与被授权的内容具有相关性;二是,须具有熟悉有关法律法规和业务的人员;三是,须具有与所承担的行政职务相应的技术和设备条件;四是,能独立承担因自己行为而产生的法律责任。

4. 法律、法规授权组织的法律地位

法律、法规授权组织在行使法律、法规所授予的行政职能时,是行政主体,具有与行政机关基本相同的法律地位。作为行政主体,法律、法规授权组织能够以自己的名义行使法律、法规授予的行政职能,并能独立地对外承担因行使行政职能而产生的法律责任。法律、法规授权组织在非行使行政职能的场合,不享有行政权,不具有行政主体的地位。在行政诉讼中,被授权的组织是被告。法律、法规授权的组织在行使授予的行政权力时侵犯公民、法人和其他组织的合法权益造成损害的,被授权的组织为赔偿义务机关。

(二)受委托的组织

1. 受委托组织的概念

受委托组织,是指受行政机关委托行使一定行政职能的组织。理解这一概念可从以下几个方面进行把握。

(1)受委托组织的行政权力来自行政机关的委托行为,而不是来自法律法规的授权,更不是来自组织的成立。

(2)委托必须有法律、法规或规章的依据。委托必须有法律、法规或规章的依据,无法的依据,行政机关不得进行委托。在交通运输行政执法机构中,多数路政执法机构就属于受委托的执法机构,交通运输主管部门委托执法的依据是《公路法》第八条第四款。依《公路法》的这一规定,县级以上地方人民政府交通主管部门可以决定由公路管理机构依照本法规定行使公路行政管理职责。

(3)受委托组织不具有行政主体资格。在委托执法的情况下,受委托执法的组织不具有行政主体资格,委托执法的主体是委托机关。由于受委托组织不具有行政执法主体资格,因此,受委托组织在进行具体的行政执法活动中不能以自己的名义进行执法,而应当以委托机关的名义执法,因执法而产生的法律后果也应由委托机关承担。

2.有关委托组织的法律规定

(1)《行政处罚法》第十八条规定:行政机关依照法律、法规或者规章的规定,可以在其法定权限内委托符合本法第十九条规定条件的组织实施行政处罚。行政机关不得委托其他组织或者个人实施行政处罚。委托行政机关对受委托的组织实施行政处罚的行为应当负责监督,并对该行为的后果承担法律责任。受委托组织在委托范围内以委托行政机关名义实施行政处罚;不得再委托其他任何组织或者个人实施行政处罚。

(2)《行政处罚法》第十九条规定:受委托组织必须符合以下条件:(一)依法成立的管理公共事务的事业组织;(二)具有熟悉有关法律、法规、规章和业务的工作人员;(三)对违法行为需要进行技术检查或者技术鉴定的,应当有条件组织进行相应的技术检查或者技术鉴定。

(3)《行政许可法》第二十四条规定:行政机关在其法定职权范围内,依照法律、法规、规章的规定,可以委托其他行政机关实施行政许可。委托机关应当将受委托行政机关和受委托实施行政许可的内容予以公告。委托行政机关对受委托行政机关实施行政许可的行为应当负责监督,并对该行为的后果承担法律责任。受委托行政机关在委托范围内,以委托行政机关名义实施行政许可;不得再委托其他任何组织或者个人实施行政许可。

3.受委托组织的范围和条件

关于受委托组织的范围和条件,我国缺乏统一的法律规定,《行政处罚法》和《行政许可法》的规定不尽一致。《行政处罚法》规定的受委托组织的范围是依法成立的管理公共事务的事业组织,而《行政许可法》规定的受委托组织应当是行政机关,事业组织不能接受委托实施行政许可。另外,对受委托组织应当具备的条件,《行政处罚法》作出了较为明确的规定,而《行政许可法》则没有作出明确规定。根据《行政处罚法》第十九条规定:受委托组织必须符合以下条件:

(1)须为依法成立的管理公共事务的事业组织;

（2）须具有熟悉有关法律、法规、规章和业务的工作人员；

（3）对违法行为需要进行技术检查或者技术鉴定的，应当有条件组织进行相应的技术检查或者技术鉴定。

4. 受委托组织的法律地位

受委托组织在受委托进行行政执法时不是行政执法主体，必须以委托机关的名义进行行政执法，执法行为产生的法律责任也由委托机关承担。在行政诉讼时，委托机关是被告，受委托组织不是被告。在涉及行政赔偿时，行政赔偿义务机关也是委托机关，而不是受委托组织。

(三) 受委托组织与法律、法规授权组织的区别

一般认为，受委托组织与法律、法规授权组织的区别主要有以下几个方面：

1. 权力来源不同

法律、法规授权组织行使的权力来源于法律、法规的明确授权，而受委托组织行使的权力则来源于行政机关的委托。

2. 授权和委托的形式不同

法律、法规授权某一组织行使行政权的形式是法律、法规的明确规定，无须通过其他形式；委托行政机关的委托应当采用书面形式进行，并应向社会进行公告。

3. 法律地位不同

法律、法规授权组织是行政主体，能够以自己的名义作出具体行政行为，并承担相应的法律后果。受委托组织不是行政主体，须以委托行政机关的名义作出具体行政行为，相应的法律后果也应由委托行政机关承担。

二、公路路政执法机构

(一) 公路路政执法机构的概念、名称、性质、地位和设置

公路路政执法机构，是指各级交通运输行政主管部门设置的行使公路行政执法职能的组织。

公路路政执法机构的性质大部分为事业单位，个别地方为行政机关。公路路政执法机构的名称全国不尽相同，大部分省份称公路局、公路管理局、交通运

输厅公路局等。

公路路政执法机构的设置。从地方公路路政执法机构的设置情况看,部分省份只设置一套公路管理机构,统一对高速公路和普通公路实施管理。相当一部分省份按照公路等级采取分设模式,既设有公路局,又有高等级公路管理局。从管理模式上讲,有垂直管理,即条条管理的;亦有以地方为主块块管理的;还有部分采取垂直管理、部分下放地方的混合管理模式等。

(二)路政管理的职能和职责

1. 路政管理的职能

根据《中华人民共和国公路法》及2009年国务院批准的《交通运输部主要职责内设机构和人员编制规定》(即交通运输部"三定"规定)的规定,公路行政管理的职能主要包括:对公路规划进行管理;对公路建设进行管理;公路路政管理;对公路养护、经营、使用进行管理。

2. 路政管理的职责

根据原交通部2003年第2号令《路政管理规定》第五条规定,县级以上地方人民政府交通主管部门或者其设置的公路管理机构的路政管理职责包括:宣传、贯彻执行公路管理的法律、法规和规章;保护路产;实施路政巡查;管理公路两侧建筑控制区;维护公路养护作业现场秩序;参与公路工程交工、竣工验收;依法查处各种违反路政管理法律、法规、规章的案件;法律、法规规定的其他职责。

三、道路运政执法机构

(一)道路运政执法机构的概念、名称、性质、地位和设置

道路运政执法机构,是指隶属于交通行政主管机关,履行道路运输行政执法职能的组织。

道路运政执法机构的名称,全国不尽相同。省级道路运政执法机构的名称,一般是××省道路运输管理局或××省交通运输厅道路运输管理局;地级市道路运政执法机构的名称,一般称为××市道路运输管理处;县级道路运政执法机构的名称,一般称为××县道路运输管理所(站)。

道路运政执法机构的性质多为履行道路运输行政职能的事业单位,个别地

方为行政机关。成品油价格与税费改革前,各地道路运政执法机构的性质多为自收自支的事业单位,改革后道路运政执法机构的收费职能被取消,但性质仍多为事业单位,其经费改由中央财政转移支付。

道路运政执法机构的地位属于行政法规授权的执法主体,具体授权依据为《道路运输条例》第七条第三款,"县级以上道路运输管理机构负责具体实施道路运输管理工作"。作为行政法规授权的执法主体,道路运政执法机构能够以自己的名义履行道路运输行政执法职能,并能独立承担相应的法律责任。由于《道路运输条例》不调整出租车运输和城市公共汽车运输经营,加上尚未出台行政法规层级的《出租车管理条例》和《城市公共交通管理条例》,因此,有关出租车运输和城市公共汽车运输的道路运政执法机构的地位多为地方法规授权的执法主体。

道路运政执法机构的设置。除海南省外,全国绝大多数地方道路运政执法机构设置有省、市、县三级,即省级道路运政执法机构、市级道路运政执法机构和县级道路运政执法机构。道路运政执法机构的分设情况也比较多,如,市级道路运政执法机构往往被分设为:履行对客货运经营、客货运站场经营的执法职能的道路运政执法机构;履行对机动车驾驶员培训、机动车维修经营的执法职能的道路运政执法机构;履行对出租车经营的执法职能的道路运政执法机构等。

(二)运政管理职能及职责

1. 运政管理的职能

根据《中华人民共和国道路运输条例》及2009年国务院批准的《交通运输部主要职责内设机构和人员编制规定》(即交通运输部"三定"规定)的规定,道路运输行政管理职能包括以下几项。

(1)对经营性道路旅客运输的管理。经营性道路旅客运输,是指用客车运送旅客、为社会公众提供服务、具有商业性质的道路运输活动,包括班车(加班车)客运、包车客运和旅游客运。

(2)对经营性道路货物运输的管理。经营性道路货物运输,是指为社会提供公共服务、具有商业性质的道路货物运输活动。道路货物运输包括道路普通货运、道路货物专用运输、道路大型物件运输和道路危险货物运输。

(3)对经营性道路客、货运输站(场)的管理。客运站经营,是指以站场设施为依托,为道路客运经营者和旅客提供有关运输服务的经营活动。道路货物运输站(场),是指以场地设施为依托,为社会提供有偿服务的具有仓储、保管、配载、信息服务、装卸、理货等功能的综合货运站(场)、零担货运站、集装箱中转站、物流中心等经营场所。

(4)对机动车维修经营的管理。机动车维修经营,是指以维持或者恢复机动车技术状况和正常功能,延长机动车使用寿命为作业任务所进行的维护、修理以及维修救援等相关经营活动。

(5)对机动车驾驶员培训业务的管理。机动车驾驶员培训业务,是指以培训学员的机动车驾驶能力或者以培训道路运输驾驶人员的从业能力为教学任务,为社会公众有偿提供驾驶培训服务的活动。包括对初学机动车驾驶人员、增加准驾车型的驾驶人员和道路运输驾驶人员所进行的驾驶培训、继续教育以及机动车驾驶员培训教练场经营等业务。

(6)对城市客运经营的管理。城市客运经营包括:城市公共汽车经营、城市地铁和轨道交通运营、出租汽车经营。住房和城乡建设部指导城市地铁、轨道交通的规划和建设。

(7)对营运车辆综合性能检测的管理。营运车辆综合性能检测,是指为确定营运车辆是否需要维护、修理,以及维护和修理是否合格,而由机动车综合性能检测机构对在用的机动车的技术状况和维修质量进行的诊断和鉴定活动。值得注意的是,根据《道路交通安全法》的规定,公安机关交通管理部门对机动车安全技术检验具有管理职能,道路运输管理机构在这个方面的职能仅限于对营运性车辆的综合性能检测的管理。

(8)按规定承担物流市场有关管理工作的职能。对以上道路运输行政管理职能进行归纳,从内容上看,道路运输行政管理职能主要包括:道路运输安全管理职能;道路运输市场监管职能;道路运输服务职能;道路运输应急保障职能;道路运输节能减排职能等。

2.运政管理的职责

1)交通运输部的道路运输管理职责

（1）承担城乡道路运输市场监管；

（2）指导城市客运管理；

（3）拟订相关政策、制度和标准并监督实施；

（4）承担运输线路、营运车辆、枢纽、运输场站等管理工作；

（5）承担车辆维修管理工作；

（6）承担营运车辆综合性能检测管理工作；

（7）承担机动车驾驶员培训机构和驾驶员培训管理工作；

（8）承担公共汽车、城市地铁和轨道交通运营、出租汽车、汽车租赁等的指导工作；

（9）承担跨省客运、汽车出入境运输管理；

（10）按规定承担物流市场有关管理工作。

2）省级道路运输管理机构的主要职责

由于各地的情况不尽相同，各省级道路运输管理机构的职责也不尽相同。一般而言，省级道路运输管理机构的职责主要包括：

（1）拟定地方性道路运输政策和法规，贯彻执行道路运输政策和法规。起草道路运输地方标准。

（2）拟定地方道路运输行业发展战略和道路运输行业的发展规划、中长期计划。

（3）道路运输行业管理职责。负责跨省、市旅客运输和国际道路旅客运输的经营许可。

（4）道路运输安全生产管理职责。协助有关部门调查处理道路运输行业的重特大安全事故。

（5）依法对道路运输和道路运输相关业务经营活动进行监督检查。

（6）对重点物资运输和紧急客货运输进行调控；具体承担抢险、救灾、战略物资等紧急道路运输任务和指令性计划运输的组织实施。

（7）源头治超的监督管理职责。

（8）依法对道路运输行政许可、行政处罚行为实施监督。办理道路运输行政赔偿和行政诉讼案件的应诉工作。

(9)负责道路运输行业的统计分析。

(10)道路运输行业的信息化建设、科研项目及技术攻关的管理职责。

(11)道路运输管理机构队伍建设和精神文明建设职责。

(12)其他职责。

3)市级道路运输管理机构的主要职责

(1)拟定所辖区域内道路运输行业的发展战略。拟定所辖区域内道路运输行业的发展规划、中长期计划。

(2)贯彻执行有关道路运输的法律法规和政策。

(3)承担所辖区域内道路运输行业管理工作。

(4)受理危险品货物运输经营、跨2个县以上行政区域客运经营许可,营业性道路客货运输驾驶员以及客流货物运输从业人员从业资格考试、发证、考核等行业管理。

(5)承担所辖区域内道路运输安全生产的行业管理。协助有关部门调查处理道路运输行业的安全事故;依法对道路运输和道路运输相关业务经营活动进行监督检查;对辖区内重点物资运输和紧急客货运输进行调控,具体承担抢险、救灾、战略物资等紧急道路运输任务和指令性计划运输的组织实施。

(6)所辖区域内源头治超职责。

(7)对县级道路运输管理机构的执法活动进行检查、监督,办理道路运输行政赔偿和行政诉讼案件的应诉工作。

(8)负责道路运输行业的统计分析。

(9)道路运输行业的信息化建设、科研项目及技术攻关的管理职责。

(10)道路运输管理机构队伍建设和精神文明建设。

(11)承办上级交办的工作。

4)县级道路运输管理机构的主要职责

(1)贯彻执行有关道路运输的法律法规和政策。

(2)参与编制辖区内道路运输发展规划,并组织、指导、监督规划的实施。

(3)具体负责道路旅客运输(含出租车客运)行业管理工作,依法实施道路运输经营许可,对辖区内道路客运市场实施监督管理。

(4)具体承担抢险、救灾、战略物资等紧急道路运输任务和指令性计划运输的组织实施。

(5)具体负责经营性道路客货运输驾驶员等道路运输从业人员的管理工作。

(6)承办上级交办的工作。

四、海事执法机构

(一)海事执法机构的资格和设置

海事执法机构,是履行水上(含海上和内河)交通安全监督管理、船舶及相关水上设施检验和登记、防止船舶污染职能航海保障和的交通行政执法机关。

海事行政执法实行"一水一监,一港一监"的管理体制,即将我国沿海海域(包括岛屿)和港口、对外开放水域和重要跨省通航内河干线和港口,划为中央管理水域,由交通部设置直属海事管理机构实施垂直管理;在中央管理水域以外的内河、湖泊和水库等水域,划为地方管理水域,由省、自治区、直辖市人民政府设立地方海事管理机构实施管理。

(二)海事执法机构的职能及职责

1. 海事执法机构的职能

根据《中华人民共和国海上交通安全法》、《中华人民共和国内河交通安全管理条例》和2009年国务院批准的《交通运输部主要职责内设机构和人员编制规定》(即交通运输部"三定方案")的规定,海事局的海事行政管理职能主要包括:

(1)履行水上(含海上和内河)交通安全监督管理职能。

(2)船舶及相关水上设施检验和登记职能。

(3)防止船舶污染职能。

(4)航海保障职能。

2. 海事管理机构的职责

根据国办发[1999]90号《交通部直属海事机构设置方案》,直属局的主要职责是,负责辖区内水上安全管理、海上航标管理、水上安全通信管理、防止船舶污染及其他有关管理工作;按照授权,管理船舶和海上设施检验、港口航道测绘工作;负责船舶登记、船舶法定配备的操作性手册与文书审批、船舶所有人安全管理体系审核与监督和船员培训、考试发证、船员证件管理工作;负责辖区内水上搜寻救助、污染事故应急处理和重大水上交通事故的调查、处理工作;承办中华人民共和国海事局交办的其他工作。

分支局的主要职责是,依法具体实施水上安全、防止船舶污染的管理工作,执行直属局赋予的其他任务。

五、港口行政执法机关

(一)港口行政执法机关的资格和设置

港口行政执法机关,是承担监管港口建设市场秩序、管理港口经营的市场准入,维护港口生产经营秩序的交通运输行政执法机构。

根据《中华人民共和国港口法》(以下简称《港口法》)等法律法规的规定,港口行政执法机关的执法内容主要是:对港口安全生产情况实施监督检查,参与审批岸线的占用和水上、水下工程建设;检查船舶防污染、排污情况,监督检查在港口区进行的采掘、爆破等活动。港口行政执法还包括对外国籍船舶实行强制引航,以及对国际航行船舶进出港口组织联合检查。

《港口法》第六条规定:"国务院交通主管部门主管全国的港口工作。地方人民政府对本行政区域内港口的管理,按照国务院关于港口管理体制的规定确定。依照前款确定的港口管理体制,由港口所在地的市、县人民政府管理的港口,由市、县人民政府确定一个部门具体实施对港口的行政管理;由省、自治区、直辖市人民政府管理的港口,由省、自治区、直辖市人民政府确定一个部门具体实施对港口的行政管理。"根据法律的明确授权,港口管理部门是合格的行政执法主体。

(二)港口行政执法机关的职能和职责

根据《中华人民共和国港口法》和2009年国务院批准的《交通运输部主要职责内设机构和人员编制规定》(即交通运输部"三定方案")的规定,港口行政管理部门的行政管理职能主要包括:进行港口规划的职能;对港口建设的管理职能;对港口维护的管理职能;对港口经营的管理职能;从事港口管理的职能。

根据《中华人民共和国港口法》第三十六条的规定,港口行政管理部门的职责是:依法对港口安全生产情况实施监督检查,对旅客上下集中、货物装卸量较大或者有特殊用途的码头进行重点巡查;检查中发现安全隐患的,应当责令被检查人立即排除或者限期排除。

六、航道行政执法机构

(一)航道行政执法机构的资格和设置

航道行政执法机构,是承担保护水运资源、维护航道正常通行职能的交通行政执法机构,性质多为事业单位,地位多为受委托的交通运输行政执法机构。

根据《航道管理条例》等法律、法规的规定,航道行政执法机构的主要执法内容有:依法查处占、损毁航道、航道设施或船舶及其附属设施的,未经批准或不按批准范围擅自进行施工作业的,修建临河、拦河、跨(过)河建筑物未按航道部门要求设置助航标志的,不建或不按航道部门审批的规模建设过船建筑物,设置碍航渔网、渔栅等捕捞工具,不报告或不及时打捞沉船的;征收航道养护费、船舶过闸费等规费。

航道分为国家航道、地方航道和专用航道。中华人民共和国交通运输部主管全国航道事业。国家航道及其航道设施按海区和内河水系,由交通运输部或者交通运输部授权的省、自治区、直辖市交通主管部门管理。地方航道及其航道设施由省、自治区、直辖市交通主管部门管理。交通运输部长江航务管理局、珠江航务管理局受交通运输部的委托,对长江、珠江干线航道进行管理。

为解决航道管理机构的执法主体资格问题,一些地方出台了航道管理方面的地方性法规,授权航道管理机构进行执法,使航道管理机构具有了独立的执法主体资格。

地方航道管理机构的设置不一,大部分省份的航道管理机构与航运管理机构属于"一门两牌",少数省份有单设航道管理机构的情况。

(二)航道管理机构的职能和职责

航道管理机构的职能。根据《中华人民共和国航道管理条例》和2009年国务院批准的《交通运输部主要职责内设机构和人员编制规定》(即交通运输部

"三定方案")的规定,航道管理机构的行政管理职能主要包括:进行航道规划;对航道建设的管理;保护航道和航道设施;航道养护;征收有关费用等。

航道管理机构的职责。据国家有关规定和技术标准,对所辖航道及航道设施实施管理、养护和建设;审批与通航有关的拦河、跨河、临河建筑物的通航标准和技术要求;参加编制航道发展规划,拟订航道技术等级,组织航道建设计划的实施;配合有关部门开展与通航有关河流的综合开发与治理。负责处理水资源综合利用中与航道有关的事宜;组织开展航道科学研究、先进技术交流和对航道职工进行技术业务培训;负责对船舶过闸费等规费的征收和使用管理;负责发布内河航道通告;负责航道及航道设施的保护,制止偷盗、破坏航道设施、侵占和损坏航道的行为;接受交通运输主管部门委托,对违反《中华人民共和国航道管理条例》和《中华人民共和国航道管理条例实施细则》的行为进行处罚。

七、航运执法机构

(一)航运执法机构的执法主体资格和设置

航运执法机构,是履行水路旅客运输管理、水路货物运输管理、水路运输服务管理职能的交通运输行政执法机构。主要执法内容有:

对营运证件、经营范围、服务质量、运输价格、运输票证等进行监督检查,依法查处擅自设立水路运输企业、擅自从事营业性运输、超越经营范围从事经营活动等违法行为。

航运管理机构的性质和地位多为事业单位,多为受委托的执法组织,不具有独立的行政执法主体资格。为解决航运管理机构的执法主体资格问题,目前,一些省份,如,上海市、陕西省等,出台了地方性法规,明确授权航运管理机构,使其具备了交通运输行政执法主体资格。

(二)航运管理机构的职能和职责

根据《中华人民共和国水路运输管理条例》(以下简称《水路运输管理条例》)和2009年国务院批准的《交通运输部主要职责内设机构和人员编制规定》(即交通运输部"三定方案")的规定,航运管理机构的行政管理职能主要包括:对在中华人民共和国沿海、江河、湖泊及其他通航水域内从事水路旅客运输的管理职能;对水路货物运输的管理职能;对水路运输服务的管理职能等。

各级航运(务)管理机构及航管人员的职责主要是:贯彻执行国家关于水路运输的方针、政策、法规,负责《水路运输管理条例》及其实施细则的具体实施;负责对水路运输企业、各种运输船舶开业审批、经营活动的检查和奖惩;检查水路运输企业、各种运输船舶对国家和省级人民政府下达的运输计划的执行情况,协调运输合同执行中发生的问题;对主管范围内水路运输情况进行调查研究,定期发布水运情况分析报告,负责督促汇总上报规定的运输统计报表;及时汇集和发布水运技术、经济信息,为水路运输企业和各种运输船舶提供咨询服务,组织培训水路运输管理专业人员;维护运输秩序,协调各种水运业之间、运输船舶和港埠企业之间的平衡衔接,处置纠纷;督促提高运输、服务质量,查处重大客、货运输事故;组织交流先进运输经验,提高水运管理水平。

八、交通基本建设工程质量监督执法机构

(一)交通基本建设工程质量监督执法机构的资格和设置

交通基本建设工程质量监督执法机构,是受交通运输行政主管机关的委托,履行交通基本建设工程质量监督执法职能的交通运输行政执法机构。交通基本建设工程质量监督包括公路工程质量监督和水运工程质量监督。

交通基本建设工程质量监督执法机构的性质和地位是事业单位,是由交通运输主管部门委托的执法机构,没有独立的执法主体资格,必须以交通运输主管部门的名义执法,执法产生的法律后果也应由交通运输主管部门承担。作为委托的执法机构,交通基本建设工程质量监督执法机构应当在交通运输主管部门委托事项的范围内实施交通基本建设工程质量监督工作。

根据《公路工程质量监督规定》和《水运工程质量监督规定》的规定,交通运输部主管全国的交通基本建设工程质量监督工作,县级以上地方人民政府交通运输主管部门负责本行政区域内的交通基本建设工程质量监督工作。交通运输部、省级人民政府交通运输主管部门、有条件的设区的市级地方人民政府交通运输主管部门委托所属的公路工程质量监督机构具体负责实施公路工程质量监督工作。省级人民政府交通运输主管部门设立水运工程质量监督站,根据省级人

民政府交通运输主管部门委托的权限,具体负责本行政区域内水运工程质量监督工作,行使水运工程质量监督行政执法权。

(二)交通基本建设工程质量监督执法机构的职能和职责

交通基本建设工程质量监督,是指依据有关法律、法规、规章、技术标准和规范,对交通工程质量进行监督的行政行为。交通基本建设工程质量监督执法机构承担交通基本建设工程质量监督的职能。根据《公路工程质量监督规定》第七条规定,交通主管部门对公路工程质量监督的职责主要是:监督检查从业单位是否具有依法取得的相应等级的资质证书,从业人员是否按照国家规定经考试合格,取得上岗资格;监督检查建设、勘察、设计、施工和监理单位质量保证体系的针对性、严密性和运行的有效性,以及各单位质量保证体系之间的协调性和一致性;监督检查勘察、设计文件是否符合国家颁布的技术标准和规范要求,设计文件是否达到国家规定的编制要求;监督检查施工、监理和设备、材料供应单位是否严格按照有关质量标准和技术规范进行施工、监理和供应设备、材料;监督检查监理单位的质量管理和现场质量控制情况,以及对公路工程关键部位和隐蔽工程的旁站情况、对各施工工序的质量检查情况;监督检查试验检测设备是否合格,试验方法是否规范,试验数据是否准确,试验检测频率是否符合有关规定;监督检查材料采购、进场和使用等环节的质量情况,并公布抽查样品的质量检测结果,检查关键设备的性能情况;对公路工程质量情况进行抽检,分析主要质量指标的变化情况,评估总体质量状况和存在的主要问题,提出加强质量管理的政策措施和指导性意见,定期发布质量动态信息;对完工项目进行质量检测和质量鉴定。《水运工程质量监督规定》对水运工程质量监督的职责作出了规定。

第五节　交通综合行政执法与联合执法

一、交通综合行政执法

(一)交通综合行政执法的概念、特征

到目前为止,没有在法律、法规层面的交通综合行政执法的概念。一般认

为,交通综合行政执法,是指由依法成立的一个行政机关以自己的名义行使原来由两个以上交通行政主体行使的执法权的交通行政执法体制。交通综合行政执法具有以下特征。

1. 交通综合行政执法机构设置的多样性

交通综合行政执法是对现行交通行政执法体制的改革或创新,目前还处于探索、试点的阶段,各地的做法不尽相同,有关交通综合行政执法机构的设置情况也呈现出多样性的特点。从重庆、广东、深圳等地的试点情况来看,交通综合行政执法机构的设置情况表现为:重庆市的交通综合行政执法机构是交通运输行政主管机关(即重庆市交通运输委员会)下设的独立的执法主体,其性质属于参照公务员管理的事业单位;广东省的交通综合行政执法机构是交通运输行政主管部门的内设机构,不是独立的交通行政执法主体,必须以同级交通运输行政主管部门的名义实施综合行政执法,其性质属于行政机关;深圳市的交通综合行政执法机构是深圳市交通运输行政主管机关(即深圳市交通运输委员会)下设的独立的执法主体,其性质属于行政机关。

2. 交通综合行政执法权能的综合性

交通综合行政执法的本质是对原有交通行政执法权的重新配置,即将原由几个交通行政执法主体行使的执法权交由一个执法机关行使。交通综合行政执法是交通行政执法权的综合,对交通行政执法权的综合包含两层含义:一是,综合的是执法权外延所涵盖的内容,即综合的是交通行政许可权、行政处罚权、行政强制权、行政征收权等各项执法权,而不仅是行政处罚权或行政许可权。换言之,交通综合行政执法是交通行政执法权的相对集中。二是,综合的是交通部门和其他有关部门(如公安机关交通管理部门),或交通部门内部不同执法主体的行政执法权。

3. 交通综合行政执法的体制创新性

现行交通行政执法体制是分散型的、"多头执法"体制,即统一的交通行政执法权分由路政、运政、港航、公安等部门行使的体制。交通综合行政执法是把原由几个执法主体行使的交通行政执法权集中交由交通综合行政执法机构一家行使,是在交通行政执法系统内的集中式或"一元式"执法体制,相对于"多头执法"体制而言,是对原执法体制的创新。

(二)交通综合行政执法与相关概念

1. 交通综合行政执法与交通行政处罚权相对集中

行政处罚权相对集中,是指由依法成立或依法授权的一个行政机关以自己的名义行使原来由两个以上行政机关行使的行政处罚权的行政处罚体制。

综合行政执法是在行政处罚权相对集中的基础上发展起来的;由于行政处罚权是行政执法权的重要组成部分,因此,行政处罚权的相对集中也是一种行政综合执法,是行政综合执法的一种初级表现形式;行政综合执法包含了行政处罚权相对集中,也包含了行政许可权、强制权等执法权的相对集中;《行政处罚法》即是行政处罚权相对集中的法律依据,也是行政综合执法试点工作的法律依据。

交通综合行政执法与行政处罚权相对集中的区别主要有:

(1)综合的执法权能范围不同。行政综合执法综合的是执法权的全部或部分,是由一个机关集中行使全部或部分执法权;而行政处罚权相对集中仅仅综合的是不同部门或同一部门的不同执法主体的行政处罚权,不涉及原执法主体的其他执法权,如,许可权、强制权等。

(2)综合的后果不同。行政处罚权相对集中后,原执法主体仍然存在,只是不得继续行使已被剥离的行政处罚权,未被剥离的执法权仍可被行使;如果综合执法是对原执法主体的全部执法权的集中,则新的执法主体——综合执法机构成立后,原执法主体将被取消。

2. 交通综合行政执法与交通行政联合执法

交通行政联合执法,是指为解决交通行政执法中的一些突出问题,而临时由两个以上不同职能的交通行政主体分别指派一定数量的执法人员,并分别以所属执法主体的名义进行的执法活动。与交通综合执法相比较,联合执法具有如下两个特征。

(1)联合执法是多个执法主体的执法,综合执法是一个执法主体的执法。联合执法是多个执法主体的联合办公,互相配合,不涉及执法主体的合并和变更。尽管联合执法也成立联合执法机构,但成立联合执法机构不是一个独立的执法主体,不能以联合执法机构的名义对外行使权力。联合执法机构是各执主体之间内部构建的相互协助、配合执法的机构,是一个松散的机构,对外是由各参与执法的执法主体按照各自职权在执法文书上署名、盖章的。综合执法机构则是独立的执法主体,能够以自己的名义对外行使执法权。

(2)联合执法具有临时性,综合执法是长效的制度性安排。联合执法是为解决执法过程中出现的突出的、由一个执法主体难以有效执法的问题而临时相互协助、配合的行政执法方式,具有临时性、运动式执法的特点,一旦任务完成,联合执法就会解散。综合执法是长效安排和制度性安排,是对分散型执法体制的革新,是执法体制改革的举措。

(三)交通综合行政执法的依据

交通综合行政执法的依据既有法律,又有规范性文件。

1. 法律

(1)1996年3月17日八届人大四次会议通过的《行政处罚法》。该法第十六条规定:"国务院或者经国务院授权的省、自治区、直辖市人民政府可以决定一个行政机关行使有关行政机关的行政处罚权,但限制人身自由的行政处罚权只能由公安机关行使。"

(2)2003年8月27日十届人大四次会议通过的《行政许可法》。该法第二十五条规定:"经国务院批准,省、自治区、直辖市人民政府根据精简、统一、效能的原则,可以决定一个行政机关行使有关行政机关的行政许可权"。

2. 国务院相关文件

(1)1996年4月22日国务院发布了《关于贯彻执行〈中华人民共和国行政处罚法〉的通知》。该通知要求:各省、自治区、直辖市人民政府要认真做好相对集中行政处罚权的试点工作,结合本地方实际提出调整行政处罚权的意见,报国务院批准后执行;国务院各部门要认真研究适应社会主义市场经济要求的行政执法体制,支持省、自治区、直辖市人民政府做好相对集中行政处罚权工作。

(2)1999年11月国务院办公厅发布发布了《关于全面推进依法行政的决定》。该决定要求在总结相对集中行政处罚权的基础上,扩大试点范围。

(3)2000年国务院办公厅发布了《关于继续做好相对集中行政处罚权试点

工作的通知》。该通知对实行相对集中行政处罚权的领域等试点工作问题提出了统一的要求。

(4)2002年8月,国务院发布了《关于进一步推进相对集中行政处罚权工作的决定》。该决定对相对集中行政处罚权工作作出了具体要求。

(5) 2004年3月国务院发布的《全面推进依法行政实施纲要》。纲要指出,要继续开展相对集中行政处罚权的工作,深化行政执法体制改革,提高行政执法效能,在相对集中行政处罚权的基础上,实行行政执法权的相对集中,推行综合执法,优化行政职权的配置,理顺执法主体之间的关系,避免多头执法。

(四)交通综合行政执法机构的设置

交通综合行政执法机构是独立的行政主体,能够以自己的名义对外行使交通行政执法权,但其设置情况各地不尽一致。这里仅简单介绍一下重庆市和广东省的交通综合行政执法机构的设置。

1. 重庆交通综合行政执法机构的设置

重庆交通综合行政执法机构由重庆市交通综合行政执法机构和区县交通综合行政执法机构构成。

重庆市交通综合行政执法机构,即重庆市交通行政执法总队,隶属于重庆市交通委员会,在主城九区设有总队直属支队和高速公路支队。根据需要,支队以下还设有大队。

区县交通综合行政执法机构,即交通行政执法大队,隶属于主城九区以外的区县(自治县、市)交通行政主管机关。

重庆市交通综合行政执法机构统一使用行政执法专项编制,按照公务员的管理方式进行管理,经费由财政予以保障。

2. 广东交通综合行政执法机构的设置

广东交通综合行政执法机构分为省、市、县三级,即"广东省交通厅综合行政执法局"、"××市交通局综合行政执法局"、"××县(市)交通局综合行政执法局"或"××区交通综合行政执法分局"。综合行政执法机构是广东省、市、县(市、区)交通行政主管部门的内设机关,以同级交通行政主管部门的名义实施综合行政执法。

广东省交通综合行政执法机构统一使用行政执法专项编制,按照公务员的管理方式进行管理,经费纳入同级财政预算。

(五)交通综合行政执法机构的职能

实践中,各地成立的交通综合行政执法机构不尽相同,其职能配置情况也不尽一致。但总的来说,交通综合行政执法机构行使的交通行政执法权的范围包括以下几个方面。

(1)不同性质的交通行政执法权。从行使的执法权的性质上看,综合行政执法机构行使的交通行政执法权包括:交通行政许可权;交通行政处罚权;交通行政强制权;交通行政监督检查权;交通行政征收权等。

(2)系统内的交通行政执法权。综合行政执法机构行使的系统内的交通行政执法权具体包括:道路运政执法权;公路路政执法权;航道执法权;航运执法权;港口执法权;海事执法权等。

(3)系统外的交通行政执法权。综合行政执法机构行使的系统外的交通行政执法权主要是指,公安机关交通管理部门对道路交通安全的行政执法权,但不包括公安机关享有的限制人身自由的行政处罚权。

从交通综合行政执法的实践看:有的地方的交通综合行政执法的范围包括系统外的交通行政执法权,如重庆的交通综合行政执法;有的地方的交通综合行政执法的范围不包括系统外的交通行政执法权,如广东省的交通综合行政执法。另外,无论是在重庆,还是在广东,所谓的综合执法,都是指最狭义的执法,不包括交通行政许可。这一做法体现了交通行政决策权与执行权的分离的行政执法体制改革的要求。

二、联合执法

1. 联合执法的概念

联合执法,是指两个或者两个以上的行政执法机关(机构)根据履行职责的需要,共同进行行政执法监督检查,但是根据各自的法定职责权限分别作出行政执法处理决定的行政执法方式。

2. 联合执法的本质特征

从本质上分析,联合执法不是一种独立的执法种类,而是单独执法的一种特殊形式,具有以下几个特征。

(1)参与联合执法的各行政执法机关(机构)依据各自不同的法律依据,对相同的执法对象进行行政执法,各执法机关(机构)的执法职责是相互独立的,具体的执法目的也不完全相同。

(2)参与联合执法的各行政执法机关(机构)完全可以通过单独执法的方式履行执法职能,之所以在部分阶段共同行动,是为了提高执法效率,或者是某项工作涉及的部门众多,仅靠一家的职能无法取得较大的执法效果。

(3)联合执法一般只限于监督检查和调查阶段,并且各执法机关(机构)只适用本机关(机构)的执法程序调查取证,并对此独立承担法律责任。

(4)参与联合执法的各执法机关(机构)依照各自遵守的法律法规、规章单独作出行政执法决定,而不能以参与联合执法的各机关以共同名义对外作出。

简单地说,联合执法并不产生新的行政执法主体,而只是原本就存在的各个行政执法主体共同行动。

3. 交通运输行政联合执法的范围

交通运输行政联合执法主要发生在由一个执法主体执法效果不理想,难以执法,从而需要政府统一组织几个相关执法主体进行联合执法的领域。常见的交通运输行政联合执法主要发生在以下一些领域。

(1)治理车辆超载超限运输。超载超限运输涉及多个部门的职责,需要路政、运政、公安等多个执法机关(机构)共同参与、联合执法。在治理超载超限运输的实践中,路政和公安机关交通管理部门的联合执法比较常见,有的地方的道路运输管理机构也参与了联合治超活动。

(2)打击非法营运。非法营运在一些地方非常猖獗,暴力抗法现象时有发生,有些甚至带有黑社会性质,仅靠运政执法一家难以进行有效打击,往往需要公安机关配合执法、联合执法。因此,在打击非法营运的执法上,各地政府一般是组织运政和公安进行联合执法。

(3)其他领域。如,查处建筑工地非法拉土车的联合执法,"水上执法一盘棋","水上专项联合执法",高速公路执法中的"路警共建机制"等。

第六节 交通运输行政执法人员

一、交通运输行政执法人员概念

交通运输行政执法人员是指在交通运输行政机关、法律法规授权的交通运输行政执法机构以及交通运输行政机关依法委托的组织中从事行政执法工作的人员。

交通运输行政执法人员包括交通运输行政机关的执法类公务员，法律法规授权的交通运输行政执法机构的执法人员，也包括交通运输行政机关委托执法组织的执法人员。

总之，交通运输行政执法人员是指所有具备交通运输行政执法资格，从事交通运输行政执法活动的公务人员。

二、交通运输行政执法人员资格

行政执法行为直接影响公民、法人和其他组织的合法权益，因此，为保证行政执法人员具有相应的能力和水平，实现依法行政，构建法治政府，保护公民、法人和其他组织的合法权益。在行政执法实务方面，我国通过越来越多的法律、法规、规章和规范性文件，建立了行政执法人员资格制度、行政执法证件管理制度，规定所有门类的行政执法人员必须按规定取得执法资格才能从事行政执法工作，并对行政执法人员的条件作出了规定。

1. 执法人员资格制度

《公务员法》第十四条："公务员职位类别按照公务员职位的性质、特点和管理需要，划分为综合管理类、专业技术类和行政执法类等类别。"将行政执法类公务员作为公务员的三大类别之一。

《国务院全面推进依法行政实施纲要》："实行行政执法人员资格制度，没有取得执法资格的不得从事行政执法工作。"

《国务院关于加强市县政府依法行政的决定》规定："健全行政执法人员资

格制度,对拟上岗行政执法的人员要进行相关法律知识考试,经考试合格的才能授予其行政执法资格、上岗行政执法。进一步整顿行政执法队伍,严格禁止无行政执法资格的人员履行行政执法职责,对被聘用履行行政执法职责的合同工、临时工,要坚决调离行政执法岗位"。

2. 执法证件管理制度

《行政处罚法》三十七条规定:"行政机关在调查或者进行检查时,执法人员不得少于两人,并应当向当事人或者有关人员出示证件"。

交通运输部2011年颁布的《交通运输行政执法证件管理规定》(交通运输部令2011年第1号)第二条规定:交通运输行政执法证件是取得交通运输行政执法资格的合法凭证,是依法从事公路路政、道路运政、水路运政、航道行政、港口行政、交通建设工程质量安全监督、海事行政、交通综合行政执法等交通运输行政执法工作的身份证明。交通运输行政执法证件包括《交通运输行政执法证》和《海事行政执法证》。

3. 交通运输行政执法人员应具备的条件

根据交通运输部2011年颁布的《交通运输行政执法证件管理规定》(交通运输部令2011年第1号)的规定,申领交通运输行政执法证件应当具备以下条件:

(1)十八周岁以上,身体健康;

(2)具有国民教育序列大专以上学历;

(3)具有交通运输行政执法机构正式编制并拟从事交通运输行政执法工作;

(4)品行良好,遵纪守法;

(5)法律、行政法规和规章规定的其他条件;

(6)参加交通运输行政执法人员资格培训,经交通运输行政执法人员资格考试合格。已经持有《交通行政执法证》但不符合前款规定的第(2)项、第(3)项条件的人员,可以通过申请参加交通运输行政执法人员资格培训和考试,取得《交通运输行政执法证》。

同时,下列人员不得申请参加交通运输行政执法人员资格培训和考试,不得申领交通运输行政执法证：

(1)曾因犯罪受过刑事处罚的；

(2)曾被开除公职的。

三、交通运输行政执法人员与执法机关(机构)的关系

交通运输行政执法活动是由成千上万的交通运输行政执法人员代表其所属的行政执法机关(机构)来具体实施的,行政执法人员与其执法主体联系紧密、不可分割。

但是,交通运输行政执法人员不是行政执法主体。两者之间的关系有以下特点：

(1)交通运输行政执法人员是依法行使交通运输行政执法职权的工作人员,虽然他们与所属的交通运输行政机关(执法机构)有法律上的职务关系,但他们只是以所属执法机关(机构)的名义具体行政职权的实施者。

(2)交通运输行政执法人员的职务行为的一切后果归属于交通运输行政机关(执法机构),交通运输行政执法人员并不直接承担其具体执法行为所引起的法律后果。

思考题

1.简述行政执法主体的概念。

2.简述相对集中处罚权与综合执法的关系。

3.简述行政委托的概念及其条件。

4.交通运输行政执法人员的资格条件有哪些？

5.简述行政委托与行政授权的区别？

案例分析

1996年8月25日,原告威天广告公司向某市工商行政管理局申请发布"蓬莱阁"牌香烟广告,获批准。同年9月2日,原告又向被告某市建委下属部门某市城管处申请在化工路东北角设置广告牌,发布内容是"威天广告忠告市民吸

烟有害健康"的公益广告,并附"吸烟有害健康"公益广告的小样。某市城管处以市建委的名义,向原告核发了《某市户外广告、环境艺术品设置许可证》,批准原告在申请位置设公益广告牌,使用期限自1996年9月12日至1997年9月11日,同时注明"必须按审定的小样绘制设置,否则按违章处理"。10月12日,原告按审批的广告小样绘制设置了"吸烟有害健康"的公益广告。10月26日,原告又擅自将广告牌内容更改为"蓬莱阁"牌香烟商业广告。当日,城管处发现原告的违法行为后,即书面通知其于10月30日前按审批的广告小样内容设置,逾期不作处理,将强行拆除。第二日,又向原告下发了限期改正通知书。11月17日,城管处组织人员拆除了广告牌上的"蓬莱阁"牌烟盒图案和有关烟草字样。11月21日,城管处对原告罚款7.2万元并责令其承担拆除费用635元。

原告对被告的强行拆除和行政处罚决定不服,于1996年11月28日以某市建设委员会为被告向某市人民法院提起行政诉讼。

原告诉称:被告委托的城管处不具有执法主体资格,其执法行为没有法律依据。被告下属部门无权强行拆除广告,更无权作出行政处罚。况且,该处罚决定既没有引用依据的规范性文件,也没有向原告交代相关权利,属于无效的行为。被告的违法行为损害了原告的企业形象并造成经济损失。原告请求法院判决:①撤销被告违法的强制拆除行为和行政处罚决定;②被告将破坏的广告牌恢复原状;③赔偿广告遭拆除至广告牌恢复原状期间的广告费1472.88元;④责令被告停止侵害、公开赔礼道歉、恢复名誉、消除社会影响。

被告辩称,原告以设置公益广告为由获得批准后,却擅自发布了商业性烟草广告,其行为是违法的,被告的行政处罚有法律依据,程序上一些表面形式失范,不影响程序整体的合法性。

某市人民法院经审理认为,市城管处接受被告的委托实施行政管理职能,应在受委托范围内以委托行政机关名义实施行政管理职能,其以自己名义实施的具体行政行为系执法主体不合法,违反法定程序,法院不予支持。原告以发布公益广告为由申请设置广告路牌,获得批准后,又擅自将内容改为推销香烟广告,原告的行为与法相悖,其要求被告赔礼道歉、恢复原状、赔偿经济损失、恢复名誉等请求不能支持。据此,一审法院判决:①撤销被告下属单位城管处的强行拆除广告行为;②撤销城管处于1996年11月21日作出的行政处罚决定;③驳回原告起诉书中其他诉讼请求;④案件受理费100元,由原被告双方各自承担50元。

问题

1. 行政委托及其特征是什么?
2. 本案中强制拆除和行政处罚在主体上是否合法?并阐述理由。

第六章

交通运输行政执法行为

第一节 交通运输行政执法行为概述

一、交通运输行政执法行为及类别

(一) 交通运输行政执法行为的概念及特征

交通运输行政执法行为,是指交通运输行政执法机关及其工作人员为实现交通运输行政管理职能而作出的具体行政行为。

交通运输行政执法行为的主要特征:

1. 从属法律性

交通运输行政执法行为是执行法律的行为,从而必须从属于法律。任何行政执法行为必须有法律根据,依法行政是民主和法治的基本要求。

2. 单方性

交通运输行政执法行为是交通运输行政执法机关行使国家行政权的行为,与民事法律行为不同,行政执法行为是由交通运输行政执法机关的单方作出的,无需相对人的同意。例如,在道路运输管理中,对经监督检查发现的非法营运车辆,道路运输管理机构在实施行政处罚这一执法行为时,无需征得当事人同意。对罚款金额的讨价还价是对行政执法权的滥用。绝大多数交通运输行政执法行为属于单方法律行为,如,行政处罚、行政许可、行政强制、行政征收等,也有个别行政执法行为被认为属于双方法律行为,如订立行政合同的行为。

3. 强制性

交通运输行政执法行为是法律的一种实施,法律的强制性就必然体现为行政执法行为的强制性。如果行政相对人不自觉履行法律规定的义务,就有可能导致强制执行的发生。行政执法行为的强制性与单方意志性是紧密联系的,没有行政执法行为的强制性,行政执法行为就难以作出和实现。例如,按照《中华人民共和国公路法》的规定,在公路路政管理中,如当事人不拆除公路用地范围内非法设立的非公路标志,公路管理机构就可以依法实施强制拆除。

4. 无偿性

交通运输行政执法行为是一种通过实施法律来实现的公共服务,是无偿的。行政主体实施法律所需的经费只能由国家财政来负担。《中华人民共和国行政许可法》规定,行政机关实施行政许可,不得向当事人收取费用。就行政执法行为而言,无偿是原则,有偿是例外。

5. 服务性

我们的政府是人民的政府,包括行政执法行为在内的所有政府行为,都是以服务人民群众为宗旨的,交通运输行政执法行为也不例外。交通运输行政执法行为以维护交通运输市场秩序、保障交通基础设施安全畅通、服务社会公众方便安全快捷出行为己任,在本质上属于公共服务行为。

(二)交通运输行政执法行为的类别

交通运输行政执法行为属于具体行政行为,实践中,交通运输行政执法行为主要有行政检查、行政许可、行政处罚、行政强制、行政征收、行政确认、行政奖励、行政指导、行政合同、行政裁决等。其中行政许可、行政处罚、行政强制、行政征收等执法行为是较为常见的交通运输行政执法行为。

根据不同的标准,可对上述交通行政执法行为作出不同的分类。

1. 依职权的执法行为和依申请的执法行为

以执法行为是否由执法机关主动实施为标准,可将交通运输行政执法行为区分为依职权的执法行为和依申请的执法行为。

依职权的执法行为,是指无须相对人请求,执法机关依据法定职权可主动实施的执法行为。如,交通行政处罚、强制、征收等行为。

依申请的执法行为,是指交通运输执法机关只有在相对人提出请求后才能实施的执法行为。如交通运输行政许可行为等。

2. 授益性执法行为和侵益性执法行为

以执法行为对相对人所造成的影响有利与不利为标准,可将交通运输行政执法行为区分为授益性执法行为和侵益性执法行为。

授益性执法行为,是指授予相对人权益或免除其义务的执法行为。如交通运输行政许可行为等。

侵益性执法行为,是指为相对人设定义务或剥夺相对人利益的执法行为。如交通运输行政处罚、强制等行为。

3. 作为的执法行为和不作为的执法行为

以执法行为是否改变现有的法律状态为标准,可将交通运输行政执法行为区分为作为的和不作为的执法行为。

作为的执法行为又称积极的执法行为,是指执法机关积极地作出改变现有权利义务状态的执法行为。如,颁发许可证的行为、作出行政处罚的行为、作出强制措施的行为等。

不作为的执法行为,又称消极的执法行为,是指执法机关消极地维护现有权利义务状态的执法行为。如,交通运输行政执法机关对相对人提出的行政许可申请不予答复的行为等。

4. 羁束性执法行为和裁量性执法行为

此种分类的标准是执法行为受法律约束的程度。

羁束性执法行为,是指执法机关对作出执法行为所涉及的事项没有选择的余地,必须严格按照法律规定实施的执法行为。如,根据《道路货物运输及站场管理规定》第七十二条,货运站经营者擅自改变道路运输站(场)的用途和服务功能的,由道路运输管理机构责令改正;拒不改正的,处3 000元罚款;有违法所得的,没收违法所得。据此,运政执法机关作出的相关执法行为就属于羁束性执法行为。

裁量性执法行为,是指执法机关可在符合法律规定的原则、幅度等条件下,根据案件的具体情况有选择地作出执法决定的执法行为。绝大多数的交通运输行政处罚行为都属于裁量性执法行为。

二、交通运输行政执法行为的效力

(一) 交通运输行政执法行为效力的含义

交通运输行政执法行为成立便对交通运输行政相对人和交通运输行政主体等产生法律上的效力。每项交通运输行政行为的法律效力，视其行为所依据的法律规范、所针对的行政事项及行为的内容等方面的不同而不尽相同。但就一般来说，所有交通运输行政行为都具有确定力、拘束力、公定力、执行力。

(二) 交通运输行政执法行为效力的内容

1. 交通运输行政执法行为具有确定力

所谓交通运输行政执法行为的确定力，是指有效成立的交通运输行政执法行为，具有不受任意改变的法律效力，即非依法不得随意变更或撤销、重作。交通运输行政执法行为的确定力表现在：对交通运输行政主体来说，非依法定程序和理由，不得随意改变其行为内容，或就同一事项重新作出行为；对于交通运输行政相对人来说，不得否认交通运输行政执法行为的内容或随意理解行为内容，非依法也不得改变行政行为。例如，交通运输行政机关在发给运输企业道路运输经营许可证后，就不得随意改变许可事项和范围；而持有道路运输经营许可证的运输企业也不得随意改变许可范围，或从事许可范围以外的活动。

交通运输行政执法行为具有不可变更力并不意味着交通运输行政执法行为绝对不可以改变，而是说交通运输行政执法行为作出后不得随意撤销或变更。基于法定事由，经过法定程序，交通运输行政执法行为可以依法改变，如通过行政复议、行政诉讼等。

2. 交通运输行政执法行为具有拘束力

交通运输行政执法行为的拘束力，是指已生效的交通运输行政执法行为所具有的约束和限制交通运输行政执法主体和交通运输行政执法相对人行为的法律效力。交通运输行政执法行为的拘束力具体表现在以下两个方面。

一是，对相对人的拘束力。交通运输行政执法行为是针对交通运输行政相对人作出的，因此，其拘束力首先指向相对人。对于生效的交通运输行政执法行为,相对人必须严格遵守、服从和执行,完全地履行交通运输行政执法行为的内容或设定的义务,不得违反或拒绝,否则,就要承担相应的法律后果。

二是,对执法主体的拘束力。交通运输行政执法行为的拘束力不仅仅针对相对人。交通运输行政执法行为生效后,交通运输行政执法机关同样要受其拘束。

3. 交通运输行政执法行为具有公定力

所谓交通运输行政执法行为具有公定力,是指交通运输行政执法主体作出的交通运输行政执法行为,不论是否合法,都推定为合法有效,相关的当事人都应遵守或服从。公定力是一种经推定或假定的法律效力,交通运输行政执法行为在经法定程序由法定机关推翻前,都应对其作合法的推定。因此,公定力并不意味着交通运输行政执法行为的真正合法。

4. 交通运输行政执法行为具有执行力

交通运输行政执法行为具有执行力,是指已生效的交通运输行政执法行为要求交通运输行政执法主体和交通运输行政相对人对其内容予以实现的法律效力。

执行力是对行政执法主体和行政相对人双方的一种法律效力。交通运输行政执法主体和交通运输行政相对人对交通运输行政执法行为所设定的内容都具有实现的权利义务。当该行为为交通运输行政相对人设定义务时,交通运输行政执法主体具有要求交通运输行政相对人履行义务的权利,交通运输行政相对人负有履行义务的义务。当该行为为交通运输行政相对人设定权利即为交通运输行政主体设定义务时,交通运输行政相对人具有要求交通运输行政主体履行义务的权利,交通运输行政主体负有履行义务的义务。

在理论和实务中,认为执行力只是针对行政相对人的观点是不可取的。

三、交通运输行政执法行为的无效、撤销、变更与废止

行政行为的无效、撤销、废止是三个相互联系又有重要区别的概念。虽然三者都导致行政行为效力的终止,但引发的原因不同,效力终止的时间和情形也不一样。我国目前尚未出台统一的行政程序法,对行政行为无效、撤销、变更、废止

的条件和法律结果尚无统一的法律规定。

（一）交通运输行政执法行为的无效

交通运输行政执法行为的无效，是指交通运输行政执法行为成立时具有重大而明显违法情形，有权国家机关可以确认或宣告该行为无效。无效行政行为并非自行丧失其效力，需要有关国家机关的确认或宣告。一般说来，行政行为具有重大违法情形、行政主体不明确或明显超越职权、行政主体受胁迫、行政行为的实施将导致犯罪、没有可能实施的行政行为等都属于无效行政行为。

经确认或宣告为无效的交通运输行政行为，原则上自始不具有法律效力，包括不具有公定力。无效交通运输行政行为之所以原则上应被确认自始不具有法律效力，是因为它成立时就具有违法情形，而不是成立时合法、后来不符合法律要求的。经确认为无效后，对确认前已经发生的法律效果，应当依法作出处理，相对人已取得的利益应被收回，所负有的负担应予解除。

（二）交通运输行政执法行为的撤销

交通运输行政执法行为的撤销，是在其具备可撤销的情形下，由有权国家机关作出撤销决定后而使之失去法律效力。交通运输行政行为撤销的条件一般是指成立时该行为具有违法情形或瑕疵。《行政诉讼法》第五十四条规定，主要证据不足的，适用法律、法规错误的，违反法定程序的，超越职权或滥用职权的，判决撤销或者部分撤销，并可以判决被告重新作出具体行政行为。

《行政许可法》第六十九条规定，行政机关工作人员滥用职权、玩忽职守、超越法定职权、违反法定程序、对不具备申请资格或者不符合法定条件的申请人准予行政许可的，作出行政许可决定的行政机关或者其上级行政机关，根据利害关系人的请求或者依据职权，可以撤销行政许可。

交通运输行政行为撤销的法律效果。交通运输行政行为自撤销之日起失去法律效力，撤销的效力可一直追溯到交通运输行政行为作出之日。处理的原则，与无效交通运输行政行为法律效果的处理原则基本相同。

（三）交通运输行政执法行为的变更

交通运输行政执法行为的变更，是指对交通运输行政执法行为的部分内容、形式或法律依据进行改变，使原执法行为的效力发生部分变动。交通运输行政执法行为的变更是对交通运输行政执法行为的部分内容的改变,未经变动的部分始终保持其法律效力,不受变更的影响。

交通运输行政执法行为一经作出就具有确定力,不得随意改变。能导致执法行为变更的情形通常有两种:一是法律或形势发生了重大变动;二是原执法行为的内容部分违法或不当。如:误写误算等文字错误、表述不明的、告知错误的、应在事后追认而未经追认、内设机构实施的行政执法行为、应说明理由而未说明理由等。

交通运输行政执法行为变更后,相对人的法律地位并不发生改变;变更的内容自变更之日起丧失法律效力;因变更给无过错的相对人造成的损失应依法给予赔偿或补偿。

(四)交通运输行政执法行为的废止

交通运输行政执法行为的废止,是指因一定的原因合法有效的交通运输行政执法行为不宜再存续,执法机关消灭该执法行为的行为。被废止的行为在其成立之时是有效的,所以要废止,是因为执法行为作出后客观情况发生了变化。

废止交通运输行政执法行为应当具备一定的条件:废止的原因是法律法规或客观形势发生了重大变化;废止必须符合社会公共利益的需要;必须具有法律上的依据。

被废止的交通运输行政执法行为自废止决定所确定的时间起丧失法律效力,废止之前的法律效力不受废止行为的影响;因废止给相对人造成较大损失,执法机关应适当予以补偿。

第二节 交通运输行政许可

一、交通运输行政许可的概念

交通运输行政许可,是交通运输行政主体根据公民、法人或其他组织的申请,准予其从事某种特定的交通运输活动的行为。交通运输行政许可的概念包括以下含义。

依据交通行政许可的定义,交通行政许可有以下特征:

(1)交通运输行政许可是依申请的行政行为。《行政许可法》规定,行政许可必须"根据公民、法人或者其他组织的申请"进行,因此,交通运输行政许可是依申请的行政行为。作为依申请的行政行为,相对人提出许可申请是许可的前提条件,没有相对人的申请,交通运输行政许可机关不得主动作出许可行为。

(2)交通运输行政许可是有限设禁和解禁的行政行为。从事某些交通运输活动对一般人是禁止的,也就是说,不是所有的人都可以自由地从事某些交通运输活动,只有取得了交通运输行政许可的人才可以从事某些交通运输活动,从此意义上讲,交通运输行政许可是将对一般人禁止的事项,向特定人解除禁止。行政许可的实质是对一般禁止的解除。行政许可的设定就是法律对一般人从事某项活动的禁止,即一般禁止;行政许可的实施就是对符合许可条件的人从事某项活动的解禁。

(3)交通运输行政许可是授益性行政行为。交通运输行政许可是赋予相对人某种权利或资格的具体行政行为,在行政法理论上属于授益性行政行为。交通行政处罚和强制属于侵益性行政行为,是对相对人的权益的剥夺或限制。

(4)交通运输行政许可是要式行政行为。许可机关作出交通运输行政许可行为必须遵循法定程序,并以正规的文书、格式、日期、印章等形式予以批准、认可和证明,所颁发的许可证都是统一设计、印制的,因此,交通运输行政许可是要式行政行为。

二、交通运输行政许可的分类

(一)根据《行政许可法》的规定进行分类

根据《行政许可法》的规定,按照行政许可的性质、功能和适用条件,行政许可可分为:普通许可、特许许可、认可、核准、登记等。

1.普通许可

普通许可,指交通行政许可机关准予符合法定条件的公民、法人或其他组织从事特定交通运输活动的行为。它是一种普遍采用的行政许可,主要功能是防止危险,保障安全。

普通许可主要适用的事项有:直接涉及国家交通安全、交通公共安全、经济宏观调控、生态环境保护以及直接关系人身健康、生命财产安全等特定的活动,需要按法定条件予以准许的事项。普通许可,如:道路客运班线经营许可、危险货物运输许可、客运站经营许可等。

2. 特许

特许,是指交通运输行政主体代表国家依法向交通运输行政相对人转让某种特定权利的行为。

特许一般适用于下列事项:有限交通自然资源的开发利用,有限交通公共资源的配置,直接关系到公共利益的交通垄断性企业的市场准入等。

3. 认可

认可,是指交通运输行政主体对申请人是否具有特定交通技能和资格的认定。

认可主要适用于提供交通公众服务并直接关系到交通公共利益的职业、行业,需要确定具备特殊信誉、特殊条件或特殊技能的资格、资质的事项。

4. 核准

核准,是指交通运输行政主体对某些事项达到特定技术标准,经济技术规范的判断确定。

核准适用的事项有:直接关系交通公共安全、人身健康、生命财产安全的主要设备、设施的设计、建造、安装和使用,直接关系人身健康、生命财产安全的特定产品、物品检验和检疫等。

5. 登记

登记,是指交通运输行政主体确定相对人的特定交通运输主体资格的行为。

登记主要确定个人、企业或其他组织特定主体资格和特定身份的事项。

关于交通运输企业、交通运输服务企业,重要的交通运输设备的制造、维修业的市场准入的工商登记,是以交通运输行政主体的许可为前置条件,即凭交通运输行政主体颁发的交通运输行政许可文件,方能到工商部门办理工商登记。

(二)按照交通行政许可的事项进行分类

依据交通运输法律、行政法规的规定,交通运输行政许可的事项可划分为涉

第六章 交通运输行政执法行为

路、涉港、涉航的工程设施许可；交通运输市场准入；交通运输服务企业市场准入；交通运输安全特岗人员的资格许可；交通特定行为的临时性许可等五大类。

(1)涉路、涉港等工程设施的许可。依照法律规定，交通运输主管部门或经法律、法规授权的公路管理机构、海事机构、港口航运管理机构依据《公路法》、《港口法》、《内河航运管理条例》等法律、法规，对涉及利用、占用公路、港口、航道、航道岸线设施以及交通站、场等工程设施的许可。

(2)法定的交通建筑控制区和规划控制区占用、利用的许可。交通基础设施为保证交通基础设施的安全和交通运营的安全，一般都设建筑控制区和规划控制区。如公路设建筑控制区等。

(3)交通运输市场准入许可，是指公路的客、货运输企业；水路客、货运输企业；车辆、船舶的制造、机动车维修业等。

(4)交通运输服务市场准入许可，包括道路客运、货运的站场、营业性停车场，代办运输的中介企业、物流服务企业、装卸企业，水路经营港口、码头，代理水路运输的中介企业，船舶的水上拆解作业、船舶载运危险物品的装运企业等许可。

(5)交通运输特岗人员许可，包括公路客、货运输的驾驶员岗位证书，船舶船员、航空业的地面和空勤人员的适任证书、适航证书或适任资格等。

(6)特殊的临时性交通行为的许可，包括船舶过港、进出港口、码头许可等临时性许可。这类许可程序简单，一般以签证方式进行。

三、交通运输行政许可的基本原则

交通运输行政许可的基本原则是交通运输行政主体履行行政许可职责所必须遵循的准则。

(1)法定原则。这一原则包括交通运输行政许可的内容必须有法律规定，实施交通运输行政许可必须是法定主体，并在法定职权范围内实施，交通运输行政许可的运行程序也必须依法律规定运行。

(2)公开、公平、公正原则。公开是指交通运输行政许可的法律规范和依据应公开，包括程序公开、有收费项目的有关收费依据和标准应公开；公平，即对所有的许可申请人应一视同仁地加以对待;公正,即不论申请人的身份、地位如何,在同等条件下,执行统一标准,实施交通运输行政许可。

(3)合理裁量原则。交通运输行政许可适用的条件和范围一般都有很大的裁量空间,因而要求交通运输行政许可主体遵循合理裁量的原则。如穿(跨)越公路或航道的设施,除有碍交通安全的有强制性规定外,对设置地点和高度没有强制性规定,这就要求交通运输行政主体根据申请人的需求,兼顾经济原则合理地予以裁量。特别对占用、利用涉及公路设施及港航设施的损坏和占用补偿方面,更应兼顾经济原则合理地裁量。

(4)效率和便民原则。效率和便民原则,就是指公民、法人和其他组织在交通运输行政许可过程中能够廉价、便捷、迅速地申请并获得许可。

(5)救济原则。救济是指公民、法人或其他组织认为交通运输行政主体在实施行政许可、侵犯其合法权益时,请求国家予以补救的制度。救济权即交通运输行政许可的申请人或利害关系人认为实施交通运输行政许可的主体不适格,许可内容和许可的实施程序违法侵害自己的合法权益,依法提起行政复议和行政诉讼的权利。

(6)监督原则。是指交通运输行政机关应当依法加强对交通运输行政主体实施交通运输行政许可和从事交通运输行政许可事项活动的监督。这种监督依照《行政许可法》的规定包括两个方面,一是交通运输行政主体内部的监督,即交通运输行政主体对内部实施行政许可的程序、执行标准,有无徇私枉法和其他违规行为的监督;二是对实施交通运输行政许可项目的相对人的监督。另外,许可主体还须对许可的实施进行监督,这被称为"谁许可,谁监督"原则。

四、交通运输行政许可的设定权

1. 法律的交通运输行政许可设定权

全国人民代表大会及其常务委员会可以通过制定法律设定一些重要的交通运输行政许可。

2. 行政法规的交通运输行政许可的设定权

法律没有设定交通运输行政许可的,行政法规可以设定交通运输行政许可,即行政法规可以设定法律已设定交通运输行政许可以外的交通运输行政许可。对于法律已设定行政许可的,行政法规可以对法律已设定的交通运输行政许可做出具体的规定。

3. 国务院决定交通运输行政许可的设定权

必要时国务院可以采用决定的方式设定交通运输行政许可。实施后,除临时性交通运输行政许可事项外,国务院应当及时提请全国人民代表大会及其常务委员会制定法律或自行制定行政法规。

4. 地方性法规的交通运输行政许可的设定权

地方性法规可以设定在本行政区域内有效的法律、行政法规没有设定的交通运输行政许可。

5. 省级政府规章交通运输行政许可的设定权

《行政许可法》第十五条规定,尚未制定法律、行政法规、地方性法规的,因行政管理的需要,确需立即设定交通运输行政许可的,省级人民政府可以制定规章,设定临时性交通运输行政许可。临时性交通运输行政许可实施一年后仍需继续实施的,应当报请本级人民代表大会及其常务委员会制定地方性法规。

地方性法规和省级政府规章设定的交通运输行政许可有以下条件限制:一是不能设定应由国家统一确定的公民、法人或其他组织的资格、资质的交通运输行政许可;二是不得设定企业或其他组织的设立登记等前置性交通运输行政许可,如,交通运输企业的市场准入的工商登记前置性许可不得由地方性法规和省政府规章设定;三是地方性法规和省政府规章制定的交通运输行政许可,不得限制其他地区的个人或企业到本地区从事生产经营和提供服务,不得限制其他地区的产品进入本地市场。

五、交通运输行政许可的实施

1. 交通运输行政许可实施的主体

交通运输行政许可实施的主体,是指能够以自己的名义独立地实施交通运输行政许可事项,并独立承担法律后果的行政机关或法律、法规授权的组织。

2. 实施交通运输行政许可的程序

1)交通运输行政许可实施程序的概述

交通运输行政许可实施程序是指交通运输行政许可的实施主体从受理交通运输行政许可申请到作出准予、拒绝、中止、变更、收回、撤销交通运输行政许可决定的步骤、方式和时限的总称。

2）实施交通运输行政许可的一般程序

（1）申请与受理

申请的内容因交通许可项目的内容不同则有较大的区别。除申请人的基本情况外，实质内容因申请项目内容不同而有明显的差异。例如，申请涉路、涉港、涉航、涉站场等交通基础设施的，一般应具有工程拟设地点、工程方案、工程性质和用途，并附有经批准的工程设计文件、施工组织和相应的资质条件、工程设计图，保护公路、港口、航道、机构以及相关站场的安保措施和施工规程等内容；申请从事道路、水路运输的，一般应具有明确的交通运输的项目，从事运输的工具型号、类别；车辆、船舶的驾乘人员获得相应的适任资格或证明；使用车辆、船舶经检验合格；有明确的营运范围的应注明营运范围；运输工具的数量、吨位等内容。

受理是指交通运输行政主体对公民、法人或其他组织提出的申请进行形式审查后，认为该申请事项依法属于本机关职责范围和本机关管辖，申请材料齐全，符合法定形式的，而决定接受其申请的活动。自受理之日起，交通运输行政许可的期间开始计算，经审查不论是否给予交通运输行政许可，都应在期间内做出决定。

（2）审查与决定

交通运输行政主体受理行政许可后，应当对有关申请材料进行审查。交通运输行政许可一般以书面审查，实地检查，对涉路、涉港、涉航或有关站场要进行现场勘查，听取利害关系人的意见和其他审查方式进行。依法应当先经下级交通运输行政机关审查后报上级交通运输行政机关决定的行政许可，下级交通运输行政机关应当在法定期限内审查完毕，并将初步审查意见报送上级交通运输行政机关。

交通运输行政主体对行政许可申请进行审查后，对于申请材料齐全、符合法定形式，能够当场作出决定的，应当当场作出书面行政许可决定。不能当场作出决定的，应当自受理交通运输行政许可申请之日起二十日内作出行政许可决定。二十日内不能作出决定的，经本行政机关负责人批准，可以延长十日。

申请人的申请符合法定条件、标准的，交通运输行政主体应当依法作出准予行政许可的书面决定。交通运输行政执法主体作出不予行政许可的书面决定的,应当说明理由,并告知申请人依法申请行政复议或者提起行政诉讼的权利。

交通运输行政主体应当在作出准予交通运输行政许可决定之日起十日内完成颁发并送达行政许可证件或加贴标签、加盖检验、检测、检疫印章的工作。

(3)听证程序

听证是交通运输行政主体在作出影响交通运输行政相对人合法权益的决定前,由交通运输行政主体告知决定理由和听证权利,交通运输行政相对人表达意见、提供证据,交通运输行政主体听取意见、接纳证据以及双方对证据进行质证的程序所构成的一种法律制度。

听证程序一般是应申请人的听证申请进行听证,但涉及法律、法规、规章规定应当举行听证的事项或涉及重大社会公众利益的许可,交通运输行政主体应当主动举行听证,如运管机构对出租车扩容的许可。

(4)变更与延续程序

交通运输行政许可的变更指被许可人取得许可后,因其从事的部分内容发生变化,如被许可从事道路运输企业,又拟兼营维修业,其增加的内容,超出了准予交通许可的事项,或超出交通运输行政许可规定的活动范围,而申请对原交通运输行政许可准予从事活动的内容或范围予以变更。变更申请应向原交通运输行政主体提出。变更申请应着重述明变更的理由、变更的内容或范围等。审查与决定适用一般许可程序的规定。

交通运输行政许可的延续,是指在交通运输行政许可有效期届满后,延长交通运输行政许可的有效期间的活动。交通运输行政许可的延续不适用于一次性有效地交通运输行政许可。没有期限限制的许可不需申请延续,如适任证,但需按规定进行定期审验。被申请人提出延续交通运输行政许可有效期限的,应当在行政许可有效期满三十日前提出。审查与决定适用许可的一般程序。

(5)交通运输行政许可的特别程序

行政许可实施的一般程序,但因涉及交通运输行政许可内容的多样性,尚需有特别程序作补充。一般有国务院直接实施交通运输行政许可的程序、有数量限制的交通运输行政许可程序、特许许可程序、认可许可程序、核准程序与登记程序等。

第三节 交通运输行政处罚

一、交通运输行政处罚的概述

(一)交通运输行政处罚的概念

交通运输行政处罚是交通运输行政机关或法律、法规规定授权的具有管理交通事务公共职能的组织,对违反行政管理秩序的公民、法人或其他组织的行政制裁。

交通运输行政处罚具有以下法律特征:

第一,交通运输行政处罚的主体是具有行政处罚权的交通运输主管部门和法律法规授权的组织。

第二,交通运输行政处罚是对违反行政法律规范的公民、法人或者其他组织作出的。

第三,交通运输行政处罚属于行政制裁的范畴。

(二)交通运输行政处罚的基本原则

1. 法定原则

交通运输行政处罚的依据是有效的法律规定,即法律、行政法规、地方性法规部门或政府规章可以设定行政处罚。实施交通运输行政处罚的主体和职权是法定的。交通运输行政处罚的程序是法定的。

2. 公正、公开原则

公正原则是指不论当事人的身份、地位的不同都应当一视同仁地按照法律规定给予处罚。

公开原则是指交通运输行政处罚都必须公开实施,它即包括处罚的依据要公开,也包括行政处罚的运行程序要公开。同时,对特定的案件、当事人要求公开听证的,应当公开组织听证。

3. 处罚与教育相结合原则

处罚与教育相结合原则,是指设定与适用行政处罚既要体现对交通违法行为人的惩罚或制裁,又要贯彻教育交通违法行为人自觉守法的精神,实

第六章 交通运输行政执法行为

现制裁与教育的双重功能。交通运输行政处罚是对交通违法行为人的惩罚或制裁,但是,惩罚并不是交通运输行政处罚的唯一内容,也不是最终目的。我们的交通运输行政处罚制度本身就包含着教育的成分和作用。

4. 保障相对人权利原则

《行政处罚法》在程序部分,规定了必须充分听取被处罚人的陈述和申辩的程序制度,尤其是听证制度,再有行政复议和行政诉讼的法律制度,其目的都在于通过内部和外部的法律监督和保障制度,使相对人的权利得到充分的保障。对此被人们认为,"无救济不得实施行政处罚"。保障相对人权利原则还包括"一事不再罚"原则。

二、交通运输行政处罚种类与设定

(一)交通运输行政处罚的种类

交通运输行政处罚的种类,是交通运输行政处罚的具体表现形式,按照处罚的性质,分为四类。

1. 申诫罚

申诫罚是交通运输行政主体对违法相对方的名誉、荣誉、信誉或精神上的利益造成一定损害以示警戒的行政处罚。又称为声誉罚或精神罚。其主要形式有警告、通报批评等。主要适用于交通违法行为情节轻微的违法行为。

2. 财产罚

财产罚是指使被处罚人的财产权利和利益受到损害的交通运输行政处罚。主要表现为没收其不合法占有的财物和金钱,或使其缴纳一定数额的金钱,即没收违法所得、没收非法财物和罚款。交通运输行政处罚的财产罚大都有没收违法所得,并按违法所得再处以一定倍数的罚款。如《公路法》第七十四条规定,擅自在公路上设卡收费的,没收违法所得可以处违法所得三倍以下的罚款。

3. 行为罚

行为罚亦称能力罚,是交通运输行政主体对违反交通运输行政法律规范的行政相对方所采取的限制或剥夺其特定行为能力或资格的一种处罚措施。行为罚包括责令停产停业,暂扣或吊销许可证、执照两种形式。

交通运输行政法律规范多规定有责令停止违法行为(不作为)、责令恢复原状、责令拆除设施等,多是对违法者的行为(包括不作为)一定的限制,因而从理论上讲应属行为罚。而在《行政处罚法》的七种处罚种类的内容列举上并没有明确规定其为独立的处罚方式,这在理论界产生了较大的争议。司法界人士认为,"这种责令性行为属能力罚,这种责令行为的后果已经影响了被责令人的行为能力"。这些责令性规定在不同程度上限制或剥夺了当事人的一定的行为能力,因而应作为能力罚对待。另外有些法律人士认为它应当是一种行政措施,不作为行政处罚对待。

4.人身罚

人身罚是限制人身自由的处罚。这是一种对公民的专项处罚。其主要表现形式为行政拘留。它是短时间内限制人身自由的一种处罚方式,一般情况为十五日以内。该处罚因涉及公民的人身的基本权利,依照法律规定,只能由公安机关依照法律规定行使。

《行政处罚法》第八条内容列举的警告,罚款,没收违法所得、没收非法财物,责令停产停业,暂扣或者吊销许可证、暂扣或者吊销执照,行政拘留六项行政处罚内容按性质可以划分为以上四类。

(二)交通运输行政处罚的设定

(1)限制人身自由的行政处罚只能由法律设定。《行政处罚法》第九条规定,法律可以设定各种行政处罚,但限制人身自由的行政处罚只能由法律设定。这一规定明确了法律可以设定任何一种行政处罚,但对限制人身自由这一涉及公民基本权利的行政处罚,只能由全国人民代表大会及其常务委员会通过制定法律来设定。其他国家机关不允许通过制定法律规范来设定人身自由罚的行政处罚。

(2)行政法规可以设定除限制人身自由罚以外的行政处罚。即行政法规可以设定行政处罚的种类有警告、罚款、责令停产停业、暂扣或吊销许可证和执照、没收违法所得、没收非法财产等六类。但是法律已对违法行为作出行政处罚规定的,行政法规只能在法律设定的行为、种类和幅度范围内作具体规定,不能作出与法律相抵触的规定。

(3)地方性法规可设定交通运输行政处罚的权限。地方性法规可以设定除限制人身自由、吊销企业营业执照以外的行政处罚。地方性法规可以设定：警告、罚款、没收违法所得、违法财物、扣押或吊销许可证，暂扣或吊销除企业营业执照以外的其他执照。

（4）部门规章可以设定交通运输行政处罚的权限有：一是没有制定法律、行政法规，可以设定警告或一定数额罚款的行政处罚；二是对已有法律、行政法规已设定交通运输行政处罚的，可以根据处罚行为种类和幅度作出具体规定。

（5）政府规章可以设定交通运输行政处罚的权限。省、自治区、直辖市人民政府以及省会所在地的人民政府以及经国务院批准的较大的市人民政府可以制定规章，设定一定的交通运输行政处罚。一是尚未制定法律、行政法规以及本辖区的地方性法规的，可以设定警告和一定数额罚款的交通运输行政处罚。二是法律、行政法规、地方性法规已设定交通运输行政处罚、政府规章的，可以在其规定的种类、幅度和范围内结合本地实际作出具体的规定。

地方性法规和政府规章设定的行政处罚只能在其区划范围内有效。

三、交通运输行政处罚的实施机关

交通运输行政处罚的实施机关包括：

（1）县级以上交通运输主管部门。在一般情况下，只有有行政处罚权的交通运输行政机关才能实施交通运输行政处罚；而且要在法定的范围内实施。首先，交通运输行政机关要具有交通运输行政处罚权，这项职权是国家赋予的，有交通运输行政处罚权的交通运输行政机关是国家法律或行政法规规定的，这些交通运输行政机关具有与其管理对象相适应的交通运输行政处罚权。其次，交通运输行政处罚要在行政机关的法定职权范围内实施，不同的交通运输行政机关有不同的职权范围。

（2）法律、法规授权的组织。具有管理公共事务职能的组织实施交通运输行政处罚必须要符合一定的条件。首先，该组织必须经过法律、法规授权；其次，该组织具有管理交通运输事务的公共职能；第三，法律、法规授权的具有管理交通运输事务职能的组织必须在法定职权范围内实施行政处罚。

（3）受委托实施交通运输行政处罚的组织只能以委托的交通运输行政机关

或授权组织的名义,并在合法授权的范围内实施交通运输行政处罚。

四、行政处罚的主管与管辖

(一)交通运输行政处罚的主管

交通运输行政处罚的主管就是交通运输行政处罚由什么机关或组织负责实施。交通运输行政处罚的主管,是交通运输行政主管部门与其他国家机关在整体上的分工,一般而言,主管是管辖的前提和基础,而管辖是落实主管的具体化。

(二)交通运输行政处罚的管辖

交通运输行政处罚,因管辖主体的复杂性,管理体制条块结合的多样性,有以下几种管辖方式。

1. 级别管辖

级别管辖是指划分上下级交通运输行政主体之间实施交通运输行政处罚的分工与权限。它所解决的是交通运输行政主体内部的具体的行政处罚权,应由哪一级交通运输行政主体负责实施的问题。

2. 地域管辖

交通运输行政处罚的地域管辖,是指同级交通运输行政部门或法律、法规授权的组织在各自行政区划内实施行政处罚的权限和分工。

3. 补充管辖

由于交通违法行为的多样性以及跨区域性,单有以上管辖,不足以解决管辖争议,还须其他管辖方式。如移送管辖、指定管辖、管辖权的转移和移交管辖等补充管辖。移送管辖是指交通运输行政主体受理了自己无管辖权的行政处罚案件,依法移交给有管辖权的行政主体管辖;指定管辖是指上级交通运输行政主体以决定的方式指定下一级某个交通运输行政主体,对某一交通运输行政处罚案件行使管辖权;管辖权的转移是指上级交通运输行政主体有权管辖下级交通运输行政主体实施的行政处罚,下级交通运输行政主体认为需要由上级交通运输行政主体实施的行政处罚,可报请上级行政主体进行管辖;移交管辖是指交通运输行政主体在受理交通运输行政处罚案件时,因某种原因须将案件交由给其他行政主体进行管辖。《刑法》第四百零二条规定行政主体在办理交通行政案件时,发现某违法行为人的违法行为已构成犯罪,应将案件移交给司法机关处理。因徇私舞弊故意不移交的,将构成行政案件不移交罪。

五、行政处罚的适用

1. 行政处罚的适用原则

(1)处罚法定原则。是指交通运输行政主体在实施行政处罚时,不能超出法律规定的职权范围和程序而实施交通运输行政处罚。只有法律、行政法规、地方性法规和规章明确规定才能作为交通运输行政处罚的适用依据,凡法律、行政法规、地方性法规、规章未予规定,任何公民、法人和其他组织均不受处罚;除法律规定具有交通运输行政处罚权的行政机关或法律、法规明确授权的组织外,其他任何机关、组织和个人均不得行使交通运输行政处罚权;交通运输行政主体在适用行政处罚时,不仅要严格遵守交通运输行政实体法的规定,而且要依照法定的交通运输行政处罚程序进行。

(2)一事不再罚原则。即对当事人的同一个违法行为,不得以同一事实和同一依据给予两次或两次以上的交通运输行政处罚。如对超限运输,有公安部门按超载罚款后,依六部委的规定,路政部门不再进行处罚,但公安交警和路政部门对超限罚款并不是遵循同一依据,这在执行中存在着认识上的分歧。

(3)禁止牵连原则。是指行政处罚只适用于违反行政管理秩序的相对人,即违法行为人,不得对与该违法行为没有关系的当事人的亲属、其他个人或组织给予行政处罚。

2. 关于溯及力问题

所谓交通运输行政法律规范的溯及力是指交通运输行政法律规范颁布实施后对它生效前的交通违法行为是否适用的问题,如适用,即有溯及力,如不适用,即为没有溯及力。我国交通运输行政法律规范关于溯及力的规定采用的是从新兼从轻原则。

3. 关于时效问题

行政处罚的时效,是指对交通运输违法行为给予行政处罚的有效期限。行政处罚法规定:"违法行为在两年内未被发现的,不再给予行政处罚"。该规定两年的期限是指从违法行为发生之日起计算。但违法行为有连续或继续状态的,从行为终了之日起算。

六、交通运输行政处罚的程序

交通运输行政处罚程序,是指交通运输行政主体实施交通运输行政处罚时所必须遵守的方式、步骤、时限的总称。从内容上看,交通运输行政处罚程序反映了交通运输行政处罚运行的全过程。

行政处罚程序制度的功能一是保证交通运输行政主体依法行使职权,二是维护交通运输行政相对人的合法权益,既要保证行政主体行使职权,又要防止行政权力的滥用,侵害相对人的合法权益。交通运输行政处罚程序根据案件的性质、复杂程度、处罚的种类和幅度,可分为简易程序和一般程序。

1. 简易程序

(1)简易程序,是交通运输行政主体对当场发现的案情简单、事实清楚的案件,依法应给较轻的交通运输行政处罚所适用的程序,它是不需进一步调查的交通违法行为当场给予交通运输行政处罚的程序。

(2)适用简易程序的原则。简易程序除应遵循行政处罚的一般原则外,还须遵循"处罚轻微"原则,依据《行政处罚法》的规定,简易程序仅适用事实清楚、情节较轻、给予警告或数额较小罚款的交通运输行政处罚。

2. 交通运输行政处罚的一般程序

交通运输行政处罚的一般程序,亦称"普通程序",是交通运输行政主体处理大多数交通运输行政处罚案件所应遵循的程序。

与简易程序相比具有以下特点:一是适用范围广,除简易程序外,绝大部分交通运输行政处罚案件,均适用一般程序;二是办案决定与调查分离,行政处罚法规定,调查人员不参加决定行政处罚,由行政负责人对调查结果进行审查,根据不同情况,作出交通运输行政处罚决定或作出不予处罚决定,或依照法律规定移交给司法机关或其他机关决定。这与简易程序中的执法人员现场决定存在着根本的不同;三是程序比较复杂,时间较长,处理难度较大;四是行政争议较多,因适用一般程序处理的案件性质较重,对相对人的权益有一定的影响,相对人为了自己的权益而提出陈述、申辩或要求听证的程序救济和申请复议的行政救济，以及提出诉讼的司法救济的可能性较大，因而易出现交通运输行政争议。

一般程序包括立案、调查取证、审查判断证据、合议并作出拟处理意见、送达交通违法行为通知书、听取当事人陈述、申辩（重大复杂案件应当事人申请组织听证）、经法制部门审查报经行政负责人批准做出交通行政处罚决定书，最后向当事人宣告并送达。

调查取证包括以下几项内容：询问当事人、调查证人、现场勘验、检查、抽样检查。

制作交通运输行政处罚决定书应当写明履行方式和期限以及救济方式。现行行政复议法规定没有明确复议申请期限的，复议申请人随时可以申请复议不受复议时效的限制，因此交通处罚决定书中应当明确注明申请复议的期限。

七、交通运输行政处罚的听证程序

交通运输行政处罚听证程序，是程序现代化和民主化的产物。我国确定该项制度是民主政治的发展，是行政处罚的一项特别程序。

1. 听证程序的概念

交通运输行政处罚听证程序，是指交通运输行政主体在作出重大行政处罚决定之前，应当事人的申请组织当事人、利害关系人与案件调查人员对所认定的违法事实及法律规定适用进行当面举证、质证、反证、陈述、申辩和辩论的一种行政程序。

法律设定该程序的目的，是为了保证重大交通运输行政处罚能够客观、公平、公正地处理，减少主观随意性，增加透明度，给行政相对人以更多了解交通运输行政处罚的违法事实，据以支持交通违法事实的证据和理由，并为其提供更充分的辩解的权利。在听证过程中，通过举证、质证、辩论的过程，使当事人对法律的认识有了提高，最后都能心悦诚服地接受处罚和处理。因此，听证也具备双重功能，一是保证当事人最大限度地行使救济权，二是保障行政主体能较好地依法行政。

2. 听证的适用范围

听证的适用范围，依行政处罚法规定，行政机关作出责令停产停业、吊销许可证或执照、较大数额的罚款等行政处罚决定之前应当告知当事人有申请举行听证的权利。

第四节　交通运输行政强制

一、交通运输行政强制概述

(一)交通运输行政强制的含义

交通运输行政强制是交通运输行政强制措施和交通运输行政强制执行的合称,是指交通运输行政主体为了实现行政目的,依照法定权限和程序,对相对人的人身或财产加以限制,或在相对人拒不履行已生效的行政行为时,交通运输行政主体对依法负有义务的相对人采取强制手段,迫使其履行义务或者达到与履行义务相同的状态的具体行政行为。

交通运输行政强制具有以下几个主要特征:

(1)交通运输行政强制主体是作为行政主体的交通运输行政机关或交通法律、法规授权的组织。交通运输行政主体依法没有行政强制执行权的,应当申请人民法院强制执行。

(2)交通运输行政强制的对象是实施违法行为或拒不履行行政义务的交通运输行政相对人,且行政相对人必须符合适用行政强制的条件。

(3)交通运输行政强制的目的是制止违法行为,实现义务的履行或者达到与履行义务相同的状态,维护正常的交通运输行政管理秩序。

(4)交通运输行政强制的法律性质是一种具有可诉性的具体行政行为。交通运输行政强制属于单方行政行为,由交通运输行政主体单方面作出,无需相对人同意。但相对人不服行政强制,可依法申请行政复议或提起行政诉讼。

(二)交通运输行政强制的分类

交通运输行政强制包括交通运输行政强制措施和交通运输行政强制执行。行政强制措施和行政强制执行在事项和方式上有交叉,二者的不同之处在于,行政强制执行是在行政决定依法作出并生效之后,行政强制措施是在行政决定依法作出之前,行政强制执行的程序由不同的法律分别规定,行政强制措施的程序则体现了"即时性"。

根据不同的标准,行政强制还可以作其他不同的分类:以行政强制行为的对象和内容为标准,可分为对人身的强制、对财产的强制和对行为的强制。以行政强制行为的目的和程序的阶段性为标准,可分为即时性强制和执行性强制。

(三)交通运输行政强制的原则

实施交通运输行政强制应当遵循以下法律原则。

(1)依法强制的原则。依法强制原则是依法行政原则的自然延伸。与一般的行政权不同,交通运输行政强制权不能来自一般授权,必须来自法律、法规的特殊授权,严禁交通运输行政主体自己给自己创设行政强制手段。依法强制原则还要求设定权法定、主体法定、强制手段法定、程序法定、对象法定。

(2)比例原则,也称最小损失原则。其含义是交通运输行政主体还必须选择以最小损害交通运输行政相对人的方式进行行政强制。比如,道路运输管理机构对未取得道路运输证的运输车辆予以暂扣的,不能对车载货物也予以暂扣。从比例原则中延伸出行政强制的必要性、相称性、合理性、最小损失性的要求。

(3)效率与权利保障兼顾原则。效率是行使行政权力的核心价值取向,一个没有效率的政府无法实现自己的政策目标。另一方面,行政权力与公民个人生活关系密切。行政强制是行政权力行使的极端状态,如何实现行政效率和权利保障的平衡,这是行政强制制度的核心问题。

(4)救济原则。交通运输行政强制是交通运输行政主体单方对交通运输行政相对人的财产权利和人身权利的直接限制或者处分,它有可能产生违法行为,如超越权限、程序违法等。行政强制制度中的法律救济是平衡行政权与公民权利的重要方式。如果交通运输行政相对人认为行政强制违法,可以在行政强制行为实施过程中依法向有权机关申请保护。强制执行后的救济包括要求行政赔偿或者通过诉讼获得赔偿。

二、交通运输行政强制措施

行政强制措施,是指行政主体在实施行政管理过程中,为制止违法行为、避免危害发生、控制危险扩大等情形,依法对公民人身自由实施暂时性限制,或者对公民、法人或者其他组织的财产实施暂时性控制的行为。

(一)行政强制措施的种类

行政强制措施的种类有:限制公民人身自由,查封场所、设施或者财物,扣押财物,冻结存款、汇款以及其他行政强制措施。

从功能上分,行政强制措施可以分为检查性措施、保全性措施、处分性措施、执行性措施、惩罚性措施等。

就交通运输部门来说,行政强制措施主要有以下几条。

(1)强制拆除。《中华人民共和国公路法》第七十九条规定,在公路用地范围内设置公路标志以外的其他标志的,由交通主管部门责令限期拆除。逾期不拆除的,由交通主管部门拆除,有关费用由设置者承担。《中华人民共和国公路法》第八十一条规定,在公路建筑控制区内修建建筑物、地面构筑物或者擅自埋设管线、电缆等设施的,由交通主管部门责令限期拆除。逾期不拆除的,由交通主管部门拆除,有关费用由建筑者、构筑者承担。《收费公路管理条例》第五十三条规定,收费公路终止收费后,收费公路经营管理者不及时拆除收费设施的,由省、自治区、直辖市人民政府交通主管部门责令限期拆除;逾期不拆除的,强制拆除,拆除费用由原收费公路经营管理者承担。

(2)暂扣车辆。《中华人民共和国道路运输条例》第六十三条规定,道路运输管理机构的工作人员在实施道路运输监督检查过程中,对没有车辆营运证又无法当场提供其他有效证明的车辆予以暂扣的,应当妥善保管,不得使用,不得收取或者变相收取保管费用。

(3)暂扣船舶。《中华人民共和国内河交通安全管理条例》第六十一条规定,对违反本条例有关规定的船舶,采取责令临时停航、驶向指定地点、禁止进港、离港,强制卸载、拆除动力装置、暂扣船舶等保障通航安全的措施。

(4)禁止船舶进港、离港。《中华人民共和国内河交通安全管理条例》第五十九条规定,发现内河交通安全隐患时,应当责令有关单位和个人立即消除或者限期消除;有关单位和个人不立即消除或者逾期不消除的,海事管理机构必须采取责令其临时停航、停止作业,禁止进港、离港等强制性措施。

(5)强制卸载超限货物。《超限运输车辆行驶公路管理规定》第二十条规定:公路管理机构可根据需要在公路上设置运输车辆轴载质量及车货总质量的检测装置,对超限运输车辆进行检测。对超过本规定第三条第(四)、(五)项限值标准且未办理超限运输手续的超限运输车辆,应责令承运人自行卸去超限的部分物品,并补办有关手续。

(6)强制履行公路养护义务。《收费公路管理条例》第五十四条规定:违反本条例的规定,收费公路经营管理者未按照国务院交通主管部门规定的技术规范和操作规程进行收费公路养护的,由省、自治区、直辖市人民政府交通主管部门责令改正;拒不改正的,责令停止收费。责令停止收费后30日内仍未履行公路养护义务的,由省、自治区、直辖市人民政府交通主管部门指定其他单位进行养护,养护费用由原收费公路经营管理者承担。拒不承担的,由省、自治区、直辖市人民政府交通主管部门申请人民法院强制执行。

(7)其他强制措施。《中华人民共和国内河交通安全管理条例》第七十四条规定,在内河通航水域的航道内养殖、种植植物、水生物或者设置永久性固定设施的,责令限期改正;逾期不改正的,予以强制清除。

(二)交通运输行政强制措施实施程序

交通运输行政强制措施应当由交通运输行政主体具备资格的正式执法人员实施,其他人员不得实施。交通运输行政主体实施行政强制措施一般应当遵守下列规定:

(1)实施行政强制措施前须向行政机关负责人报告并经批准;

(2)由两名以上行政执法人员实施;

(3)出示执法身份证件;

(4)有当事人在场;

(5)当场告知当事人采取行政强制措施的理由、依据以及当事人依法享有的权利、救济途径;

(6)听取当事人的陈述和申辩;

(7)制作现场笔录;

(8)现场笔录由当事人和行政执法人员签名或者盖章;当事人拒绝签名或者盖章的,在笔录中予以注明;

(9)当事人不在场的,邀请见证人到场,由见证人和行政执法人员在现场笔录上签名或者盖章；

（10）情况紧急，需要当场实施行政强制措施的，行政执法人员应当在采取行政强制措施后及时向行政机关负责人报告。

三、交通运输行政强制执行

交通运输行政强制执行，是指交通运输行政主体或者交通运输行政主体申请人民法院，对不履行交通运输行政决定的公民、法人或者其他组织，依法强制履行义务的行为。

（一）交通运输强制执行方式

行政强制执行的方式主要有：排除妨碍、恢复原状等义务的代履行，加处罚款或者滞纳金的执行罚，划拨存款、汇款，拍卖或者依法处理查封、扣押的场所、设施或者财物，其他强制执行方式。

行政强制执行应当由法律设定。法律没有规定交通运输行政机关强制执行的，作出行政决定的交通运输行政主体应当申请人民法院强制执行。

（1）强制拆除的代履行。《中华人民共和国公路法》第七十九条规定，在公路用地范围内设置公路标志以外的其他标志的，逾期不拆除的，由交通主管部门拆除，有关费用由设置者承担。第八十一条规定，逾期不拆除的，由交通主管部门拆除，有关费用由建筑者、构筑者承担。《收费公路管理条例》第五十三条规定，收费公路经营管理者不及时拆除收费设施的，由省、自治区、直辖市人民政府交通主管部门责令限期拆除；逾期不拆除的，强制拆除，拆除费用由原收费公路经营管理者承担。

（2）收费公路养护义务的代履行。《收费公路管理条例》第五十四条规定，违反本条例的规定，收费公路经营管理者未按照国务院交通主管部门规定的技术规范和操作规程进行收费公路养护的，由省、自治区、直辖市人民政府交通主管部门责令改正；拒不改正的，责令停止收费。责令停止收费后30日内仍未履行公路养护义务的，由省、自治区、直辖市人民政府交通主管部门指定其他单位进行养护，养护费用由原收费公路经营管理者承担。拒不承担的，由省、自治区、直辖市人民政府交通主管部门申请人民法院强制执行。

(3)水上交通安全的强制执行。《中华人民共和国内河交通安全管理条例》规定,发现内河交通安全隐患时,应当责令有关单位和个人立即消除或者限期消除;有关单位和个人不立即消除或者逾期不消除的,海事管理机构必须采取责令其临时停航、停止作业、禁止进港、离港等强制性措施。在内河通航水域的航道内养殖、种植植物、水生物或者设置永久性固定设施的,责令限期改正;逾期不改正的,予以强制清除。

(4)加处罚款或者滞纳金的执行罚。《中华人民共和国行政处罚法》第五十一条规定,当事人逾期不履行行政处罚决定的,作出处罚决定的行政机关可以采取下列措施:到期不缴纳罚款的,每日按罚款数额的百分之三加处罚款。

(二)申请人民法院强制执行

《中华人民共和国行政诉讼法》第六十六条规定,公民、法人或者其他组织对具体行政行为在法定期限内不提起诉讼又不履行的,行政机关可以申请人民法院强制执行,或者依法强制执行。《中华人民共和国行政处罚法》第五十一条规定,当事人逾期不履行行政处罚决定的,作出处罚决定的行政机关可以采取下列措施:到期不缴纳罚款的,每日按罚款数额的百分之三加处罚款;依法拍卖财物或划拨存款抵缴罚款;申请人民法院强制执行。

(三)交通运输行政强制执行程序

交通运输行政主体作出行政决定后,当事人在交通运输行政主体决定的期限内不履行义务的,具有行政强制执行权的交通运输行政主体可以依法实施强制执行。交通运输行政主体作出强制执行决定前,应当事先催告当事人履行义务。催告应当以书面形式作出,并载明下列事项:

(1)当事人履行义务的期限;

(2)强制执行方式;

(3)涉及金钱给付的,应当有明确的金额和给付方式;

(4)当事人依法享有的权利。

经催告,当事人履行行政决定的,不再实施强制执行。经催告,当事人逾期仍不履行行政决定,且无正当理由的,交通运输行政主体可以作出强制执行决定。交通运输行政主体依法作出金钱给付义务的行政决定,当事人逾期不履行的,交通运输行政主体可以依法按日加处罚款或者滞纳金。加处罚款或者滞纳金的标准应当告知当事人。加处罚款或者滞纳金的数额一般不得超出金钱给付义务的数额。交通运输行政主体依法作出要求当事人履行排除妨碍、恢复原状等义务的行政决定,当事人逾期不履行,经催告仍不履行的,交通运输行政主体可以委托没有利害关系的其他组织代履行。需要立即清除公路、航道的遗洒物、障碍物或者污染物,当事人不能清除,交通运输行政主体可以立即实施代履行。对公路违法建筑、违法设立的标志牌等需要强制拆除的,可以委托没有利害关系的其他组织代履行或者依法申请人民法院强制执行。

(四)关于交通运输行政强制的代执行

关于交通运输行政强制的代执行是交通运输行政强制执行的主要内容。交通运输行政强制执行的方式一般是代执行。

交通运输行政强制执行案件的代执行是指交通运输行政主体或第三人代替履行交通运输行政行为所确定的可代替的作为义务,并向义务人征收必要费用的强制执行措施。

代执行的对象是交通运输行政行为所确定的可代替作为的义务。如拆除违法的交通设施,代为恢复交通设施的原状等。对于不可替代的作为义务和不可替代不作为义务,如交通运输的安全检查,不得从事交通法律规范禁止的事项等,则不能采取代执行的方法。因此,可代替作为义务是代执行的唯一对象。

交通运输行政强制代执行的前提是,必须有合法的交通违法行政行为的存在,而交通法定义务人不履行交通运输行政行为所确定的作为的义务。

代执行的主体,必须是具有行政强制执行的交通行政主体或其指定的第三人。

交通运输行政强制代执行的程序一般可分为告诫、代执行和征收费用三个阶段。如《公路法》第八十一条规定,在公路建筑控制区内修建建筑物的,由交通主管部门责令拆除……,逾期不拆除的,由有关交通主管部门拆除有关费用,由构筑者承担。

1. 告诫

告诫应当在事前以书面形式进行,告诫应当按法定格式制作告诫书。

告诫书应载明以下内容：

（1）被告诫义务人的姓名或名称；

（2）交通违法事实理由和依据，如告知强制拆除交通违法设施的事实、理由和据以强制拆除的法律依据；

（3）在告诫书中设定的主动履行拆除义务的期限和逾期不履行拆除义务的法律后果；

（4）交通运输行政强制代执行的费用的承担；

（5）告知交通被强制执行人的陈述、申辩权和行使该权利的期限等。

2. 实施代执行

交通运输行政强制执行的代执行是以可替代执行的交通运输行政义务人不履行告诫书所确定的义务为前提的，只有义务人不履行义务，而且该义务是可替代履行的义务，方可启动交通运输行政强制的代执行。

3. 征收费用

交通运输行政强制的代执行以向义务人征收费用为终结。代执行费用的数额，一般以实际支出的人力、物力为限。

第五节　其他主要交通运输行政执法行为

一、交通运输行政合同

（一）交通运输行政合同的概念和特征

交通运输行政合同是指交通运输行政主体为了实现交通运输行政管理目的，与作为行政相对人一方的公民、法人或其他组织经过协商一致所达成的协议。

与一般民事合同相比，交通运输行政合同具有以下特征：

第一，交通运输行政合同的当事人中必有一方是交通运输行政主体。作为一方当事人参加行政合同的交通运输行政主体与另一方当事人公民、法人和其他组织不同，处于主导地位并享有一定的行政特权。

第二，签订交通运输行政合同的内容是执行公务。交通运输行政合同的目的是为了执行公务,实现行政管理目标。因而,作为合同一方当事人的交通运输行政主体,对合同的履行有监督权、指挥权、可以单方变更或解除合同。

第三,交通运输行政合同必须在双方当事人协商一致的基础上达成。这是交通运输行政合同与其他交通运输行政行为的主要区别。交通运输行政主体在交通运输行政合同中的优先权,应当得到另一方当事人公民、法人和其他组织的同意或认可。

(二)几种典型的交通运输行政合同

我国交通运输行业管理工作中陆续探索实践了收费公路特许经营合同、道路客运班线运输合同、交通运输行政征用合同、交通运输公共工程承包合同等行政合同形式。随着交通运输依法行政进程的推进,交通运输行业管理领域必将创新出现其他交通运输行政合同形式。

1. 收费公路特许经营合同

20世纪80年代后期以来,国家为了拓宽公路建设资金筹集渠道,加快公路特别是高等级公路建设步伐,逐步适当放开国内外经济组织投资建设公路。国内外经济组织投资建设经营性公路和受让交通运输部门已经建成的政府还贷公路收费权,是国家特许国内外经济组织经营收费公路,并由交通运输部门与国内外经济组织签订收费公路建设运营特许经营合同和政府还贷公路收费权转让特许经营合同。

(1)收费公路建设运营特许经营合同

收费公路建设运营特许经营合同是交通运输部门与国内外经济组织之间签订的,规范双方关于某条(段)公路及其相关设施的筹资建设收费经营等方面的权利和义务,并明确协议期满后将该公路及其相关设施无偿移交给交通运输部门的合同。

通过签订收费公路特许经营合同,政府将本来应由其承担的公路融资、建设、养护的权利授予国内外经济组织,允许该组织在一定期限内建设、养护该设施,并通过收取车辆通行费等,收回对该项目的投资以及经营和维护该项目所需费用,并取得预定的资金回报收益。特许期限届满后,投资者将该项目无偿地移交给交通运输部门。

第六章 交通运输行政执法行为

（2）政府还贷公路收费权转让合同

政府还贷公路收费权转让合同是交通运输部门与国内外经济组织之间签订的，规范双方关于已建政府还贷公路的收费权转让方面的权利和义务，并明确协议期满后将该公路及其相关设施无偿移交给交通运输部门的合同。

通过政府还贷公路收费权转让合同，政府将已建政府还贷公路的收费权转让给国内外经济组织，以转让收入偿还公路建设贷款。国内外经济组织通过收取车辆通行费等收入来收回投资并获取投资收益，并承担公路养护等义务。特许期限届满后，投资者将该项目无偿地移交给交通运输部门。

2. 客运班线特许经营合同

随着我国道路运输市场化进程的推进，客运班线运输市场中服务质量、运输安全和稳定方面的问题亟待解决。为了弥补立法方面的空白，不少地方相继探索实行客运班线特许经营合同管理制度。特别是《中华人民共和国道路运输条例》颁布实施后，各地在将招标制度纳入客运经营许可的过程中，在招标文件的基础上，完善了客运班线特许经营合同内容。

客运班线特许经营合同是客运经营者在中标后或经批准进入市场经营前，由交通运输主管部门所属的道路运输管理机构与被许可的运输经营企业签订，内容一般包括服务内容、服务质量、安全管理、经营权转让等。合同签订后，道路运输管理机构依据道路运输有关法律法规和特许经营合同对客运经营企业实施监管。

3. 交通运输行政征用合同

交通运输行政征用是交通运输部门为了国防战备、抢险救灾等公共利益的需要，依法对机关、团体、企业、事业单位和公民个人所拥有或者管理的车船等民用运载工具、港口、码头、机场、车站等设施设备及相关人员，进行统一组织和调用。

交通运输行政征用合同是交通运输主管部门为了社会公共利益的需要，与有关单位和个人依法签订的征用其车船等财产和人员，并给予补偿的合同。

4. 交通运输公共工程承包合同

交通运输公共工程承包合同是交通运输部门为了建设由政府投资的公路、

桥梁、港口、机场等公共基础设施,依法与建筑施工等企业达成的协议。交通运输公共工程合同是为了完成某项交通运输公共设施而签订的,交通运输部门为了修建宿舍等自用设施而与建筑企业签订的合同不是公共工程合同。

(三)交通运输行政合同中的权利与义务

交通运输行政合同中的权利与义务包括交通运输行政主体的权利与义务和行政相对人的权利与义务。

1. 交通运输行政主体的权利与义务

1)交通运输行政主体的权利

作为交通运输行政合同的一方当事人,交通运输行政主体具有以下权利。

(1)选择交通运输行政合同相对一方的权利。交通运输行政机关与行政相对人缔结合同,目的在于更好地实现交通运输行政管理目标。因此,在缔结交通运输行政合同时,可以根据实际情况和要求,选择适当的合同相对一方。

(2)对合同履行具有监督、指挥权。在执行合同的过程中,交通运输行政机关对合同的履行负有监督、控制的职责,并且对具体的执行措施享有指挥权。对于交通运输行政机关的监督和指挥,相对一方必须遵守和服从。交通运输行政机关的这种监督、指挥权的范围和程度,随交通运输行政合同种类的不同而不同。

(3)对不履行或不适当履行交通运输行政合同义务的相对人有制裁权。这种权利是交通运输行政机关保障合同履行的一种特权,不论合同中有无明确规定,交通运输行政机关都可以依照职权行使之。

(4)单方面变更或者解除合同的权利。根据国家法律法规的规定以及经济社会形势的变迁,为了随时保持与公共利益的一致,交通运输行政机关有权变更或者解除合同,不必取得相对一方的同意。但是,交通运输行政机关单方面变更或者解除合同,必须确属公共利益的需要,并且仅限于解除与公共利益相关的条款。

2)交通运输行政主体的义务

(1)依法缔结合同的义务。

(2)依法履行合同的义务。

(3)依照合同规定给予相对一方当事人以优惠或照顾的义务。

(4)给予相对一方当事人以损失补偿的义务。在交通运输行政合同履行过程中,交通运输行政机关可以根据公共利益的需要单方面的变更或解除合同,交通运输行政机关有义务对因此给相对一方造成的损失予以补偿。

(5)按照合同规定支付价金的义务。

2.行政相对人的权利与义务

1)行政相对人的权利

(1)取得报酬权。相对人的报酬通常是在合同中规定的,有的由法律、法规、规章直接规定。交通运输行政合同中的报酬,通常也是对相对人提供的服务和物件的价金报酬。此外,按照合同规定,相对人还可能取得交通运输行政机关提供的优惠或照顾。交通运输行政合同的报酬条款不能由交通运输行政机关单方面变更。

(2)损失补偿请求权和损害赔偿请求权。相对人由于交通运输行政机关的过失受到损害时,有权请求赔偿。由于交通运输行政机关根据公共利益的需要单方面变更或终止合同而给相对人造成损失时,相对人有权请求补偿。无论合同中有无相关规定,相对人都可以提出补偿请求。相对人的这种补偿请求权,体现了当事人经济利益和公共利益的平衡,所以,其补偿范围只能以实际损失为限,不能要求过高的利益。

(3)因不可预见的困难造成损失时的补偿请求权。交通运输行政合同在履行过程中有时可能出现当事人始料不及的情况或困难,从而导致合同的履行虽然不是事实上的不可能,但相对人必须付出数倍的努力才能保证合同履行时,相对人有权请求交通运输行政机关予以补偿。

2)行政相对人的义务

行政相对人一方当事人的义务主要表现在按照合同规定的条件和期限认真履行合同;接受交通运输行政机关的监督、指挥以及依法实施的制裁。

二、交通运输行政指导

(一)交通运输行政指导的概念和特征

交通运输行政指导,是指交通运输行政主体在其所管辖事务的范围内,对特定的行政相对人采取非强制手段,获得相对人的同意或合作,引导行政相对人自愿采取一定的作为或者不作为,以实现行政管理目的的行为。具有以下特征。

(1)交通运输行政指导的非强制性。一般来说,行政管理相对人对于交通运输行政指导没有必须服从的义务。相对人认为交通运输行政指导合情合理,便服从;相反,也可以不服从。

(2)交通运输行政指导的事实行为性。交通运输行政指导采取指导、劝告、建议及其他不具有法律强制力的手段,交通运输行政机关和行政相对人之间不产生任何法律意义上的权利义务关系,不发生任何直接法律效果。

(3)交通运输行政指导的能动性。交通运输行政指导是交通运输行政机关指导相对人采取或者不采取某种行为的活动,所以,对于相对人的意志,交通运输行政指导具有积极的能动作用。交通运输行政指导可以基于相对人的申请做出,也可以由交通运输行政机关根据形势的需要能动地做出。

(4)交通运输行政机关的优越性。交通运输行政指导关系中,交通运输行政机关处于比相对人优越的地位。交通运输行政指导关系的形成,依赖于信息、知识和觉悟等,而相对人在这方面总体上处于劣势。

(二)交通运输行政指导的方式和类型

交通运输行政指导,通常采用说服、教育、示范、劝告、建议、协商、政策指导、提供经费补助、提供知识及技术帮助等非强制性手段和方法。从其发挥的作用来看,一般可以分为助成性交通运输行政指导、规制性交通运输行政指导和调整性交通运输行政指导。

(1)助成性交通运输行政指导。该种行政指导,是指为相对人出主意的行政指导。当相对人提出申请,要求给予助成性交通运输行政指导时,只要没有正当理由,交通运输行政机关不得拒绝,并且必须公平对待。例如,《道路运输条例》有关条款明确:"县级以上道路运输管理机构应当定期公布客运市场供求状况。"依据这项规定,道路运输管理机构负有收集客运市场供求状况信息并定期向社会提供的义务,这种收集并公布信息的行为对于客运市场上的已有和潜在经营者都具有指导作用,就是一种助成性的交通运输行政指导行为。

(2)规制性交通运输行政指导。该种行政指导,是指为了维持和增进公共利益,对违反公共利益的行为加以规范和制约的交通运输行政指导。规制性交通运输行政指导又可分为独立交通运输行政指导和附带交通运输行政指导。前者是指与权力性规制无关,独立进行的交通运输行政指导;后者是指在权力性规制的同时附带进行的交通运输行政指导。例如,对于经批准建设经营性公路的国内外经济组织,交通运输部门在工程项目设计建设之前,就工程建设运营中的质量、安全、服务应当把握的问题对该组织进行指导,就属于独立交通运输行政指导;经营性公路建成运营后,如果该组织在养护、服务等方面存在违法行为,交通运输部门除依法予以处罚外,指导该组织消除违法状态,改进运营管理水平,属于附带交通运输行政指导。

(3)调整性交通运输行政指导。是指以调整相互对立的当事人之间的利害关系为目的的交通运输行政指导。此种交通运输行政指导以交通运输行政机关在法律上对当事人一方或双方有一定的权限为基础。例如,对于货物运输承运人与托运人之间的运输服务关系,交通运输部门基于维护道路运输市场秩序的职责,本着公平公正合法的原则,制定道路运输合同的示范文本,对承运人和托运人双方的权利义务关系加以指导,即属于调整性交通运输行政指导。

(三)交通运输行政指导与交通运输行政命令及交通运输行政合同的区别

1. 交通运输行政指导与交通运输行政命令的区别

(1)性质不同。交通运输行政指导是一种行政事实行为,而交通运输行政命令则是一种行政法律行为。

(2)强制性不同。交通运输行政指导不具有法律上的强制力,行政相对人可以服从交通运输行政指导,也可以不服从交通运输行政指导,交通运输行政主体不得因此进行制裁;而交通运输行政命令具有法律上的强制力,行政相对人如果不履行交通运输行政命令确定的义务,交通运输行政主体可以对其进行制裁,或强制其履行义务。

(3)受法律约束程度不同。交通运输行政命令必须受到法律的严格约束,并接受法院比较严格的司法审查;而交通运输行政指导作为一种事实行为,基于行政管理的需要只能受法律的适当约束,只受到一定程度的司法审查。

2. 交通运输行政指导与交通运输行政合同的区别

(1)性质不同。交通运输行政指导是行政事实行为,是单方行为;而交通运输行政合同是行政法律行为,是双方行为。

(2)强制力不同。交通运输行政指导不具有法律上的强制力,行政相对人是否服从交通运输行政指导具有任意性;而交通运输行政合同一经成立,就具有法律效力,双方当事人必须信守合同,诚实履行义务,如有违反,必须承担法律责任。

三、交通运输行政确认与交通运输行政裁决

(一)交通运输行政确认

1. 行政确认的概念和特征

交通运输行政确认是指交通运输行政主体依法对行政相对人的法律地位、法律关系或有关法律事实进行甄别、给予确定、认定、证明(或否定)并予以宣告的具体行政行为。具有以下特征。

(1)交通运输行政确认的主体是交通运输行政主体。只有交通运输行政机关以及交通运输法律、法规授权的组织,针对法律规范规定的需要确认的事项,依照法定的程序,根据法定的条件做出的确认行为才能称之为交通运输行政确认。

(2)交通运输行政确认行为的内容或者目的,是对行政相对人的法律地位和权利义务的确定或否定。交通运输行政确认行为的直接对象是那些与行政相对人的法律地位和权利义务紧密相关的特定法律事实或法律关系。通过对这些对象进行法律、法规和规章所规定项目的审核、鉴别,以确定行政相对人是否具备某种法律地位,是否享有某种权利,是否承担某种义务。

(3)交通运输行政确认权是国家行政权的组成部分,交通运输行政确认行为是交通运输行政主体的行政行为。尽管交通运输行政确认行为中的交通运输行政主体往往处在平等主体当事人双方之间,但是,交通运输行政主体的确认权不是源于当事人的自愿委托,而是直接来源于国家行政管理权。所以,交通运输行政确认行为是交通运输行政主体所为的具有强制力的行政行为,有关当事人必须服从,否则会受到相应的处罚。

(4)交通运输行政确认是要式行政行为。交通运输行政确认行为必须以书

面形式做出，否则难以产生预期的法律效力。

(5)交通运输行政确认是羁束性行政行为。交通运输行政确认是对特定法律事实或法律关系是否存在的宣告，交通运输行政主体没有或者说很少有自由裁量的余地，只能严格按照法律规定和技术鉴定规范进行。

2. 交通运输行政确认的内容

交通运输行政确认的形式主要有确定、认定（认证）、证明、登记、批准、签证等。例如，公路管理中有公路工程质量鉴定、公路工程交工及竣工验收等。道路运输管理中有营运车辆技术等级评定、客车等级评定、道路运输经营许可证年度审验、道路运输经营者合并、分立、迁移确认、营运车辆过户、转籍确认等。水路运输管理中有水运工程质量鉴定、水路服务业户及船舶审验、船舶认证、船舶检验、船舶所有权确认、船舶抵押权确认、船舶抵押权转移确认、船舶所有权变更确认等。

(二)交通运输行政裁决

交通运输行政裁决，是指交通运输行政机关依照法律法规授权，对当事人之间发生的、与行政管理活动密切相关的、与合同无关的民事纠纷进行审查，并做出裁决的行政行为。主要具有以下特征：

(1)当事人之间发生了与交通运输行政管理活动密切相关的民事纠纷，是交通运输行政裁决的前提。

(2)交通运输行政裁决的主体是法律法规授权的交通运输行政机关。有关交通运输法律法规的授权规定，构成了交通运输行政裁决的依据。没有法律法规的授权，交通运输行政机关便不能成为交通运输行政裁决的主体。

(3)交通运输行政裁决程序依当事人的申请为开始。争议双方当事人在争议发生后，可以依据法律、法规的规定，在法定期限内向法定裁决机构申请裁决。申请裁决通常要递交申请书，载明法定事项。

(4)交通运输行政裁决是交通运输行政机关行使交通运输行政裁决权的活动，具有法律效力。交通运输行政裁决权的行使，具有行使一般行政权的特征，民事纠纷当事人是否同意或是否承认，都不会影响交通运输行政裁决的成立和其所具有的法律效力。对交通运输行政裁决不服，只能向法院提起诉讼。

水上交通事故的调查和责任认定是典型的交通运输行政裁决。交通运输主管部门所属的海事管理机构依据有关法律法规的规定,接受水上交通事故报告后进行调查和取证,在法定期限内做出事故责任认定结论,具有法定效力。

另外,在公路建设中,根据《公路工程质量管理办法》第三十二条的规定,由建设单位按合同规定指定采购的材料和设备,施工单位和监理单位应按规定进行检查。对检验不合格的产品,施工单位有权拒绝使用。检验意见不一致时,由质监机构仲裁。

在道路运输管理中,县级以上道路运输管理机构有客运站排班纠纷的行政裁决权。《道路旅客运输及客运站管理规定》第六十八条第三款规定:客运经营者在发车时间安排上发生纠纷,客运站经营者协调无效时,由当地县级以上道路运输管理机构裁定。

思考题

1. 简述行政强制的概念和特征?
2. 简述行政确认。
3. 简述行政指导的性质及其法律责任。
4. 简述行政合同的特征。
5. 简述交通运输行政执法中的代履行。
6. 简述行政裁决的效力。

案例分析

2000年10月9日15时许,淮南市交通局田家庵分局工作人员王某、兰某在举报人胡某的引领下,乘坐交通运政专用车辆到淮南市国庆路长途汽车站检查被举报车辆皖A28×××号依维柯客车的营运手续,该车驾驶员李某不能出示,检查人员等将车从汽车站开往田家庵交通分局。以被查扣车辆无费用、无线路牌、无证为由将客车作为证据保存,开出0010272号证据保存清单注明理由后李某签收。其后,李某通知了该车所有人周某、杨某,杨某将此事告知表亲淮南市泉山交管站尹某,要求尹帮忙放车。尹某得知车辆被保存是王某、兰某办理之后,打电话找到王某说情,称其老表的车手续齐全,先放车,再看手续,王某同意。尹某即带着车主等人来到田家庵分局,当晚19时许,皖A28×××号客车被放行。次日,尹某持养路费收据及合肥市交通运输稽查大队扣留皖A28×××号客车营运证及线路牌的保全清单给王某验看。当天中午,车主等人和尹某在交通大厦3号房吃饭。饭后,与尹某等同桌吃饭的在长丰县也从事交通管理的人和淮南市运管处某领导相遇,谈及皖A28×××号客车被查、扣的事,双方十分不愉快。当日下午3时许,皖A28×××号客车被车主带人驶进田家庵分局停放,该分局领导即要求尹某找杨某立即将车开走,车主坚持要处理,拖至2000年11月20日,车主持淮南市交通局岳某写给田家庵分局的便条将车开走。

相关法条

《中华人民共和国行政处罚法》第三十七条第(二)款规定:"行政机关在收集证据时,可以采取抽样取证的方法;在证据可能灭失或今后难以取得的情况下,经行政机关负责人批准,可以先行登记保存,并应当在7日内及时作出处理决定……。"

交通部颁布的《交通行政处罚程序规定》第十六条第(六)款项规定:"证据可能灭失或者以后难以取得的情况下,经交通管理部门负责人批准,可以先行登记保存,制作《证据登记保存清单》,并应当在7日内作出处理决定。"

问题

请结合交通运输行政强制的有关知识,对该案进行分析?

第七章

交通运输行政违法与责任

第一节 交通运输行政违法概述

一、交通运输行政违法的含义

（一）行政违法

行政违法是指行政主体违反行政法律规范但尚未构成犯罪而依法须承担行政责任的行为。这一概念反映了行政违法的三大特征：

(1)行政违法是行政主体的违法。与民事违法和刑事违法不同，行政违法是行政主体在行政法上的违法行为。任何组织和个人只有当他们以行政法主体身份或以行政法主体名义出现时，他们的违法才能构成行政违法。

(2)行政违法是违反行政法律规范尚未构成犯罪的行为。首先，行政违法具有违法性，它违反了行政法律法规，侵害了受行政法保护的行政关系，因而具有一定的社会危害性；其次，行政违法在性质上属于一般违法，其社会危害性较小，尚未达到犯罪的程度。

(3)行政违法是依法必须承担行政责任的行为。行政违法是违反行政法律规范并依照法律规定应当承担行政责任的行为。

（二）交通运输行政违法

交通运输行政违法是指交通运输行政行为违法，属于行政违法的一个分支，除行政违法的普遍含义外，它还具有以下独特含义。

(1)违法主体是交通运输行政主体，具体包括：交通运输行政机关，法律、法规、规章授予交通运输行政权的组织。应注意的问题是,其一,它不包括交通运输行政相对方。交通运输行政相对方的违法可称为违反交通运输行政管理法律规定的行为,或按《行政处罚法》的提法称为"违反交通运输行政管理秩序的行为";其二,交通运输行政违法主体不包括受交通运输行政机关委托行使交通运输行政权的组织,以及交通运输行政公务人员。

(2)以交通运输行政行为的存在为前提。没有交通运输行政行为,就没有交通运输行政违法。因此,交通运输行政违法主体的民事行为及其他非行政行为不能构成交通运输行政违法行为。如,交通运输行政机关从事购买办公用品等民事活动时,只能作为普通的机关法人,发生违法行为属于民事违法,不属于交通运输行政违法。

(3)违反的是交通运输行政权法律规范。有关交通运输行政权行使的行政法律,除《行政许可法》、《行政处罚法》等交通运输行政权须遵守的通用行政法律外,大量的是赋予和规范交通运输行政权的专门法律,如《海上交通安全法》、《港口法》、《公路法》、《道路运输条例》等。这些专门法律设定了大量的交通运输行政权及其行使规则,是判断交通运输行政违法的主要根据。例如《道路运输条例》第十三条规定县级以上道路运输管理机构应当定期公布客运市场供求状况,就是关于交通运输行政权行使的一个专门规定。

二、交通运输行政违法的构成要件

违法行为都存在着构成要件问题。"所谓行政违法的构成要件,是认定某一行为构成行政违法、从而追究法律责任的根据。"❶关于行政违法的构成要件,有三种代表性的主张,即"四要件"说、"三要件"说和"客观违法"说❷。

"四要件"说认为,行政违法须具备违法主体、违法客体、违法的客观方面和违法的主观方面四个要件。"三要件"说认为行政违法须具备行为人具有相关的法定职责、行为人有不履行法定职责的行为以及行为人不履行法定职责出于行为人的主观过错三个要件。"客观违法"说认为行政违法不以主观过错为条

---

❶ 罗豪才.行政法学.北京:北京大学出版社,2007年版,第313页.
❷ 马怀德.行政法与行政诉讼法.北京:中国法制出版社,2000年,第485页.

件,只须具备行为人具有相关的法定职责、行为人有不履行法定职责的行为两个要件。

上述观点均有不足之处。行政主体只要不依法履行职责,就必然侵害法律保护的行政关系,因而"违法客体"要件被职责要件完全吸收,没有单独列出的必要。行政违法是指行政行为处于与法律不吻合的状态,是一种客观结果,行政主体实施行为时的主观意志状态,不影响这种客观结果的存在,故而行政主体的主观过错也没有作为行政违法的构成要件的必要。"客观违法"说的问题在于将行为人等同于行政主体。

基于以上分析,结合交通运输行政执法实践,可以将交通运输行政违法的构成要件归为以下两个。

(1)主体要件:是负有相应交通运输行政职责的行政主体

交通运输行政违法的主体,首先必须负有相应行政职责且属于交通运输行政职责,没有行政职责或者虽有行政职责但不属交通运输行政职责,不能成为交通运输违法主体。其次,必须能够以自己的名义行使交通运输行政权且对其行为独立承担法律后果,即必须是交通运输行政主体。

(2)客观要件:交通运输行政主体有不依法履行行政职责的行为

行政违法的客观要件只需考虑其客观外在违法事实状况即可,并不必须产生一定的危害结果,危害结果只是某些违法行为必备要件,并不是行政违法的普适要件。交通运输行政违法,须有不依法履行交通运输行政职责的行为这一客观事实。仅有职责,交通运输行政违法行为还只是一种可能,只有行政主体不依法履行职责时,交通运输行政违法行为才会发生。

三、交通运输行政违法行为的分类

依据不同的标准,可以将交通运输行政违法行为分为不同的种类❶。

(1)以行为的方式和状态为标准,交通运输行政违法可以分为作为违法和不作为违法。

---

❶ 李晓明,邵新怀,崔卓兰.交通行政法总论.北京:人民交通出版社,2003年,第226-227页.

作为违法是指交通运输行政主体不履行交通运输行政法律规范所规定的不作为义务,即"不应为而为之"。不作为违法是指其不履行交通运输行政法律规范所规定的作为义务,即"应为而不为"。前者引起的法律后果是该违法行为的无效或撤销,行政主体承担受罚性及赔偿责任;后者除要承担受罚性及赔偿责任外,还必须作出其应作出的作为。

(2)以行政违法行为违反的法律规范是实体性还是程序性为标准,交通运输行政行为可以分为实体交通运输行政违法和程序交通运输行政违法。

实体交通运输行政违法,是指交通运输行政行为不符合交通运输行政法律规范所要求的实体要件,如,交通运输行政越权等。程序交通运输行政违法,是指交通运输行政行为不符合交通运输行政法律规范所要求的程序要件,具体表现为做出交通运输行政行为的有关步骤、阶段、顺序、方式、时限等违反行政程序上的权利义务规范。如,实施交通运输行政检查前没有向相对方表明身份。

(3)以行政行为的对象是否特定为标准,交通运输行政违法可以分为抽象行政行为违法与具体行政行为违法。

抽象行政行为违法,指行政机关制定的行政规范性文件违法。例如,超越交通运输行政权限范围制定规范性文件,规范性文件的内容与上位法相抵触。具体行政行为违法,指具体行政行为不符合法定的原则、要件、内容与形式等。

(4)以行政复议机关和人民法院撤销或者变更行政行为的理由为标准,可以将交通运输行政违法行为划分为以下8类。

①行政失职;

②行政越权;

③行政滥用职权;

④适用依据错误;

⑤缺乏主要事实依据;

⑥违反法定程序;

⑦行政侵权;

⑧行政不当。

第二节 交通运输行政违法行为的形态

交通运输行政违法形态是指交通运输行政违法的具体表现形式。它是交通运输行政违法行为分类的具体化。由于行政违法行为形态的复杂性,立法和理论上对其往往归类不同,在我国,规定行政违法形态的主要法律有两部:即《行政诉讼法》和《行政复议法》。这两部法律所列举的行政违法形态略有差异:《行政诉讼法》第五十四条规定的违法形态包括主要证据不足,适用法律、法规错误,违反法定程序,超越职权,滥用职权,不履行或拖延履行法定职责,行政处罚显失公正等;而《行政复议法》第二十八条规定的违法形态包括主要事实不清、证据不足、适用依据错误、违反法定程序、超越职权、滥用职权、具体行政行为明显不当等。目前,人们大多以《行政诉讼法》的规定为准据来探讨行政违法的形态。

一、交通运输行政失职

交通运输行政失职,是指交通运输行政主体不履行或者拖延履行行政作为义务的行政违法行为。

交通运输行政失职具有以下特征:

(1)以违法主体负有相应的法定职责为前提条件。这里的"法",应作广义理解,包括法律、法规和规章。

(2)交通运输行政失职违反的必须是法定的作为义务。具体表现为对交通运输行政职责的"不履行"或者"拖延履行"。"不履行"指明确表示不履行职责或者在法定期限内未履行职责,如道路运输管理机构对发现的未经许可从事道路运输经营活动不予制止和处罚;"拖延履行"指在法律没有明确规定履行期限的情况下,经交通运输行政相对方的多次申请,交通运输行政组织仍不予以答复,或者虽然表示愿意履行,但拖延履行的消极状态。关于拖延履行,尽管法律没有规定明确的履行时限,但可以根据如下标准来推定:一是实际时限,即主体惯常处理同类事项实际所需时间;二是承诺时限,交通运输行政组织公开承诺在一定期限内对相对方的申请予以答复的,该承诺时限可视为合理时限。三是紧急时限,对某些紧急事项应当采取及时处理措施,如有拖延,即构成行政失职。

(3)具有履行作为义务的可能性而未作为。构成交通运输行政失职的不作为必须是能够作为而未作为的。如遇到不可抗力或无法预见的原因,使交通运输行政组织丧失了作为的能力,就不能构成行政失职。当然,所谓不可抗力和意外因素的范围是随着社会发展和行政主体的能力(如技术装备、人员条件等)提高而缩小的,现在认为是不可预见或不可抗拒的事情,将来可能变为应当遇见和可以抗拒的事情。

二、交通运输行政越权

(一)交通运输行政越权的概念及特征

交通运输行政越权,是指交通运输行政主体超越职责权限的行政行为。其具有以下特征。

(1)交通运输行政越权以特定的交通运输行政违法主体的职责权限为衡量标准,特定主体的权限范围、大小,是判断其交通运输行政行为是否超越职权的最主要的标准。

(2)交通运输行政越权是一种作为形式的行政违法行为。它与交通运输行政失职相反,后者是不作为形式的交通运输行政违法行为。

(3)对交通运输行政越权应当从客观上而不是从主观上认定。即是说,不论行政主体的行为动机、目的是否正当、合法,只要行为在客观上超越了职权就构成交通运输行政越权。但是,交通运输行政越权尽管不依靠主观判定,但其主观上的确有恶意和善意之分。恶意越权必然无效,但有的善意越权则可能得到事后追认。

(二)交通运输行政越权的形态

交通运输行政越权具体包括以下几种形态。

1. 无权限的越权

无权限的越权是指越权的主体根本就不具有该项交通运输行政职权,但却行使该项职权并做出交通运输行政行为,即"无权行使了有权"。无权限的越权是最严重的行政违法形式,是一种当然无效的行为。实践中的具体情形主要有:交通运输行政机关行使了非交通运输行政职权内的行为。如无行政强制执行权的交通运输行政机关,对拒绝缴纳罚款的当事人,不申请人民法院强制执行,而是自行强行收缴其财物抵缴罚款,就是行使了人民法院的强制执行权;内部主体行使了外部主体的职权,如交通运输行政机关的内部处室及派出机构等直接以自己名义(有法定授权的除外)对外行使职权;交通运输行政主体以外的组织或个人在无合法行政委托或委托权限终了后,行使交通运输行政主体的职权;交通运输行政机关被分解、合并或者撤销之后,以原机关的名义继续行使已丧失或转移的交通运输行政职权等等。

2. 层级越权

层级越权又称为纵向越权,是指上下级交通运输行政主体之间,上级或者下级行使了另一方的交通运输行政职权。包括两种情况:一是下级交通运输行政主体行使了上级交通运输行政主体的职权;二是上级交通运输行政主体行使了下级交通运输行政主体的职权。虽然上级对下级依法享有监督权,但不能以此认为上级可以直接代行下级的职权,理由在于:下级交通运输行政主体的设置及权限来源于法律的规定而非上级;如允许上级行使下级行政权,那么下级就没有设置的必要且上级的监督权亦没有行使必要;另外,这种行为将会妨碍到公民行政救济权的行使(上级交通运输行政机关是复议机关,而上级行政机关直接代行会使复议失去意义)。

3. 事务越权

事务越权又称为横向越权,是指交通运输行政主体从事交通运输行政管理活动时,超越本单位主管权限范围。如某省路政管理机构对违反该省水路运输管理条例的违法行为进行处罚。

4. 地域越权

地域越权,是指交通运输行政行为超越了其交通运输行政职权行使的地域范围。交通运输行政主体行使交通运输行政职权都有一定的地域范围,特定的交通运输主体只有在其管辖的行政区域内行使其职权才具有法律效力,否则即属于超越地域管辖范围,而使其行为归于无效。

三、交通运输行政滥用职权

(一)交通运输行政滥用职权的含义

交通运输行政滥用职权,是指交通运输行政主体在法定职权范围内出于不合法的动机而做出的、违反法定目的的行政行为。

交通运输行政滥用职权与交通运输行政越权的本质区别是:一方面,主观形态不同。滥用职权是主观上出于不正当动机或非法定动机,故意违背法定目的、原则,必须且只能是故意,过失不构成滥用职权;而超越职权可能出于故意,也可能出于过失;另一方面,外部表现形式不同。交通运输行政滥用职权在形式上是合法的,即行为在法定职权范围内,滥用行为主要表现在行政裁量权的行使上,而超越职权行为在客观上超出了法律规定的范围。

(二)交通运输行政滥用职权的主要情形

在实践中,交通运输行政滥用职权主要有以下几种情形。

(1)受不正当动机和目的支配,行为背离法定目的和利益。行政行为虽然符合法律条文具体内容上的规定,但受不正当的动机和目的的支配,与法定目的不相符,并且客观上其行为造成了背离法定目的的结果。如为获取罚款收入,交通运输行政执法人员先诱使行政相对方违法再施以处罚。

(2)考虑不当。在行使交通运输行政职权时对事实或法律因素有不正当的考虑,或者没有考虑相关因素,或者考虑了不相关因素,或者考虑不周,都应属于考虑不当的滥用职权。无论是法内因素的考虑不当,还是考虑了法外的因素,都应在此之列。考虑不当的滥用职权有下列具体形态:①考虑了不相关的因素,如考虑出身、社会地位及亲友关系或惧怕报复而对行政相对人的违法行为视而不见;②没有考虑相关因素,即应考虑的法定因素不予考虑。如对相对方进行处罚时,明知当事人有减轻或者免予处罚情形而不予考虑。③考虑不周全。即没有全面考虑和衡量各种应当考虑因素,忽略了某些方面的因素。如,明知相对方有经济困难,可以暂缓或分期缴纳罚款而故意不予批准的。

(3)不作为或者故意迟延。是指对于行政相对方的申请或者法定义务,为达到某种不正当目的故意搪塞、拖延甚至置之不理。与行政失职的区别在于,其不作为或者迟延并未超出法律规定的行政裁量。如,某运输管理人员为泄私愤,故意不发放已经办理完毕的许可证,直到最后期限才发放。

(4)不正当的步骤和方式。在交通运输行政行为的步骤和方式属于可选择的条件下,权力行使者出于不正当的动机,采用了不利于行政相对方的程序。

(5)独断专行和任意无常。如,做出决定时,主观武断、凭想当然、蛮横无理、滥耍特权;在事实和其他条件没有变化的情况下,朝令夕改、反复无常,同等情况不同等对待,不同情况相同对待等。

四、适用依据错误

(一)适用依据错误的含义

适用依据错误,是指交通运输行政主体的行政行为适用了不应该适用的法律规范,或者没有适用应该适用的法律规范。

(二)适用依据错误的表现形式

(1)应适用此法却适用了彼法。

(2)应适用效力层级高的法律规范却适用了与之抵触且效力层级低的法律规范。

(3)应适用法律规范的此条款却适用了彼条款。

(4)应同时适用几部法律规范的规定或者应同时适用几项法律条款,却只适用了其中部分法律规范或部分条款项目,或应适用一项条款,却适用了几项不应适用的条款。

(5)适用了尚未生效的法律规范。

(6)适用了无权适用的法律规范。

(7)适用了无效的法律规范。

(8)应适用特别法却适用了一般法。

五、缺乏主要事实依据

（一）缺乏主要事实依据的含义

交通运输行政行为的做出必须基于法律事实，即在作出交通运输行政行为前应明确认定相关的事实。事实的存在及认定，是交通运输行政行为正确性和合法性的前提和基础。如《行政处罚法》第三十条规定："公民、法人或者其他组织违反行政管理秩序的行为，依法应当给予行政处罚的，行政机关必须查明事实；违法事实不清楚的，不得给予行政处罚。"主要事实是指作为行政行为根据、影响行政决定内容的事实，不影响行政行为内容的次要事实缺乏，并不必然导致交通运输行政行为的违法或者不当。例如，擅自占用、挖掘公路时使用何种工具就是次要事实。

（二）缺乏主要事实依据的表现形式

（1）事实实际上并不存在，只是一种假想的事实。

（2）没有证据或证据不足以证明主要事实。

（3）主要事实认定错误。包括：对象认定错误、事实性质认定错误、事实真伪判断错误、事实的情节认定错误等。

六、违反法定程序

（一）违反法定程序的含义

违反法定程序，即行政程序违法，是指行政行为违反了法律、法规、规章规定的行政程序规则。

违反法定程序主要有以下两个特征。

（1）行政程序违法既可以是作为违法，也可以是不作为违法。前者如附加了不法程序环节，后者如省略掉应当经过的法定程序。

（2）程序违法违反的是行政程序法，而不是行政实体法，这一点与行政越权、行政滥用职权并不相同。

（二）违反法定程序的表现形式

实践中，程序违法有以下几种情形。

1. 方式违法

对于法律要求具备一定的方式条件的,必须符合相应的方式要求。主要有以下三种具体表现方式:其一,没有采取法定的方式。例如,以口头而不是书面方式作出行政处罚决定。再如,《交通行政处罚程序规定》第三十六条规定:"交通管理部门及其执法人员当场收缴罚款的,必须向当事人出具省级财政部门统一制发的罚款收据。"根据这一规定,如果执法人员不出具省级财务部门统一制发的罚款收据,即为违反法定方式;其二,采取了法律禁止的方式。如,采取非法手段调查取证;其三,尽管采用了法定方式,却与法定方式的具体要求相违背。如,采用招标方式实施道路旅客班线经营许可,却不符合《道路旅客运输班线经营权招标投标办法》的具体规定。

2. 步骤违法

步骤违法,即违反法定的阶段、顺序过程。无论是省略法定步骤,还是无根据地增加步骤,或者步骤颠倒,都属于步骤违法。如,先决定后调查取证,或者缺漏调查程序而直接作出决定,或者未经法定听证程序,或者欠缺送达程序,或者增加行为的手续等。

3. 期限违法

为保证行政的效率性,交通运输行政行为的做出必须在法定的期限或者合理的期限内,否则就属于期限违法。如《道路运输服务质量投诉管理规定》第十五条规定:"运政机构应依法对投诉案件进行核实。经调查核实后,依据有关法律、法规或规章,分清责任,在投诉受理之日起30日内,作出相应的投诉处理决定,并通知双方当事人。"根据这一规定,运政机构必须在30日内作出处理决定,超过30日不作出决定的即属交通运输行政违法。

七、交通运输行政侵权

(一)交通运输行政侵权的概念及特征

上述行政失职、越权、滥用职权、适用依据错误、缺乏主要实施依据、违反法定程序等违法行为未必都侵犯行政相对方合法权益,行政侵权专指那些侵害了行政相对方合法权益的违法行为。

交通运输行政侵权，是指交通运输行政主体因作为或者不作为损害交通行政相对方合法权益的行政行为。它具有下列法律特征：

（1）交通运输行政侵权以行政相对方的合法权益受到损害为条件。这里的损害是指：其一，行政相对方确实受到了损害，此种损害属于事实而非想象；其二，受到损害的须是相对方合法的物权、知识产权、人身权等，本身不合法的权益，构不成交通运输行政侵权。如，道路运政机构未按法律规定程序暂扣当事人的非法从事营运的车辆，虽然相对方受到经营损失，但其经营行为不受法律保护，故道路运政机构的行为不构成交通运输行政侵权。

（2）交通运输行政侵权就性质而言属于违法行为。合法行为有时也会给行政相对方造成权益的损害，但不能定为行政侵权，行政侵权必然是违法的行政行为。在我国，合法行政行为损害他人合法权益，一般以行政补偿弥补。如，根据《行政许可法》，为公共利益需要，道路运输管理机构撤回已经生效的道路运输经营许可并依法给予补偿，就属于合法行为，不属于行政侵权。

（3）交通运输行政侵权是违法的行政行为，但不包括所有的交通运输行政违法行为。并非所有的行政违法都构成行政侵权，也并非所有的行政违法行为都能直接造成行政相对方合法权益的实际损害。

（二）交通运输行政侵权的类别

交通运输行政侵权可分为侵犯人身权与侵犯财产权，还可分为行为本身侵权与行为过程侵权。行为本身侵权指交通运输行政违法行为，造成一定行政相对方人身或财产的损害。如，道路运政机构错误地暂扣了合法营运车辆，直接造成经营者损失。行为过程侵权指在执法过程中违法行使职权，因而造成行政相对方合法权益损害。在行政行为形成过程中，极易产生侵权损害情形。如，公路管理机构依法强制拆除公路建筑控制区内非法房屋时，不慎损坏了屋内摆放的电视机，就是交通运输行政行为过程侵权。

八、交通运输行政不当

（一）交通运输行政不当的概念

行政不当，是指不合理行使行政裁量权的行政行为。多数观点认为，行政不当属于行政合理性问题,不属于合法性问题。在此之所以将其归于行政违法,主要基于两点认识:其一,尽管行政不当未超出法律规定的裁量权范围,但是,却违反了合理行政的基本要求和行政合理性的基本原则,违反法律的目的和精神,同样属于违法行为;其二,继《行政诉讼法》将"行政处罚显失公正"纳入司法审查范围后,《行政复议法》又将"具体行政行为明显不当"纳入行政复议范围,行政不当已经成为这两部法律禁止的违法行为。

根据上述观点,交通运输行政不当,是指不合理行使交通运输行政裁量权的行政违法行为。

(二)交通运输行政不当的表现

(1)权利赋予不当。具体包括两种情况:一是权利赋予的对象不当。例如,两个申请人同时申请同一交通运输行政许可时,交通运输行政许可机关将许可赋予条件相对较差的申请人。二是权利赋予的量不当。例如,对情况完全相同出租汽车发放燃油补贴,数额却大相径庭。

(2)义务科以不当。义务科以不当也有相应两种情况:一是科以的对象不当。例如,对于发生自然灾害时交通运输行政机关总是调用某一特定经营者的车辆参与救灾。二是义务科以的量不当。例如,对法律规定的交通运输违法行为"轻者重罚"或"重者轻罚"。

(3)时间或地点选择不当。例如,道路运输管理机构暂扣正在运送危重病人非法经营车辆。

第三节 交通运输行政责任

一、交通运输行政责任的含义

(一)交通运输行政责任的概念

"责任,通常指在一定条件下行为主体所应尽的义务或者因违反义务而应

---

❶ "合理行政"是国务院《全面推进依法行政实施纲要》(国发[2004]10号)规定的依法行政的一项基本要求。

承担一定的否定性后果。"❶法律只有通过责任机制才能达到追究违法、保障权利,进而实现调整社会关系的目的。在行政法上,责任指后者,即违反法律义务应承担的否定性后果,这点并无异议。争议在于行政责任的主体上,传统的观点有两种:第一种观点认为,行政责任是行政主体及其公务人员的责任。行政责任是行政主体及其执行公务的人员因行政违法或行政不当,违反其法定职责和义务而应依法承担的否定性的法律后果❷。第二种观点认为,行政责任应涵盖所有行政法律关系主体,包括行政主体与行政相对方。行政责任是指政法律关系主体因违反行政法律规范所应承担的法律后果或应负的法律责任❸。

上述两种观点均有不足之处。正如本章前面关于行政违法含义的分析,首先,应当排除行政相对方作为行政责任的主体。其次,行政责任的主体与行政违法的主体应当是一致的,即行政主体。尽管存在大量委托行政的现实,但受委托行使行政权的组织及公务人员不具有对外行政的主体资格,不能直接向行政相对方承担法律责任,因此他们只涉及行政责任的内部追究问题,没有作为外部行政责任主体的必要。再次,由于本章研究的是外部行政行为违法责任问题,所以行政责任专指行政主体对外部行政相对方承担的法律责任,不包括因内部行政管理引发的对行政内部组织及公务人员承担的法律责任。

根据上述观点,结合交通运输行政实践,应当将交通运输行政责任界定为:交通运输行政主体的外部行政行为违反行政权法律规范而依法必须承担的法律责任。

(二)交通运输行政责任的特征

(1)交通运输行政责任是交通运输行政违法所引起的法律后果,它与一定的交通运输行政行为联系、衔接在一起。交通运输行政责任发生在交通运输行政法律关系中,它是交通运输行政主体违法行为所导致的一种法律后果,其本质

---

❶ 崔卓兰,李晓明,邵新怀,陈长斌.行政法学新论.长春.吉林人民出版社,2002年,第391页.
❷ 皮纯协,胡锦光.行政法与行政诉讼法教程.北京:中央广播电视大学出版社,1996年,第221页.
❸ 罗豪才.中国行政法教程.北京:人民法院出版社,1996年,第326页;罗豪才.行政法学.北京:北京大学出版社,1996年,第318页.

是行政权法律对于交通运输行政行为的法律评价和附随于相应法律评价的法律强制效果。

(2)交通运输行政责任的主体是交通运输行政主体。交通运输行政责任不是指行政相对方的责任,而是指交通运输行政违法主体向行政相对方承担的法律责任。

(3)交通运输行政责任是一种独立的法律责任。它是一种法律责任,不同于政治责任或道德责任,政治责任是指行政机关对选举其产生的代议(权力)机关及选民负责,道义责任是指行政机关基于道义而产生的责任,而交通运输行政责任依据的是法律规范,是一种法律责任;它还是一种独立的责任,不能与其他种类的责任相互替代。

(4)交通运输行政责任是一种违法责任。广义的交通运输行政责任还包括法律为交通运输行政主体所设定的职责义务。本节所说的狭义的交通运输行政责任,是指交通运输行政主体不履行或者没有依法履行其职责应承担的违法责任。

二、交通运输行政责任的构成要件

行政违法与行政责任密切相关,二者是一种总体对应关系,前者是因,后者是果。行政违法的构成旨在确认行政违法行为,行政责任的构成则旨在确认行政违法的后果,二者不能等同;但二者也具有共通性,行政责任有赖于行政违法的确定。

交通运输行政责任的构成要件有以下三个。

(1)存在交通运输行政违法行为。交通运输行政违法行为的客观存在是追究交通运输行政责任的前提,行为尚未构成交通运输行政违法的,不发生交通运输行政责任。

(2)存在承担责任的法律依据。对交通运输行政违法主体而言,是否应当承担责任及承担何种责任,必须有法律明确规定。在对其违法行为追究时,必须严格遵守相关法律规定,否则该追究行为本身即属于违法。

(3)主观有过错。一般来讲,任何责任的构成都需要有主观过错这一构成要件。即"违法是客观的,责任是主观的"。不可抗力、意外事件等行政主体意志的外因素导致的行政违法,由于行政主体没有过错,故而不构成行政责任。除此之外,由于所有的行政行为无不是行政主体主观意志支配的结果,因此,在确定外部行政责任时,实践中采用过错推定原则,即只要存在违法行为,就推定行政主体主观有过错,除非行政主体能够证明行政违法是不可抗力或意外事件所致。

三、交通运输行政责任的形式

我国交通运输行政管理实践中,一般将违法行政责任理解为交通运输行政主体对外部行政相对方即公民、法人或其他组织承担的法律责任。交通运输行政主体应当履行法定的职责,否则就要承担相应的行政责任。行政责任是行政补偿性责任,其目的在于对已经造成权益损害的补偿和对于可能造成损害的预防。根据目前的法律规定,交通运输行政责任包括如下几种形式。

1. 撤销行政违法行为

交通运输行政行为如果属于违法的,如主要证据不足、适用法律规范错误、违反法定程序、超越职权、滥用职权等,根据《行政复议法》和《行政诉讼法》规定,交通运输行政主体就应当承担撤销违法行为的行政责任。撤销违法行为包括撤销已完成的行为和正在进行的行为,复议机关和人民法院都有权撤销违法的交通运输行政行为。

2. 纠正不当的行政行为

纠正不当的交通运输行政行为,是对交通运输行政主体行政裁量权进行控制的责任方式。对于交通运输行政不当行为,《行政复议法》第二十八条和第四十五条规定,具体行政行为明显不当的,复议机关可以决定撤销、变更或者确认该行为违法,决定撤销或者确认违法的,可以责令其重新做出具体行政行为。《行政诉讼法》第五十四条第(四)项规定:"行政处罚显失公正的,可以判决变更"。

3. 停止侵害

停止侵害指停止正在实施的侵害交通运输行政相对方合法权益的行政行为。这种形式主要适用于交通运输行政行为持续地侵害交通运输相对方人身权、财产权的情形。对于侵害行政相对方合法权益的行政行为,《行政复议法》第二十一条规定了被申请决定停止执行、复议机关决定停止和申请人申请停止执行制度。《行政诉讼法》虽然没有规定停止侵害这一判决内容,但是在第四十四条第一款规定了行政机关主动停止行政行为的执行和原告申请人民法院裁定停止执行的制度。

4. 履行职务

这种责任形式多适用于交通运输行政失职行为。根据《行政复议法》第二十八条第一款第(二)项和《行政诉讼法》第五十四条第(三)项规定,对于交通运输行政主体不履行或者拖延履行职责的不作为违法行为,复议机关、人民法院应当决定或者判决在一定期限内履行。

5. 返还权益

交通运输行政组织体剥夺行政相对方的权益属于违法时,在撤销或者变更交通运输行政行为的同时,应当返还相对方的合法权益。这里的"权益"主要指财产权益,根据《国家赔偿法》第二十八条第(一)项、第(六)项规定,如返还被违法没收的财物、被非法吊销的证照等。返还权益并不适用于所有的交通运输行政违法行为,必须是给行政相对方的合法权益造成了实际损害。无实际权益的损害,不构成返还权益责任,如撤销警告处分。

6. 恢复原状

它既是民事责任的一种形式,也是行政责任的一种形式。根据《国家赔偿法》第二十八条第(三)项规定,"应当返还的财产损坏的,能够恢复原状的恢复原状"。这里主要指交通运输行政组织体的违法行为如果致使一定相对方财产的位置、形状或者数量发生改变时,应首先使其恢复原状,然后再承担其他责任。

7. 行政赔偿

这是行政组织体承担行政责任的主要形式。广义的行政赔偿还包括返还权益和恢复原状。狭义的行政赔偿仅指金钱赔偿,这里仅指狭义。它是一种纯粹的财产责任,是由于行政违法行为侵犯了行政相对方的合法权益,并且造成了财产、人身和精神上的实际损害时,在恢复原状无法补救条件下以金钱进行赔偿的一种责任形式。《行政诉讼法》第九章,《行政处罚法》第五十九条、

第六十条,《国家赔偿法》第二十八条第(三)~(七)项,都对行政赔偿做了具体规定。

8.消除影响、恢复名誉、赔礼道歉

当交通运输行政违法行为造成相对方名誉、荣誉上的损害,产生不良影响时,一般采用精神上的补救方式。《国家赔偿法》第三十五条规定:有本法第三条或者第十七条规定情形之一,致人精神损害的,应当在侵权行为影响的范围内,为受害人消除影响,恢复名誉,赔礼道歉;造成严重后果的,应当支付相应的精神损害抚慰金。

以上这些责任形式相互联系,也有区别。可以单独适用,也可以合并适用。

第四节 交通运输行政违法的内部责任追究

一、内部责任追究的意义

内部责任,是指公务人员对其所在组织,以及受委托组织对委托机关应当承担的责任。在外部行政管理法律关系中,行政主体与相对人是仅有的两方法律主体,而履行职权中的受委托组织和公务人员与相对人之间并不构成直接的法律关系。因此,外部行政相对人并不能直接追究行政内部责任。行政主体与受委托组织之间、公务人员之间的权限分工以及是否超越内部权限对外行使权力,外部行政相对人没有辨识的义务和能力,也不可能为相对人所知悉、所关心。所以,对外部相对人而言,行政主体承担责任即足矣,公务人员对所组织的内部责任是没有意义的。"随着我国行政诉讼制度的发展与完善,外部行政责任制度逐渐建立起来,实践中越来越多的行政主体被司法机关裁决承担法律责任,但是行政违法现象仍然不胜枚举、屡禁不止。固然,这种结果是各方因素综合作用之结果。但是,其中的一个极其重要的原因应该是对行政公务人员的行政责任追究不力,内部行政责任制度存在严重漏洞。"❶因此,规制行政违法必须重视行政

---

❶ 肖登辉.试论内部行政责任的追究.载《科技创业》2009年第9期,第115页。

内部责任追究制度的建设与实现。

二、内部责任追究的原则

"行政违法行为的作出离不开行政公务人员或组织,没有它们的存在和它们的具体实施活动,也就不可能有行政违法行为的存在。"❶受委托组织、公务人员违法,自然应该承担相应的法律责任,而且许多法律规定行政主体法律责任的同时也规定公务人员的法律责任,例如:追偿、行政处分等。但是,受委托组织、公务人员的此种法律责任,主要是基于与行政主体之间的内部法律关系而产生的,即受委托组织与行政主体形成了行政委托代理关系,公务人员与所在组织形成了公职关系。受委托组织不依据委托协议行使权力,要对行政主体承担内部法律责任,而公务人员不能忠于职守,则要对自己的就职的组织承担内部法律责任。

交通运输行政内部责任追究应当遵循如下原则。

1. 责任法定原则

在法治国家里,任何不利后果性质的担负都应该有法律的依据,如何追究,对谁追究,追究什么,都必须有法律的明文规定,严格限制类推适用。例如,根据国务院《行政机关公务员处分条例》,对公务人员的处分事项只能由法律、法规、规章和国务院的决定设定,对公务人员的处分应当按照法定的权限、条件和程序进行。

2. 公平、公正原则

责任追究要平等对待责任人,不得差别对待,畸轻畸重。适用于责任人的责任种类和形式必须与责任人的过错程度、造成的损害后果及行为的情节、责任能力等相适应。

3. 教育与惩处相结合的原则

责任追究的最终目的在于较少过错责任的发生,仅依靠惩罚并不能有效防控行政违法行为的发生。所以,在确认和追究行政责任时,对责任种类、方式和

---

❶ 杨解君.论行政违法的主客体构成.《东南大学学报》2002年5月第4卷第3期,第114页.

强度等的选择,皆应体现教育和惩处相结合的原则。

三、交通运输行政内部责任的追究

交通运输行政内部责任的追究主要涉及两种情况。一是基于任职关系对公务人员的责任追究,二是基于委托行政关系对受委托组织的责任追究。

1. 对公务人员的责任追究

由于公务人员是权力的直接行使者,相对于行政组织来说,公务人员个人的法律责任显得尤为重要。行政公务人员实施的行政行为,违法后果是由赋予其职权的组织负责的,如果公务人员不负任何责任,那他们势必恣意妄为。因此,建立对公务人员的责任追究制度,是当今世界各国的普遍做法。根据《行政诉讼法》、《国家赔偿法》、《公务员法》、《行政机关公务员处分条例》等法律、法规,我国公务人员责任追究主要采用过错责任原则,即在公务人员主观有故意或重大过失的情况下才追究其责任。

2. 委托行政的法律责任追究

委托行政指行政主体将行政权委托给其他组织,由受委托组织以委托机关的名义实施行政行为。交通运输行政委托现象大量存在。由于体制和立法原因,在公路行政、水路运输行政和港口行政等领域,很多地方交通运输行政主管机关不得不将一些具体的行政权委托交通运输管理机构实施。在对受委托组织的责任追究问题上,《行政处罚法》和《行政许可法》仅规定受委托组织实施受托事项的行为后果由委托机关承担法律责任,并没有规定之后的内部责任追究,但是,《国家赔偿法》作出了委托机关向故意或重大过失的受委托组织追偿的规定。委托行政的违法责任由委托机关向行政相对方承担法律责任后,应当遵循"过错责任"原则追究受委托组织的法律责任。这些情形包括:受委托组织再委托,超越代理权限以及无权代理,行政失职,滥用代理权,适用依据错误,缺乏主要事实根据,违反法定程序,行政侵权,行政不当。至于因委托机关的过错,导致受委托组织行政行为违法的,由委托机关自行承担全部法律责任,主要是委托行为存在瑕疵的各种情形,包括:委托法律禁止委托的事项,委托的行政事务越权或者不合法、不合理,委托的权限不明,委托不适格的组织。

四、交通运输行政内部责任的形式

根据我国立法实践,交通运输行政内部责任主要包括以下几种形式。

1. 通报批评

对于实施交通运输行政违法行为的组织和公务人员,有权机关可以在会议上或文件中公布对其的批评。其目的在于警戒有责任的组织和公务人员本人,对其他组织和公务人员也可以起到教育作用。

通报批评作为惩罚性的行政责任形式,在交通运输行政管理实践中,要注意与违纪区别开来。即通报批评应当适用于对违法或不当交通运输行政行为进行惩罚的场合,而非简单的违纪处理。同时,通报批评应当在符合法定条件、法定程序、法定权限的情况下实施,避免专断的行政决策以及逃避法律责任的侥幸心理。

2. 追偿损失

根据《行政诉讼法》和《国家赔偿法》规定,交通运输行政违法行为对一定的交通运输行政相对方造成损害后,先由交通运输行政主体向相对方承担赔偿责任,再由该行政主体向有故意或者重大过失的受委托组织和公务人员追偿赔偿款项的部分或者全部。追偿损失是附加在国家赔偿之上的一种责任方式,是一种附随责任形式。其意义在于,通过追偿损失,对受委托组织和公务人员起到一定的经济惩罚作用,从而达到规范和控制其公务行为,防止行政权力滥用。

3. 行政处分

行政处分是公务人员承担行政责任的主要形式,是行政机关或监察机关依照行政隶属关系对违法失职的公务人员给予的惩戒措施。除《行政处罚法》、《行政许可法》、国务院《行政机关公务员处分条例》等通用法律、法规外,《公路法》、《道路运输条例》等交通运输专业法律规范对具体应承担行政处分的违法行为也分别做了详尽规定。我国的行政处分以职务处分为主,如,《公务员法》规定的处分的形式有:警告、记过、记大过、降级、撤职和开除六种。

4. 其他行政责任形式

实践中,还存在一些其他追究内部行政责任的形式。①改正责任。例如,

《大连市城市管理行政处罚委托规定》(大连市人民政府令第52号)第十一条规定:委托机关对受委托机构不能正确行使行政处罚权的,应及时责令改正;②暂停或者取消行政委托。例如,《吉林省药品和医疗器械行政处罚委托办法》(吉林省人民政府令2004年第172号)第九条规定,药品监督稽查机构实施行政处罚违法或者不当的,药品监督管理部门应当责令其改正,并可以暂停或者取消委托;③暂扣或吊销执法证。例如,《交通运输行政执法证件管理规定》(交通运输部令2011年第1号)第三十一条和第三十三条的规定;④责令作出书面检查;⑤责令限期纠正或限期整改;⑥扣发奖金、岗位津贴;⑦调离现工作岗位或停职离岗培训;⑧训诫或诫勉谈话;⑨批评教育;⑩书面告诫;⑪责令辞去领导职务或免去领导职务;⑫责令公开道歉;⑬取消评优评先资格;等等。❶

思考题

1. 简述行政违法的概念以及特征。
2. 简述行为违法的主要表现形式。
3. 简述行政违法的构成要件。
4. 简述行政程序违法。
5. 简述行政违法责任形式。

案例分析

案例一

2002年4月18日,江津市水利电力勘察设计队应江津市中山镇人民政府的要求,作出了《关于江津市江河电站项目建议书》,对在津柏公路游渡河大桥下利用斑竹滩闸坝修建江河电站进行了可行性分析。2002年4月23日,被告江津市交通局在江津市航运管理所于2002年4月18日出具的证明上加注:"经我局工程技术人员现场勘察,并经研究同意在斑竹滩修建水电设施,但要求发电机组

---

❶ 关于第④、⑤、⑥、⑦、⑧、⑨几种责任形式,见《深圳市行政过错责任追究办法》第二十六条,《工商行政管理机关行政执法过错责任追究办法》第十三、十四条,《税收执法过错责任追究办法》第七条。

等设备安装离桥下游侧不小于30米,办公室离大桥两侧不小于30米,不得在桥周围放炮。"的意见,并加盖公章。2002年5月10日,原告周圣人与江津市航运管理所签订了《斑竹滩闸坝转让协议》,以9.5万元购买笋溪河斑竹滩船用闸坝用作修建水电站。2002年5月20日第三人江津市中山镇人民政府分别向江津市水利农机局和江津市发展计划委员会报送《关于修建江河电站立项的请示》,当天,江津市水利农机局以江水机发(2002)102号文批复同意修建。次日,江津市计划委员会以津计委投(2002)162号文批复同意立项,明确由周长勇(即周圣人)牵头筹集建设资金。2002年5月23日,中山镇人民政府(甲方)与李市镇黄桷村二组(乙方)签订:"关于修建江河电站"协议。约定江河电站属私营企业,由乙方独立核算,自负盈亏,单独出资,独立对外承担民事责任。但李市镇黄桷村二组未加盖公章,仅有周长勇作为代表人签名。审理中,李市镇黄桷村二组出具书面证明,说明协议是周长勇个人与中山镇人民政府签订的,本社不承担任何责任,也不享有任何权利。2002年9月原告周圣人在未组建项目法人单位,计委没有下达年度投资计划,初步设计方案尚未批复,有关手续尚不齐备的情况下,自筹资金开工建设,发电机组安装在大桥下游侧30米内。2003年2月28日,江津市路政管理所向中山镇人民政府下达津路政江津违(020)号"违法行为通知书",认为在游渡河大桥下修建电站违反了《中华人民共和国公路法》第四十七条、《重庆市公路路政管理条例》第十七条的规定,要求于2003年3月3日内前去接受处罚。工程因此停建。2004年1月5日,原告周圣人向法院提起行政诉讼,要求确认被告江津市交通局2002年4月23日的许可行为违法并赔偿。2004年9月12日,重庆市第一中级人民法院(2004)渝一中行终字第212号行政判决书确认:被告江津市交通局2002年4月23日同意原告周圣人在斑竹滩修建水电设施的许可行为违法。

问题

1.分析江津市交通局2002年4月23日同意原告周圣人在斑竹滩修建水电设施的许可行为是否合法?

2.如交通局的行政许可违法,原告的行政赔偿请求是否成立?理由是什么?

案例二

原告王丽萍是开封市金属回收公司下岗工人,现在中牟县东漳乡小店村开办一个养猪场。2001年9月27日上午,王丽萍借用小店村村民张军明、王老虎、王书田的小四轮拖拉机,装载31头生猪,准备到开封贸易实业公司所设的收猪点销售。路上,遇被告县交通局的工作人员查车。经检查,县交通局的工作人员以没有交纳养路费为由,向张军明、王老虎、王书田3人送达了《暂扣车辆凭证》,然后将装生猪的3辆两轮拖斗摘下放在仓寨乡黑寨村村南,驾驶3台小四轮主车离去。卸下的两轮拖斗失去车头支撑后,成45度角倾斜。拖斗内的生猪站立不住,往一侧挤压,当场因挤压受热死亡两头。王丽萍通过仓寨乡党庄村马书杰的帮助,才将剩下的29头生猪转移到收猪车上。29头生猪运抵开封时,又死亡13头。王丽萍将13头死猪以每头30元的价格,卖给了开封市个体工商户刘毅。同年11月22日,王丽萍向县交通局申请赔偿,遭县交通局拒绝,遂提起诉讼,请求判令县交通局赔偿生猪死亡损失10 500元、交通费损失1 700元。原告王丽萍此次销售的生猪,平均每头重110公斤,每公斤价值6.6元。

问题

1. 交通局的行政行为是否合法?理由是什么?
2. 根据国家赔偿法的有关规定,请对原告主张的诉讼请求进行评述。

参考文献

[1] 张树义.行政法与行政诉讼法学.北京:高等教育出版社,2007.

[2] 姜明安.行政执法研究.北京:北京大学出版社,2004.

[3] 彭贵才.行政执法理论与实务.北京:北京大学出版社,2005.

[4] 唐建华.行政执法实用教程.北京:法律出版社,2009.

[5] 李振福.交通行政管理与执法实务.大连:大连海事大学出版社,2009.

[6] 李晓明,邵怀新,崔卓兰.交通行政法总论.北京:人民交通出版社,2003.

[7] 应松年.行政法与行政诉讼法学.北京:中国人民大学出版社,2009.

[8] 罗豪才.行政法学.2版.北京:北京大学出版社,2006.

[9] 张穹,冯正霖.中华人民共和国道路运输条例释义.北京:人民交通出版社,2004.

[10] 王学辉,宋玉波.行政权研究.北京:中国检察出版社,2002.

[11] 南博方(日).行政法.杨建顺,译.6版.北京:中国人民大学出版社.

[12] 姜明安.行政法与行政诉讼法.北京:高等教育出版社,2005.

[13] 饶克隆,钱金龙.公路路政管理概论.北京:人民交通出版社,2001.

[14] 高铭暄.刑法学.北京:北京大学出版社,2007.

[15] 胡继祥.交通行政执法实务.北京:人民交通出版社,2005.

[16] 沈宗灵.法理学.北京:北京大学出版社,2000.

[17] 李仁玉.民法原理与实务.北京:北京大学出版社,2002.

[18] 雷孟林.道路运输法学(客运·客运站).北京:人民交通出版社,2008.

[19] 冯军.行政处罚法新论.北京:中国检察出版社,2003.

[20] 范金国,陈新.公路典型案例与法律适用.北京:人民交通出版社,2008.

[21] 莫于川.行政法学原理与案例教程.北京:中国人民大学出版社,2007.

[22] 莫于川.行政法案例研习教程.北京:中国人民大学出版社,2009.

[23] 应松年,王成栋.行政法与行政诉讼法案例教程.北京:中国法制出版社,2003.

[24] 周河祥,等.实用交通行政法.北京:中国政法大学出版社,1992.
[25]《国务院关于进一步推进相对集中行政处罚权工作的决定》(2002年8月22日 国发[2002]17号).
[26]《全面推进依法行政实施纲要》(2004年3月22日 国发[2004]10号).
[27]《国务院办公厅关于推行行政执法责任制的若干意见》(2005年7月9日 国办发[2005]37号).
[28]《国务院机构改革方案》(2008年3月15日).
[29]《交通运输部主要职责内设机构和人员编制规定》(2009年3月2日 国办发[2009]18号).
[30]《交通部关于推行交通行政执法责任制的实施意见(2007年3月31日 交体法发[2007]141号).
[31] 交通运输部《地方交通运输大部门体制改革研究》和《深化中心城市交通运输行政管理体制改革研究》(2008年12月29日 厅函体法[2008]172号).